香港新選舉制度研究

《基本法研究叢書》學術顧問委員會
Academic Advisory Committee for the Series of the Basic Law Studies

主任

梁愛詩　　全國人民代表大會常務委員會香港基本法委員會前副主任

委員（按姓氏筆畫排序）

王振民　　清華大學法學院教授

王　禹　　澳門大學法學院教授、全國人民代表大會常務委員會澳門基本法委員會委員

王　磊　　北京大學法學院教授、中國憲法學研究會副會長

朱國斌　　香港城市大學法律學院教授

李浩然　　基本法基金會會長、太平紳士

何建宗　　香港一國兩制青年論壇召集人、全國港澳研究會理事

胡錦光　　中國人民大學法學院教授、中國憲法學研究會副會長

秦前紅　　武漢大學法學院教授、中國憲法學研究會副會長

陳弘毅　　香港大學法律學院教授、
　　　　　全國人民代表大會常務委員會香港基本法委員會委員

陳端洪　　北京大學法學院教授、
　　　　　全國人民代表大會常務委員會澳門基本法委員會委員

鄒平學　　深圳大學法學院教授

楊艾文　　香港大學法律學院教授

韓大元　　中國人民大學法學院教授、
　　　　　全國人民代表大會常務委員會香港基本法委員會委員

基本法研究叢書

香港新選舉制度研究

朱國斌 葉海波 編著

香港城市大學出版社
City University of Hong Kong Press

國際統一書號：978-962-937-675-8

出版

    香港城市大學出版社
    香港九龍達之路
    香港城市大學
    網址：www.cityu.edu.hk/upress
    電郵：upress@cityu.edu.hk

A Study of the New Electoral System
of the Hong Kong Special Administrative Region
(in traditional Chinese characters)

ISBN: 978-962-937-675-8

Published by

    City University of Hong Kong Press
    Tat Chee Avenue
    Kowloon, Hong Kong
    Website: www.cityu.edu.hk/upress
    E-mail: upress@cityu.edu.hk

Printed in Hong Kong

目錄

香港選舉制度變遷的憲制邏輯

香港新選舉制度的實施和展望

詳細目錄

香港選舉制度變遷的憲制邏輯

總序

一

1997 年 7 月 1 日，中華人民共和國恢復對香港行使主權，「實現了長期以來中國人民收回香港的共同願望」（參見《香港特別行政區基本法‧序言》）。同日，香港特別行政區成立，成為「中華人民共和國的一個享有高度自治權的地方行政區域」（第 12 條）；《香港特別行政區基本法》正式生效，「以保障國家對香港的基本方針政策的實施」（〈序言〉）。始自這日，香港的歷史翻開了嶄新的一頁。

香港回歸標誌着中國在國家統一之路上邁出了一大步。對於香港特區而言，在《基本法》載明的「一國兩制」、「港人治港」、「高度自治」這些根本性原則統率之下，回歸更意味着憲制秩序的轉換與重構，以及中央與地方關係制度再造。在特區之內，「不實行社會主義制度和政策，保持原有的資本主義制度和生活方式，五十年不變」。就政府管治制度而言，基本的立法、行政、司法制度得以延續。就此而言，香港回歸取得了巨大成就，達成了歷史使命。

彈指間，香港回歸祖國已經 20 年了。

二

常聽說：「香港是一本很難讀懂的大書。」對一些人而言，這本書依然晦澀難懂；而對另一些人來說，這本書寫到這般田地，不讀也罷。20 年後的今日，有人不斷地追問，東方之珠的「風采是否浪漫依然」？君不見，港英政府時代的制度瓶頸與問題，如貧富差距、地產霸權，今日仍揮之不去，赫然在目；特區政府又面臨着新的、尖銳的挑戰，有如北京 — 香港關係、行政 — 立法關係、管治低效、社會發展裏

足不前、本土主義與港獨思潮、普通法之延續，等等。這些，我們不可能視而不見。

然而，這又是一本必須去讀的書。之於內地讀者來説，很難理解在同文同種之下，為什麼兩地人民關係仍然顯得那麼生分，其程度甚至比回歸前更甚；為什麼祖國大家庭的小兄弟還是那麼「調皮」，時不時惹得父母生氣和懊惱。而對這本書的作者——香港人——來説，儘管「本是同根生」，但就是沒有那種親密無間的感覺。

這些年來，中國經濟發展突飛猛進，改革開放造就了「製造大國」。以經濟體量觀之，中國一躍而為世界第二大經濟體，這的確讓國人引以為傲，這就是「硬實力」。反觀香港，其 GDP 佔全國 GDP 的比重從 1997 年的 18.45%，下跌到 2016 年的 2.85%（《橙新聞》，2017 年 6 月 25 日），斷崖式下跌，今非昔比。

若僅以「硬實力」比拼，香港早就慘敗了。然而，在一國兩制下，香港人仍然有那份執着和「制度自信」，社會仍然繁榮昌盛。而且，客觀地觀察，香港也有自己的「軟實力」（soft power）。香港人自持的核心價值是法治、廉潔政府、自由，甚至還有有限的民主。

三

香港是一本必須讀懂的書。

在內地，以學術論文發表數量為衡量依據，香港研究曾一度成為「顯學」，時間大約是在《中英聯合聲明》簽署之後至《基本法》制定期間。及至香港九七回歸前後，也曾見研究興趣的再現。近兩三年來，在社會科學界，有關香港的研究又見興趣和出版高峰，這尤以法學界和政治學界為甚。

就《基本法》研究而言，學術成果猶如「雨後春筍，層出不窮」。理論的繁榮不一定表現在為成就唱讚歌，在客觀上，它反映了在實踐中存在並出現了很多新問題。今時今日，學術界首先面對的宏觀課題就是《基本法》理論的體系化、深度建設及研究的應用性。

從檢視現在的學術成果可以看到，學術界目前正關注的理論性、

實踐型問題包括：憲法與特區憲制秩序的形成、憲法與《基本法》的關係與互動、《基本法》變遷與政治發展之道、政治改革與中央權力、作為憲法原則的一國兩制、一國與兩制的關係、全面管治權與中央監督權之確立與行使、一國兩制與新型中央與地方關係模式、統一與多元之下中央與地方關係、特區管治與《基本法》、《基本法》之下權力分立模式、行政主導抑或三權分立、善治與行政—立法關係、《基本法》的「自足性」與全國人大常委會、《基本法》的「自足性」與香港普通法法庭、《基本法》下「雙軌制」釋法制度、本土主義及港獨思潮與《基本法》、《基本法》法理學，等等。

這些重大課題值得我們投入精力，一一闡發、澄清。

四

自 1996 年開始，我就在香港城市大學法律學院講授《香港基本法》及相關課程，對《基本法》研究略有心得，也希望為學術研究盡點綿薄之力。策劃出版本套「基本法研究叢書」的基本出發點及「初心」就是，多研究些問題，在理論與實踐間架設橋樑。進而言之，這也是為了學術，為了一國兩制繼續成功實踐，為了香港特區更好的未來。簡而言之，總結經驗，繼往開來。

「學術性」和「開放性」，是本叢書編輯出版所秉承的兩個基本原則。「學術性」不等於刻意追求著作的理論性、抽象性，不等於建造象牙之塔。不過，構造、解構與重構概念與理論是本叢書的使命之一。一部有質量的學術著作往往對實踐具有直接或間接的參考價值和指導意義。這樣的著作才有擔當，才能展現作者的使命感。至於「開放性」，具體而言，是指研究課題的開放性、研究方法的跨學科性，以及稿源的開放性。一切與《基本法》實施有關的課題都是本叢書關注的焦點，跨學科的著作尤為珍貴。叢書歡迎兩岸四地及海外作者不吝賜教、踴躍投稿，中英文著作兼收並蓄。

本叢書不敢好高騖遠，但還是志存高遠，希望為《基本法》研究提供一個共享平台，為學人搭建一個交流的園地。

最後，不能也不應該忘記的是，從策劃這套叢書的念頭一閃現開始，我就得到了來自香港和內地的傑出法律人和學者的至關重要的精神與道義支持。在此，我要特別記下對本叢書學術顧問委員會成員的真誠謝意，他們是：梁愛詩、王振民、王磊、何建宗、胡錦光、秦前紅、陳弘毅、楊艾文、韓大元。

五

香港城市大學位於九龍塘、獅子山下。在寫作本序言時，我情不自禁地想起那首耳熟能詳、由黃霑作詞、羅文演唱的名曲：《獅子山下》，不覺思緒萬千。《基本法》載明，一國兩制，「五十年不變」。20年轉瞬即逝了，往者不可諫，來者猶可追。在未來的 30 年，香港仍然會面對新的矛盾與挑戰，與此同時且重要的是，還有更多的發展機遇和更大的成功機會。香港人更應秉承獅子山精神，不斷適應變換中的新形勢、新環境，追求進步、繁榮、幸福。不忘初心，香港的前景必定是美好的。這也是我內心的深切願望。

行文至此，讓我引用一段《獅子山下》的歌詞為本序作結：

放開　彼此心中矛盾
理想　一起去追
同舟人　誓相隨
無畏　更無懼
同處　海角天邊
攜手　踏平崎嶇
我哋大家　用艱辛努力
寫下那　不朽香江名句

朱國斌
香港城市大學法律學院教授、法學博士
於九龍塘、獅子山下
2017 年 6 月 25 日子夜

序言

朱國斌　葉海波

　　自上世紀 80 年代至今，香港的民主制度急速變革，深深地影響並塑造了香港的管治體系、社會結構及內外環境，「保持原有的制度基本不變」的香港在回歸後，其治理也成為中國「治國理政面臨的重大課題」[1]。《基本法》明確規定香港最終實行「雙普選」，但如何走向「雙普選」卻在香港乃至國際社會引發經年累月的爭拗。香港政制改革在實踐中雖有推進，但「雙普選」目標看似仍十分遙遠，「最終」將會是何日也仍是未知數。終於，在錯綜複雜的各種因素的共同作用下，香港社會於 2019 年被拖入慘烈的爭鬥和世人矚目的混亂之中。為了恢復秩序，維護國家安全和香港社會的繁榮穩定，全國人民代表大會常務委員會從國家層面立法，制定《香港特別行政區維護國家安全法》，修訂《香港基本法》附件一和二，從根本上改造了香港行政長官和立法會的選舉產生制度，在香港確立了能夠確保「愛國者治港」原則落地的新選舉制度。這無疑是香港憲制秩序的重大變革，也是「一國兩制」實踐的時代性事件，是香港特別行政區歷史上的「憲法時刻」（constitutional moment）。

　　不出意外的是，針對香港新選舉制度的懷疑、否定或者聲討之聲不絕於耳。因為香港新選舉制度重構了香港行政長官產生辦法和立法會內部的構成，而且這種改變極具震撼效果。「新選舉制度」這個表述，從形式上看是香港的選舉制度變化了，實質上則是香港政治的邏輯、權力的倫理、治港的理念、外部的環境等等也隨之發生了變化。

1.　胡錦濤：〈高舉中國特色社會主義偉大旗幟 為奪取全面建設小康社會新勝利而奮鬥——在中國共產黨第十七次全國代表大會上的報告〉，載《求是》，2007年第21期。

新選舉制度是對過去 25 年來香港治理挑戰的回應，也是香港最近的將來甚至未來 25 年（暫以 2047 年為截止點）內治理的一個基礎。無論對這個變化是悲觀或者樂觀，是支持或者反對，這個變化應當被充分的認識到，並且得到認真的對待。

作為嚴肅科學的研究者和觀察者，學者應當擔當學術責任並回答如下的問題：香港選舉制度或者說政制改革為何一直是焦點問題？回歸二十餘年後香港的政制改革為何難以取得根本共識並得以全面推進，快速順利走向《香港基本法》第 45 條和第 68 條規定的「雙普選」？香港選舉制度為何最終演變為當下的形態？香港新選舉試圖解決何種問題，並是否解決了這些問題？伴隨新制度的確立，是否會帶來新的問題？如何在香港新選舉制度的基礎上凝聚共識、最終走向「雙普選」？等等。這些問題不是我們理論研究者的喃喃自語、無病呻吟，也當是普羅大眾疑惑的根源和極為關心的問題。基於此，香港城市大學法律學院公法與人權論壇在香港新選舉制度下的三場選舉（分別為選舉委員會、行政長官和立法會選舉）相繼落地後，於 2022 年 6 月舉辦了「香港新選舉制度：憲法、制度與國際視角」的學術研討會。

來自香港、內地和國外的學者各抒己見，或者「聚焦」制度展開研究，從憲制看制度，從政治看制度，從規範看制度，從歷史看制度，從實踐看制度，聚焦於（新）選舉制度本身，既條分縷析選舉制度的具體內容，也史海鈎沉選舉制度的歷史變遷，還透視 2021 年來的數場選舉實踐，以求對新選舉制度進行全方位的定位和透視，揭示新選舉制度產生的底層邏輯；或者「圍繞」制度展開研究，從新選舉制度出發，從制度看「關係」的實相，既包括從新選舉制度橫看特區內行政、立法、司法的關係及其可能變遷，也包括從新選舉制度縱看中央與特區關係的實質變化，還包括從新選舉制度遠眺香港特區政治的外部特別是國際環境變化，以求通過業已定型的新選舉制度來測度圍繞香港的政治、法律、社會和國際關係變化。正如讀者將會看到的，在香港、內地和海外從事研究的學者，從憲法、法律、政治、歷史、制度和外

部因素等多個角度，基於不同的學術背景、理論範式和生活經驗對香港新選舉制度展開了充分的研討，既提供了關於香港新選舉制度的新知識，也包含着觀點和主張的交鋒，還難得地窺見一些香港政治運作的奧妙；既彰顯了學術和多元的特色——多元是香港社會的本色，並也可能是對香港政治的強烈期待——還提升了學術水準、貢獻了知識增量。

與會者提出一些需要會後認真觀察對待的問題。比方，香港新選舉制度會促進香港的民主發展嗎？香港新選舉制度與香港「雙普選」是什麼關係？如果「雙普選」是政制改革的終極目標的話，香港何時會走向「雙普選」？如何看待香港政制改革中的外部因素，特別是國際因素？如果香港要保持一個國際化的大都市，這種國際化因素是否政制改革要慎重對待的方面？如何面對香港傳統的反對派和泛民主派在新選舉制度下的參與不足問題？如何對新生代，特別是香港回歸前後出生的這代年輕人的民主訴求作出制度性回應？如何實現行政與立法關係的優化？如何將新選舉制度的政治強勢有效轉化為制度和治理的效能？最後，如何形成新選舉制度下的「香港共識」？

香港新選舉制度實行時間尚短，國際國內形勢變化仍在進行中，香港社會仍面臨諸多來自內部和外部的挑戰，新一屆特區政府履職年多，其成績有待觀察。這些都和新選舉制度的成效和未來走向密切相關。

本書是上述學術討論會會議論文的主題選集，旨在「認真對待香港的新選舉制度」。這本主題文選是與會者當下的嚴肅思考；歷史終將給出答案，也會準備最終的評判。

是為序。

朱國斌 葉海波

2023 年 9 月 1 日於香港、深圳

導 讀

朱國斌　葉海波　張夢奇

　　選舉制度一直是香港特別行政區政制發展中的核心執拗。1990 年頒布的《香港特別行政區基本法》正文對行政長官和立法會的產生方法作出原則性規定和確立「雙普選」最終目標後,將具體產生方法與程序訂於附件一、二,並以「三部曲」的特別程序修改。這一獨特的憲制處理方式是中央基於歷史政治現實而作出的「遲延決斷」。在特區成立之後,「雙普選」不出所料地成為香港最經久不衰和爭論最激烈的政治議題。這一議題深刻塑造了香港的社會政治環境,引發了包括「佔領中環」在內的一波波社會運動,也誘發了中央與特區的緊張關係。

　　2019 年反修例風波後,中央加速了全面管治權在香港的落地。反對派陣營也在加強社會動員,試圖在現有選舉制度下達到所謂「立法會 35+」,以圖與中央爭奪管治權。2021 年 3 月,全國人大及其常委會通過「決定 + 修法」的方式改革了香港的選舉制度。全國人大常委會副委員長王晨在法案說明中指出,「香港社會出現的一些亂象表明,香港特別行政區現行的選舉制度機制存在明顯的漏洞和缺陷,為反中亂港勢力奪取香港特別行政區管治權提供了可乘之機。為此,必須採取必要措施完善香港特別行政區選舉制度,消除制度機制方面存在的隱患和風險,確保以愛國者為主體的『港人治港』。」這些「必要措施」包括:修改選舉委員會的組成,新增第五界別「港區全國人大代表、全國政協委員和有關全國性團體香港成員」,取消原有的區議會界別;修改選舉委員會委員產生辦法,增設當然委員和提名產生的委員,提高選舉中的團體票比重;修改立法會組成方式和產生辦法,新增 40 人的選舉委員會界別,功能界別和地區直選分別調整為 30 人和 20 人,選舉委員會委員參與提名全部立法會議員;設立選舉委員會委員、行政長官和立

法會議員的候選人資格審查委員會;《基本法》附件一和附件二的修改權屬於全國人大常委會。

2021 年 5 月 27 日,香港立法會三讀通過了《2021 年完善選舉制度(綜合修訂)條例草案》,條例於 5 月 31 日刊憲生效。9 月 19 日,新一屆選舉委員會依法產生。12 月 19 日,第七屆立法會依法選舉產生。2022 年 5 月 8 日,唯一候選人李家超以 1,416 張支持票當選為第六屆行政長官。至此,新選舉制度完成了首次整體性實踐。

新選舉制度與香港特區原本的選舉制度存在很大不同,最重要的特點就是顯著降低了直選的元素,以確保選出「愛國者」。這與《基本法》訂明的「雙普選」目標存在明顯張力,更對香港的行政—立法關係、政黨政治和管治邏輯產生了全局性影響,具有研究價值。2022 年 6 月,香港城市大學法律學院公法與人權論壇舉辦了「香港新選舉制度:憲法、制度與國際視角」學術研討會,邀請來自香港、內地和海外的法學、公共行政和歷史學領域的學者展開研討。本書選擇性地收錄了與會學者的學術論文。

本書內容主要分為三部分,第一部分收錄了五篇文章,主題為香港選舉制度變遷特別是新選舉制度形成的憲制邏輯,以法制、政治、歷史和國際的視角提示香港新選舉制度形成的底層邏輯;第二部分收錄了六篇文章,聚焦於新選舉制度的實施、對香港管治帶來的影響以及可能面臨的挑戰;第三部分為附錄,收入了 2021 年全國人大及其常委會改革香港選舉制度的三份法律文件及其各自的草案說明。

一、香港選舉制度變遷的憲制邏輯

要理解 2021 年中央改革香港選舉制度的邏輯,有必要從多角度透視香港政治、管治和選舉制度的變遷,回顧特區成立以來,以至港英時期香港選舉制度發展的歷程,從而呈現香港政制改革的深層邏輯。本部分收錄了五篇相關文章。

　　朱國斌教授、馮柏林先生的〈從香港選舉制度改革歷程看中央治港理念與模式的轉變〉一文從中央與特區關係的角度梳理了回歸以來香港選舉制度的改革歷程。論文認為，《基本法》確立了「特區決定—中央監督」的基本框架；「4‧6解釋」賦予全國人大常委會「政改方向決定權」，該決定權與立法會「政改事項決定權」在「是否修改」和「如何修改」權能上不斷產生衝突；「3‧11決定」確立了新的權力框架，全國人大將對《基本法》附件的「基本法修改權」授權全國人大常委會。中央與特區在香港政制改革中的權力運行秩序反映出中央治港理念和模式的轉變：政改啟動模式從「自下而上」轉變為「由上及下」，管治策略由被動性監督到主動性管治，「愛國者治港」成為中央治港的根本原則。香港社會仍需從多方面不斷發展，為未來適時重啟政改之路、最終實現「雙普選」目標打下堅實的社會基礎。

　　葉海波教授的〈香港新選舉制度的憲法邏輯與發展展望〉運用比較政治理論，分析了香港新選舉制度在國家建構方面的意義。文章認為，作為民主制度的一部分，選舉制度的變革是現代主權國家構建的一部分，民族國家建構的憲法民主理論是一種認知香港新選舉制度的新視角。憲法是建構民族國家的結構和機制，民主是民族國家持續建構的核心機制，服務於國家建構的民主制度體系應當確保國家民主與地方選舉的功能分化和協調。香港選舉制度是一種地方民主形式，與國家民主制度間存在着功能「對向消解」的特徵，新選舉制度通過候選人提名和資格審查制度消除了二者間的張力，初步遏制了香港地方民主制度對中國國家建構的衝擊。《基本法》確立了「雙普選」的目標，香港新選舉制度在邁向這一目標的轉型過程中，需要與國家民主的發展相協調，也面臨着「善治」的挑戰。

　　章小杉博士的〈香港新選舉制度：憲法工程學的視角〉從憲法工程學的視角，分析了香港舊選舉制度存在的問題，並探討香港新選舉制度對這些問題的回應。文章認為，《基本法》的起草者為香港特區設定了行政主導的政治體制，這個政治體制的有效運作需要相應的選舉制

度和政黨制度來配合；舊選舉制度因未能配合《基本法》設定的行政主導制，致使香港回歸後的行政與立法關係緊張，令香港特區的政治體制無法有效運作，最終被摒棄；新選舉制度部分解決了舊選舉制度的問題。但是，香港特區的行政主導制要有效運作，還需要有其他制度層面和非制度層面的配套措施。

程潔博士的〈香港選舉制度中的外部因素與法律框架〉一文關注了選舉制度中仍不容忽視的境外因素。從比較法角度來看，如何解決選舉過程的域外影響是所有政治實體都要面對的問題。文章從選舉人資格、政治獻金、反政治滲透立法等七個方面，對不同地區控制選舉中域外影響的規定進行分析，比較香港新選舉制度和其他地區選舉制度的不同選擇，並在此基礎上提出政策建議。

丁小童小姐、孫揚博士的〈易於達成的「民主」：香港市政局選舉與港府對改革的應因（1952–1982）〉把研究視角追溯到了港英時期的市政局選舉。論文認為，港英時期，市政局一度是香港唯一擁有民選議席的法定機構，市政局選舉是衡量香港社會政治生態的重要尺規。從1952年舉行戰後的第一次選舉，至1982年地方政制改革前，市政局選舉流程日益規範，民選議席和選民數量有所增長，但依然是一種遠離普羅大眾的精英政治。民選議員的改革訴求與港英政府拒絕改革的回應，都以維持英國統治為核心內容，呈現出兩者面對非殖民化潮流、社會結構性矛盾與香港前途不同維度的考量。市政局選舉本質上是一種易於達成的表像民主，70年代香港社會的變貌更可能源於經濟繁榮暫時化解了社會矛盾。

二、新選舉制度的實施和展望

新選舉制度的實施對香港的管治產生了哪些影響，未來如何在此基礎上進一步改善，可能面臨哪些挑戰？本部分收錄了六篇相關文章。

張炳良教授的〈香港特區新選舉制度下管治體制邏輯與權力倫理之變〉一文指出，新選舉制度引入了與過去截然不同的體制邏輯、權力倫

理和政治文化，影響深廣。作者認為，選舉制度之變跟《基本法》起草時就香港特區政制的前設和構思大相徑庭，反映了中央政府對香港回歸二十多年來「港人治港」實踐和香港民主化實驗的負面總結。作者分析和展望了特區能否如中央所願走出管治困局，以及改制帶來的新問題與制度風險、和面對的內外形勢挑戰。

鄒平學教授、姚夏軍先生的〈新選制下香港特區行政與立法的關係重塑〉一文分析了新選制對香港特區行政與立法關係的影響。論文認為，《基本法》中的香港特區行政與立法關係是行政主導，行政與立法相互制衡，相互配合的關係。回歸以來，由於反對派利用選舉制度進入特區管治體系，行政與立法關係日趨緊張，立法對行政的制約遠大於配合，嚴重衝擊了行政主導地位，阻礙了特區的良政善治。香港特區此次選舉制度的修訂全面確立了「愛國者治港原則」，從管治體系中排除了反中亂港者這一最大不穩定因素，重置了選舉制度，有利於行政管治聯盟的形成，使行政與立法的關係恢復正常化，但也有一定的副作用，有待進一步完善。

楊曉楠教授的〈新選制下的特別行政區管治問題〉一文基於新制度主義的視角，分析了選舉制度改革導致的各種制度變數對特區管治的影響。作者從改革的國際和歷史背景，中央曾經對選舉制度改革作出的努力，香港本地政改方案的發展歷程，以及近年來香港政權架構內部的關係，本地政治機構與民主政治發展的互動等不同方面進行綜合考量，並為提高管治效能提供了具可行性的建議。

林丹陽博士、何俊志教授的〈新選舉制度下香港選舉委員會委員變動模式研究〉一文關注了新選舉制度實施過程中選舉委員會委員變動的現象。香港新選舉制度下的選舉委員會被賦予了更大的權力與職責，在制度設計上通過擴大當然委員的範圍和規模，以保障均衡參與和廣泛代表性。但是，在選委會的實際運作中，當然委員出現了複雜的變動模式，對選委會的穩定性與合法性、選委會委員有效行使權力，以及選舉管理工作都產生了多元、複雜的影響。未來選委會委員將呈現

出常態化小幅變動和周期性大幅變動的特徵，需要逐步建立一套常態化的選委會管理體制，以應對選委會的頻繁變動所帶來的直接和潛在後果。

　　韓大元教授的〈憲制框架下的香港新選舉制度：成效、挑戰與未來〉一文總結指出，香港選舉制度改革本質上是以法治思維、法治方法完善了香港政治體制，使之符合社會發展實際，改變香港社會的政治生態，塑造新的政治文化。但由於既往政治生活中存在「建制」與「非建制」的劃分、民眾對新選制缺乏共識、選舉制度改革成效仍有待於檢驗等問題，香港新選制發展的未來仍面臨各種挑戰。作者倡議改變二元對立思維、以《基本法》凝聚共識、發揮新選制的預期作用，使新選制為香港的繁榮和穩定發揮應有的作用。

作者簡介

朱國斌，香港城市大學法律學院教授、法學博士；香港城市大學法律學院公法與人權論壇主任；香港城市大學出版社公共事務與法律研究中心聯席副主任。兼任山東大學客座教授，武漢大學法學院兼職教授；國際比較法科學院院士、香港基本法澳門基本法學會常務理事、中國憲法學研究會理事、中華司法研究會理事。廣東省本科高校法學類專業教學指導委員會副主任委員；香港法律教育基金會有限公司董事；團結香港基金顧問。研究興趣領域：中國憲法；香港憲法／基本法；比較憲法；香港及大陸法律制度；中國人權研究；中國行政管理；地方自治與管治。主編叢書，包括：「思想共和國」、「憲政中國」、「基本法研究叢書」和「香港國安法研究系列」。

葉海波，法學博士，現為深圳大學法學院教授，兼任國務院發展研究中心港澳研究所高級研究員、中國法學會憲法學研究會常務理事、廣東省法學會香港基本法澳門基本法研究會秘書長、深圳大學港澳基本法研究中心副主任，發表《特別行政區基本法的合憲性推定》等論文多篇，主持國家社科基金、教育部項目等多項。

馮柏林，吉林大學法學院博士研究生，香港城市大學法律學院研究助理，在《南京航空航天大學學報（社會科學版）》、《現代法治研究》等刊物發表文章。部分文章收錄於《粵港澳大灣區法制建設——合作與創新》，參與寫作《香港基本法第二十三條立法史論》。

章小杉，法學博士、廣東外語外貿大學法學院講師。畢業於武漢大學法學院憲法學與行政法學專業。曾為美國佩斯大學法學院訪問學者及香港城市大學法律學院博士後研究員。著有《「新界」原居民的合法傳

統權益》。主要研究領域為中國憲法、香港基本法、比較憲法及憲法理論。

程潔，加拿大不列顛哥倫比亞大學法學院副教授（2019–）。曾任教於清華大學法學院（1999–2019）。主要研究領域包括比較憲法、香港基本法、資訊自由法與資訊安全、司法政治等。主要代表作品為：《治道與治權：中國憲法的制度分析》（2015）、《憲政精義 —— 法治下的開放政府》（2002）。近期有關香港基本法的代表性文章包括《香港新憲制秩序的法理基礎：分權還是授權》（2017），《香港國安法》與香港的集體身份認同（2021），*Hong Kong's Constitutional Order after the National Security Law*（2022）等。

丁小童，南京大學歷史學院 2023 級碩士研究生。

孫揚，南京大學歷史學院副教授、歷史學博士，兼任全國港澳研究會會員、江蘇省統一戰線理論研究會理事。主要研究領域為 20 世紀中國政治史、外交史以及香港史。代表作《無果而終 —— 戰後中英香港問題交涉（1945–1949）》（社會科學文獻出版社，2014 年）、《國民政府對香港問題的處置（1937–1949）》（三聯書店有限公司，2017 年）。

張炳良，香港教育大學公共行政學研究講座教授、前任校長（2008–2012）。2012 年 7 月至 2017 年 6 月期間，擔任香港特區運輸及房屋局局長，並兼任香港房屋委員會主席。張教授專研管治、公共行政及公共政策，着有 16 本專書、超過 110 篇國際學術期刊文章和書章，並曾作無數主旨演講和學術研討會論文。張教授離開局長崗位後，曾主持政府一專責小組檢討香港自資專上教育（2017–2018）。並於 2017 年 11 月獲委任為自資專上教育委員會主席、及教育統籌委員會和大學教育資助委員會委員。

盧兆興，香港大學專業進修學院常務副院長（文學及科學）。此前為前香港教育學院文理學院副院長、社會科學系教授兼系主任。他專長研究香港及澳門政治、大中華跨境犯罪問題。他出版了 12 本個人學術著作，包括 *Macau in the Second World War: Diplomacy, Society and Politics* (Springer, forthcoming 2022), *The Dynamics of Beijing—Hong Kong Relations: A Model for Taiwan?* (Hong Kong University Press, 2009)，《澳門的政治轉變》*Political Change in Macau*，該書於 2009 年 10 月獲得澳門基金會頒發一等獎。

洪松勳，博士，現為退休獨立學者。曾任香港教育大學助理教授和中學教師。研究方向為香港政治、歷史文化和教育政策；論文專書散見於不同的學術期刊和專著。

鄒平學，深圳大學法學院教授、港澳基本法研究中心主任、港澳及國際問題研究中心主任，武漢大學、中國社會科學院博士生導師，國家社科基金項目重大項目首席專家，深圳市國家級領軍人才，鵬城學者特聘教授。出版《憲政的經濟分析》、《中國代表制度改革的實證研究》、《香港基本法實踐問題研究》等專著。主編《憲法》、《港澳基本法實施評論系列》、《港澳制度研究叢書》、《香濠觀濤時評叢書》、《兩岸與港澳法制研究論叢》、《香港基本法面面觀》等，發表論文 170 多篇。兼任全國人大常委會港澳基本法委員會基本法理論研究領導小組成員、國務院發展研究中心港澳研究所學術委員會委員兼高級研究員、中國法學會香港基本法澳門基本法研究會副會長、中國法學會憲法學研究會常務理事兼兩岸及港澳法制研究專業委員會主任、中國統一戰線理論研究會理事兼港澳台與海外統戰理論研究小組副組長、全國港澳研究會理事、廣東省香港基本法澳門基本法研究會會長等。

姚夏軍，浙江工業大學法學院助理研究員，中國社科院大學與深圳大學聯合培養法學理論專業博士研究生。

楊曉楠，中山大學法學院教授、博士生導師，於香港大學獲得法學博士學位，主要研究領域為憲法學、港澳基本法。現兼任中國法學會憲法學研究會常務理事、副秘書長；中國法學會港澳基本法研究會常務理事、副秘書長；全國港澳研究會會員。曾任美國密西根大學安娜堡分校格勞休斯學者，香港大學法律學院中國法中心訪問學者，香港城市大學法學院兼職副研究員，美國德州大學奧斯丁分校訪問學者。

林丹陽，中山大學粵港澳發展研究院副教授。博士畢業於北京大學政府管理學院，研究方向為比較政治、港澳政治、港澳選舉。

何俊志，中山大學政治與公共事務管理學院教授，中山大學粵港澳發展研究院長、研究員，全國港澳研究會副會長。曾經就讀於廈門大學和復旦大學。工作期間曾經在耶魯大學、牛津大學、哈佛大學和慶應大學做過訪問研究。主要研究方向為比較議會與選舉制度，近年集中關注中國人大制度、港澳選舉制度和粵港澳大灣區建設進程中的政府行為和多層治理模式。

韓大元，中國人民大學法學院教授，中國人民大學「一國兩制」法律研究所所長。兼任全國人大常委會香港特別行政區基本法委員會委員，中國憲法學研究會名譽會長、中國法學教育研究會常務副會長、海峽兩岸法學交流促進會副理事長、擔任國際憲法協會（IACL）執行委員會委員等。研究領域包括：中國憲法學、比較憲法學、外國憲法、基本法。

張夢奇，武漢大學法學院碩士研究生，香港城市大學法律學院研究助理，在《蘇州大學學報（法學版）》、《人大研究》、《備案審查研究》等刊物發表論文多篇。

香港選舉制度變遷的憲制邏輯

第一章

從香港選舉制度改革歷程看中央治港理念與模式的轉變

❧❧❧❧❧❧❧❧❧❧❧❧❧❧❧❧

朱國斌

香港城市大學法律學院教授

馮柏林

吉林大學法學院博士研究生

一、引言

香港政制改革[1]是香港社會持續時間最長、討論最熱烈、影響力既深且廣的議題之一，也是中央和特區關係調適、權力配置和政治博弈的主戰場。《基本法》並沒有為香港選舉制度提供一勞永逸的終極方案，近二十年來，圍繞香港政制改革決定權以及《基本法》附件一和附件二的修改，全國人大及其常委會先後作出一次「人大釋法」和四次「人大決定」，為改革指明了方向，釐定了框架，劃定了邊界。同時，通過「釋法」和「決定」，全國人大及其常委會也在逐次澄清香港政制改革中中央與特區的權力配置關係，勾勒出一幅清晰的權力秩序圖景。本文旨在分析和探討中央是如何透過「釋法」和「決定」來推進貫徹中央治港的理念。

---

1. 從廣義上講，香港政治制度改革既包括香港行政立法權力關係的調整，也包括選舉制度改革和政府官員問責制度改革。而選舉制度既包括行政長官、立法會和選舉委員會選舉制度，也包括區議會選舉制度。本文將研究視野限定為行政長官和立法會選舉制度改革。

二、《基本法》立法原意下的權力架構

《基本法》作為「一國兩制」制度的憲制架構和規範載體，凝結了鄧小平這一代領導人的政治智慧和基本法起草者的智識謀略。按照鄧小平「《基本法》不宜太細」[2]的指導方針，《基本法》起草者選擇求同存異，在尋求最大共識的基礎上暫時擱置爭議問題，在法律的穩定性和立法的模糊性之間爭取達到一種平衡狀態。「一國兩制」作為一種新制度，諸多理論問題尚待實踐核對和探索，這既為「一國兩制」的發展留出了空間，同時也給後來的爭拗埋下了伏筆。

在《基本法》起草過程中，由於起草委員會對行政長官和立法會的產生辦法爭議很大，[3]為保證《基本法》的順利頒布，《基本法》第 45 條和第 68 條只規定了行政長官和立法會的產生方式和「最終」選舉目標，具體產生辦法和表決程序則通過附件一和附件二予以規定，這種規定兼顧原則性和靈活性。而 1990 年版附件一和附件二只是規定了前兩任行政長官和前三屆立法會[4]的產生辦法和表決程序，至於 2007 年以後的具體產生辦法如何，《基本法》保留了修改完善的制度空間，並規定了簡單的修改程序，即慣稱的「三步曲」：「須經立法會全體議員三分之二多數通過，行政長官同意，並報全國人民代表大會常務委員會『批准』或『備案』。」[5]

---

2. 鄧小平：〈會見香港基本法起草委員會委員時的講話〉，1987 年 4 月 16 日，載《鄧小平論「一國兩制」》，三聯書店（香港）有限公司，2004 年，第 56 頁。

3. 以行政長官產生辦法的起草過程為例，《基本法》草案前三稿都呈「代擬」狀態；第四稿確立產生方式「協商」或「選舉」，由中央任命；第五稿增加「實際情況」和「循序漸進」，以及「立法會通過、行政長官同意和全國人大常委會批准」的修改程序；第七稿增加「普選目標」，並將上述修改程序移至附件一；第八稿才增加「提名委員會提名程序」。而在行政長官和立法會選舉辦法這一問題上，至少有直接選舉、間接選舉、功能團體選舉、選舉團選舉、差額選舉、協商等多種方式。詳見李浩然主編：《基本法起草過程概覽》（中冊），三聯書店（香港）有限公司，2012 年，第 400–471 頁。

4. 其中第一任行政長官和第一屆立法會按照《全國人民代表大會關於香港特別行政區第一屆政府和立法會產生辦法的決定》產生。

5. 《基本法》（1990 年版）附件一（七）和附件二（三）。

《基本法》第45條以及附件一第7條和附件二第3條雖然在形式上都是程序性條款（procedural clause），卻暗含了諸多實質性權力（substantive power）。《基本法》第45條第1款規定香港特區行政長官通過協商或選舉產生，由中央任命。這説明中央對行政長官具有任命權。[6]從理論上講，中央可以決定是否任命當選者出任行政長官，但在實踐中，中央從未拒絕任命行政長官當選者；且由於任命程序位於行政長官選舉程序的「末端」，如果經由協商或選舉等法定程序產生的行政長官當選者不被中央任命，則將置中央與香港民選結果對立的不利局面。因此，這種任命權雖然是實質性的權力，[7]但在決定行政長官人選過程中的作用和影響十分有限。

《基本法》附件一和附件二中規定的修改程序「二步曲」也可以解讀為幾項權力：首先，一項「政改方案」需要由立法會全體議員三分之二多數通過，立法會擁有決定且只能決定由特區政府提出的法案或議案是否通過的權力，因此可以稱之為「政改事項決定權」[8]；其次，行政長官對立法會通過的「政改方案」決定是否同意，行政長官享有「同意權」。由於「政改方案」涉及政治體制，因此該法案原則上須由特區政府提出，[9]「政改方案」如果在立法會審議過程中並未由議員動議議案而作出修改，這意味着特區政府向立法會提交的「政改方案」獲得直

---

6. 《基本法》第45條第1款：香港特別行政區行政長官在當地通過選舉或協商產生，由中央人民政府任命。

7. 著名基本法專家許崇德教授曾指出：「任命，不純屬形式，而是實質性的。」詳見許崇德：〈香港特別行政區行政長官的法律地位〉，載《法學雜誌》，1997年第4期，第2頁；亦參見韓大元、黃明濤：〈論中央人民政府對香港特區行政長官的任命權〉，載《港澳研究》，2014年第1期，第13頁。

8. 由於立法會只能對「政改方案」通過與否，而不能決定「政改方案」如何設計，可以認為，其僅享有決定政改方案中具體事項的權力，故稱之為「政改事項決定權」。「政改事項決定權」亦是為與後文全國人大常委會的「政改方向決定權」作區分，下文將詳述之。

9. 《基本法》第74條：香港特別行政區立法會議員根據本法規定並依照法定程序提出法律草案，凡不涉及公共開支或政治體制或政府運作者，可由立法會議員個別或聯名提出。凡涉及政府政策者，在提出前必須得到行政長官的書面同意。

接通過。而行政長官作為特區政府首長，[10]應當視為與特區政府具有共同的意志，即「政改方案」在提交立法會前便已經得到了行政長官的同意。[11]那麼此時，行政長官在立法會通過後的行使同意權「再次同意」也只是程序性事項，儘管這並不能否認它的實質性權力屬性。最後，全國人大常委會對「政改方案」予以批准或備案，享有「批准權」和「備案權」。批准權和備案權均作為一種事後監督權，[12]雖然也能實質性影響「政改方案」是否產生法律效力，[13]但對香港政制改革的主導性和影響力十分有限，這點和「任命權」具有同樣的理論困境。

依據《基本法》和 1990 年版附件一和附件二的相關規定，特區政府負責擬訂並提出「政改方案」[14]啟動政制改革，立法會「政改事項決定權」在其中決定「政改方案」能否通過，發揮關鍵作用；行政長官「同意權」在此過程中發揮的實質性決定功能受限。而無論是中央的「任命權」亦或全國人大常委會的「批准權」和「備案權」，雖然均是實質性權力，卻面臨着一旦行權否定便置自身於香港民選結果對立面的困境，從而會被質疑違背「一國兩制」。可見，依據《基本法》的立法原意，香港特區在很大程度上享有香港政制改革的啟動權和決定權，並為特區政府和立法會分別享有。許崇德教授對《基本法》和 1990 年版附件一和

---

10. 《基本法》第 60 條第 1 款：香港特別行政區政府的首長是香港特別行政區行政長官。

11. 雖然政改方案不屬於《基本法》第 74 條第 3 款規定的「政府政策」，不需要經過行政長官書面同意，但政改方案本身由行政長官牽頭，最終得到行政長官同意是不言自明的。

12. 《立法法》第 72 條第 2 款和第 75 條第 1 款分別規定了設區的市制定地方性法規和自治區制定自治條例和單行條例時，必須分別報省、自治區的人民代表大會常務委員會和全國人民代表大會常務委員會批准後才能施行或生效，這就是我國立法體制中的「批准權」。批准權在理論上屬於監督權還是立法權仍有爭議，主流學說支持其作為一種監督權。參見丁祖年：〈試論省級人大常委會對較大市地方性法規的批准權〉，載《法學評論》，1990 年第 6 期，第 70 頁。備案審查制度是一項具有中國特色的憲法監督制度，屬於事後審查，因此備案權毫無疑問屬於監督權。參見梁鷹：〈備案審查制度若干問題探討〉，載《地方立法研究》，2019 年第 6 期，第 5 頁。

13. 「只有經過上述程序，包括最後全國人民代表大會依法批准或者備案，該修改方可生效。」參見李飛：《全國人民代表大會常務委員會關於〈中華人民共和國香港特別行政區基本法〉附件一第 7 條和附件二第 3 條的解釋》。

14. 《基本法》第 62 條第 5 款：擬定並提出法案、議案、附屬法規。

附件二的解讀亦同樣持此觀點：2007 年以後行政長官和立法會產生辦法是否改變，由香港特區自行決定。[15]這種制度設計表達的是《基本法》起草者對香港特區高度自治的理解和尊重，亦體現了他們當時對「一國兩制」十分樂觀的態度。

三、「4·6 解釋」：確立全國人大常委會決定權

2002 年董建華出任第二任行政長官後，香港政制改革討論熱度持續升溫。討論伊始，主要圍繞《基本法》附件中「二〇〇七年以後」中是否包含 2007 年行政長官選舉這一問題。[16]香港各界主要針對普選問題各抒己見，提出具體方案。此階段的討論主要在香港本地，並未涉及中央層面。直到 2003 年 12 月初，胡錦濤主席在董建華述職時表明了中央政府對香港政治體制發展的高度關注和原則立場。[17]隨後，內地基本法專家就胡錦濤主席的講話闡釋精神，闡釋了中央關注香港政制發展的合法性和必要性。[18]其中，許崇德教授表達了認為「如有需要」應該由中央決定，這一觀點遭到了香港本地的強烈反對。[19]事實上，許崇德教授的觀點將香港政制改革問題的討論拉回到中央與特區權力關係

---

15. 許崇德：〈略論香港特別行政區的政治制度〉，載《中國人民大學學報》，1997 年第 6 期，第 61 頁。

16. 例如，有學者參考全國人大制定全國性法律的行為習慣，認為「以後」不包括本數，參見謝緯武：〈急於「檢討」目的何在？〉，載《大公報》，2013 年 6 月 16 日，第 A10 版；亦有學者援引姬鵬飛主任提出的「十年穩定期」，認為 2007 行政長官選舉方式可以修訂，參見何喜華：〈基本法支持〇七直選〉，載《東方日報》，2003 年 6 月 23 日，第 B12 版；陳弘毅教授亦認為該説法包括 2007 年，參見陳弘毅：〈陳弘毅：〇七可普選特首〉，載《星島日報》，2003 年 7 月 19 日，第 A15 版。

17. 〈香港特別行政區政府行政長官二零零四年施政報告〉，載香港政府新聞網，2004 年 1 月，www.policyaddress.gov.hk/pa04/sim/p75.htm。

18. 〈內地四專家闡釋胡錦濤講話　港政制發展不能損一國〉，載《太陽報》，2003 年 12 月 5 日，第 A08 版。

19. 民主黨主席楊森、自由黨主席田北俊以及民建聯前主席曾鈺成均否認四位專家的看法，參見：〈兩大政黨：港人決定政改步伐〉，載《信報財經新聞》，2013 年 12 月 6 日，第 P05 版。

這一層面上，此後，圍繞着誰擁有香港政制改革的啟動權和決定權的討論越演越烈，[20]這直接促成了中央出面通過「人大釋法」定分止爭。

2004 年 4 月 6 日，全國人大常委會頒布《關於〈中華人民共和國香港特別行政區基本法〉附件一第 7 條和附件二第 3 條的解釋》（簡稱「4‧6 解釋」）。「4‧6 解釋」對「二〇〇七年以後」含 2007 年的解釋簡明扼要，對「如需修改」的基本含義和兩種情形的闡釋也直接援用《基本法》附件的規定，卻用大篇幅文字重點闡釋「是否修改」所適用的修改程序。「4‧6 解釋」中規定：「是否需要進行修改，行政長官應向全國人大報告，由全國人大依照《基本法》，根據香港實際情況和循序漸進原則確定。」此條款不僅在修改程序上將「三步曲」改變為「五步曲」，更重要的是，賦予了行政長官對香港政制改革的「啟動權」[21]和全國人大常委會確定香港政制改革的「政改方向決定權」。李飛在對該決定草案的解釋中強調：「是否需要修改和如何修改，決定權在中央。」[22]李飛的講話不僅強調了中央對香港政制改革擁有決定權，而且闡明瞭中央立場上決定權的兩項基本權能：是否修改和如何修改。於是，在香港政制改革問題上，出現了兩種決定權——全國人大常委會「政改方向決定權」與立法會「政改事項決定權」。

理想情況下，如果香港特區立法會能夠在全國人大常委會「政改方向決定權」設定的基本框架下行使「政改事項決定權」，那麼兩者的權力不會發生衝突。質言之，立法會需要承認全國人大常委會「政改方

---

20. 對啟動權的討論，參見：〈「啟動權」誰屬成關鍵〉，載《星島日報》，2004 年 3 月 27 日，第 A04 版；〈僅釐清「〇七以後」定義及啟動權誰屬 人大釋法不會觸及普選〉，載《星島日報》，2004 年 3 月 28 日，第 A06 版。

21. 從程序來看，如果行政長官不向全國人大常委會提交報告，則全國人大常委會不會作出相關決定，行政長官向全國人大常委會提交報告成為後者作出決定的前提條件，因此可以視為一種權力。但宏觀來看，行政長官開啟政制改革的內在動力是多方面的，既有來自《基本法》「雙普選」最終目標的憲制要求，也有香港市民對保障選舉權的強烈訴求，還有來自香港政黨派別的政治壓力，亦可視為一種憲制責任和政治義務。

22. 李飛：〈《全國人民代表大會常務委員會關於〈中華人民共和國香港特別行政區基本法〉附件一第 7 條和附件二第 3 條的解釋（草案）》的說明——2004 年 4 月 2 日在第十屆全國人民代表大會常務委員會第八次會議上。〉

向決定權」中「是否修改」的權能，且兩者協調處理並合理分配兩種決定權中「如何修改」的權能。但由於兩種決定權並未釐定明晰的權力界限，因此不可避免的存在權力重疊與權力衝突：（1）立法會不認同全國人大常委會設定的基本框架，即否認「政改方向決定權」中「是否修改」的權能；（2）立法會認為全國人大常委會設定的基本框架太過詳細，即兩種權力在「如何修改」權能上產生衝突。

「4‧6解釋」確定了「如何修改」的主語是全國人大常委會，明確了中央對香港政制發展擁有主導權和決定權。[23] 從學理上講，政改可以歸結為中央事權，由中央掌握主動權，是有其合理性和正當性的。[24] 但「4‧6解釋」在賦權中央主動權的同時忽視了全國人大常委會和香港特區立法會在香港政制改革特別是「如何修改」問題上隱含的權力衝突。實際上，正是因為這兩種決定權的權力衝突，才會導致香港政制改革寸步難行。

四、三次政制改革中權力衝突的具體表現

（一）「4‧26決定」：「是否修改」權能的衝突與確權意義

2004年4月26日，全國人大常委會作出《全國人民代表大會常務委員會關於香港特別行政區2007年行政長官和2008年立法會產生辦法有關問題的決定》（簡稱「4‧26決定」），「4‧26決定」在作出不普選決定的同時，保留了第三任行政長官和第四節立法會產生辦法適當修改的制度空間。在「4‧26決定」基礎上，政制發展專責小組於2005年10月19日提出了《政制發展專責小組第五號報告：二零零七年行政長

---

23. 強世功：〈文本、結構與立法原意 ——「人大釋法」的法律技藝〉，載《中國社會科學》，2007年第5期，第151頁。

24. 朱國斌：〈香港政改與中央權力：憲法與法理學視角〉，載陳弘毅、鄒平學主編：《香港基本法面面觀》，三聯書店（香港）有限公司，2015年，第339–349頁。

官和二零零八年立法會產生辦法建議方案》(簡稱「建議方案」),2005
年 12 月 21 日,在「建議方案」基礎上形成的 2007 年行政長官選舉辦
法、2008 年立法會產生辦法的議案未能得到立法會全體議員三分之二
支持,香港政制改革的第一次嘗試以失敗告終。[25]

　　全國人大常委會對行政長官和立法會產生辦法作出維持現狀的決
定,並未進行實質性修改,這意味着全國人大常委會「政改方向決定
權」只行使了「是否修改」的權能,而消極行使「如何修改」的權能。此
時,立法會也並未真正認識到「政改事項決定權」不具有「是否修改」
的權能,泛民派仍堅持認為香港政制改革是香港內部事務,應當由他
們自己做出決定。於是他們採取了激進方案,用「捆綁式投票」[26]表明
自己追求普選的態度。在此種情形下,可以認為,無論全國人大常委
會通過「政改方向決定權」對行政長官和立法會產生辦法是否作出修
改,泛民派都會投下反對票。此時,兩種權力的衝突直接表現為對香
港政制改革主導權的爭奪。立法會實際上是用「政改事項決定權」對抗
全國人大常委會「政改方向決定權」,以此來表達對中央主導香港政制
改革的不滿,兩種決定權在「是否修改」權能上產生衝突。

　　但不可否認,「4·26 決定」具有重要意義:(1) 這是對「4·6 解
釋」確立的「五步曲」的首次實踐,也確立了此後近二十年香港政制改
革的基本模式和路徑。(2) 全國人大常委會首次行使「政改方向決定
權」,成為決定香港政制改革的新主體。[27](3) 這也是全國人大常委會
「政改方向決定權」與立法會「政改事項決定權」在香港政制改革中的首
次衝突。

---

25. 〈香港泛民主派否決政府提出的 07 年及 08 年政改方案〉,Radio Free Asia,2015 年 12 月 21 日,
www.rfa.org/cantonese/news/hongkong_reform-20051221.html。

26. 〈24 人扼殺普選〉,載《大公報》,2005 年 12 月 22 日,第 A03 版。

27. 在「4·26 決定」之前,香港政制發展問題的決定主體是由全國人大和全國人大香港特別行政區籌
備委員會,分別是全國人大於 1990 年 4 月 4 日作出《關於香港特別行政區第一屆政府和立法會
產生辦法的決定》、全國人大香港特別行政區籌備委員會在 1996 年 3 月 24 日作出《關於設立香
港特別行政區臨時立法會的決定》和 1997 年 5 月 23 日作出《中華人民共和國香港特別行政區第
一屆立法會的具體產生辦法》。

（二）「12・29 決定」：「如何修改」權能的衝突與協商民主化解

2007 年 7 月，第三任行政長官曾蔭權發布《政治發展綠皮書》並開展為期三個月的諮詢，香港政制改革再啟新程。2007 年 12 月 29 日，全國人大常委會作出《關於香港特別行政區 2012 年行政長官和立法會產生辦法及有關普選問題的決定》（簡稱「12・29 決定」）。「12・29 決定」雖然否決了 2012 年行政長官和立法會雙普選，但仍為行政長官和立法會產生辦法提供了適當修改的空間，同時，它為香港政制改革確立了普選的路線圖和時間表。[28] 在喬曉陽秘書長的說明中，這一安排是基於《基本法》最終普選目標規定、尊重香港市民普遍要求制定普選時間表的意見、遵循香港實際情況後和循序漸進原則以及強調行政主導體制等多方因素綜合考量的結果。[29]

泛民派對該決定表達了強烈不滿，他們指立法會中功能界別和直選比例維持不變是「無視《基本法》循序漸進原則」、「原地踏步」[30]，並發起多次遊行抗議。[31] 但這樣的做法並不會阻礙特區政府推動政制改革的步伐。2010 年 4 月 14 日，政府發表《二零一二年行政長官及立法會產生辦法建議方案》，並隨後提交立法會。在經過中央與泛民派多次溝通協商後，最終達成折衷方案，2010 年 6 月 25 日，立法會以全體議員三分之二多數通過了政府議案，此次修改將選舉委員會由 800 人擴大至 1200 人，每個界別各有 300 人；立法會議員議席擴大至 70 席，分區直選和功能界別議員各增加 5 席，且功能界別議席增設區議會（第二）功

---

28. 「12・29 決定」指出，2017 年香港特別行政區第五任行政長官的選舉可以實行由普選產生的辦法；在行政長官由普選產生以後，香港特別行政區立法會的選舉可以實行全部議員由普選產生的辦法。

29. 喬曉陽：《關於〈全國人民代表大會常務委員會關於香港特別行政區 2012 年行政長官和立法會產生辦法及有關普選問題的決定（草案）〉的說明》——2007 年 12 月 26 日在第十屆全國人民代表大會常務委員會第三十一次會議上。

30. 〈梁家傑：中央欠誠意 港人被欺騙〉，載《信報財經新聞》，2017 年 12 月 29 日，第 P08 版。

31. 〈港泛民主派發起遊行 2 萬人爭取 2012 雙普選〉，載《南洋商報（馬來西亞）》第 2018 年 1 月 14 日，第 A16 版。

能界別的 5 席由全港未有其他功能界別投票權的香港登記選民一人一票選出。這是香港政制改革的歷史性時刻,「政改起錨」[32]也意味着香港政制改革向前邁出了實實在在的步伐。

如果說「對峙是香港政治精神構造的根本特徵」[33],那麼「協商民主」(deliberative democracy)則是中央解決香港政制改革中矛盾與衝突的有效手段。協商民主理論在 20 世紀後期在西方興起,它的核心是「通過討論、審議、對話和交流,從而實現立法和決策的共識」[34],特別是針對「文化間對話多元文化社會認知的核心問題」。[35]香港作為擁有多元文化背景的國際大都市,其文化多元性和社會複雜性致使香港政制改革在諸多方面存在較大分歧,在政治上表現為中央及建制派與泛民派對民主化進程的認知差異,中央和建制派認為民主化進程要符合香港特區「實際情況」、按照「循序漸進」原則推進,而泛民派特別是激進民主派則希望儘快乃至一步到位地實現「雙普選」目標。如果雙方不能通過建構良好的溝通機制和對話平台,[36]則無法消減民主認知差異以尋求最大共識。於是,中聯辦副主任李剛先後與民主黨、終極普選聯盟以及民協等泛民派代表會面,[37]通過搭建協商民主對話平台尋求達成共識,雙方在此過程中通過溝通對話,在宏觀理論分歧下達成中觀和微

32. 〈方案通過標誌政改起錨〉,載《香港商報》,2019 年 6 月 25 日,第 A19 版。

33. 陳端洪:〈理解香港政治〉,載《中外法學》,2016 年第 5 期,第 1126 頁。

34. 李思然:〈當代西方政治理論中的協商民主〉,載《行政論壇》,2007 年第 1 期,第 93 頁。

35. VALADEZMJ. *Deliberative Democracy Political Legitimacy and Self-Democracy in Multicultural Socitiies*[M]. USA Westview Press, 2001:30,轉引自陳家剛:〈協商民主與政治協商〉,載《學習與探索》2007 年第 2 期,第 86 頁。

36. 程潔教授也指出中央與香港政治團體建構溝通機制對普選目標實現的必要性。參見程潔:〈地區普選的憲制基礎研究 —— 以香港普選問題為出發點〉,載《清華法治論衡》,2009 年第 1 期,第 210 頁。

37. 〈中聯辦李剛晤談民主黨 破冰溝通港政改〉,參見中國評論新聞網:http://bj.crntt.com/doc/1013/3/3/2/101333248.html?coluid=91&kindid=2673&docid=101333248;〈普選聯光譜廣泛,中聯辦博聽各方〉,載《文匯報》,2010 年 5 月 27 日,www.reuters.com/article/idCNnCH007131420100527。

觀共識。【38】在「12‧29 決定」設定的基本框架下，中央同意作為泛民派最大黨民主黨「一人兩票」的改良方案，而民主黨同意在立法會上支持政府提出的「政改方案」。

從權力運行邏輯審視此次政制改革，可以發現，全國人大常委會仍然消極使用「政改方向決定權」中「如何修改」權能，泛民派一開始提出的「2012 年普選」【39】亦仍是對「政改方向決定權」中「是否修改」權能的質疑。但隨後，中央選擇在確保「政改方向決定權」中「是否修改」權能的同時，對「如何修改」權能進行部分讓渡，因此同意了泛民派地部分事項。中央通過「協商民主」，有效避免了全國人大常委會「政改方向決定權」與立法會「政改事項決定權」在「是否修改」權能上的衝突，將兩種權力衝突轉移到「如何修改」權能上，然後通過在「如何修改」權能上進行部分權力讓渡，再次有效化解。這意味着泛民派事實上承認了全國人大常委會「政改方向決定權」中「是否修改」的權能，兩種權力衝突表現為全國人大常委會「政改方向決定權」與立法會「政改事項決定權」在「如何修改」權能上的衝突。

（三）「8‧31 決定」：兩種權能的全面衝突與制度轉折

2014 年 6 月，中央人民政府在《「一國兩制「在香港特別行政區的實踐》白皮書中提出「全面管治權」：「中華人民共和國是單一制國家，中央政府對包括香港特別行政區在內的所有地方行政區域擁有全面管治權。」中央與特區權力配置關係演變為「全面管治權」與「高度自治

38.　參見程潔：〈中央政府與香港政制發展的中道觀〉，載朱國斌編著：《香港特區政治體制研究》，香港城市大學，2017 年，第 227 頁。

39.《香港專上學生聯會回應〈二零一二年行政長官及立法會產生辦法〉意見書》（A0109），詳見《二零一二年行政長官及立法會產生辦法建議方案附錄三 —— 公眾意見第二冊》，www.cmab-cd2012.gov.hk/doc/package/AppendixIII_Volume2.pdf；〈正視港人訴求 兌現特首承諾 還我 2012 真普選〉（A0408），詳見《二零一二年行政長官及立法會產生辦法建議方案附錄三 —— 公眾意見第四冊》，www.cmab-cd2012.gov.hk/doc/package/AppendixIII_Volume4.pdf。

權」之間的調適，並被形象概括為「源與流、本與末的關係」。[40] 2014 年
8 月 31 日，全國人大常委會通過《關於香港行政長官普選問題和 2016
年立法會產生辦法的決定》（簡稱「8·31 決定」）。「8·31 決定」規定香
港特區行政長官實行由具有廣泛代表性的提名委員會提名後普選產生
的辦法，可以提名二至三名候選人，且須獲得提名委員會半數以上支
持，立法會產生辦法和表決程序不作修改。在「8·31 決定」前，香港
社會還在討論「公民提名」、「政黨提名」的可行性。[41]「8·31 決定」規
定候選人須獲得提名委員會半數以上支持，被認為設置了過高的提名
門檻，在香港社會被形容為「落閘」[42]，也成為「佔領中環」運動的直接
導火線，激進民主派訴諸於街頭抗議，希望中央撤回「8·31 決定」。
在這種背景下，特區政府依然向立法會提交了行政長官和立法會產生
辦法修正案，並最終在 2015 年 6 月 18 日遭到立法會否決。香港第三次
政制改革全面失敗。

　　「8·31 決定」作出後，有人直接批評「8·31 決定」不具有法律效
力，對香港毫無約束力，[43] 意圖從宏觀上否認全國人大常委會「政改方
向決定權」中「是否修改」權能。有學者從國家主權理論論證全國人大
常委會的權力不容置疑。[44] 有學者通過全國人大與全國人大常委會的權
力同質性與機構一體性來證成全國人大常委會做出「人大涉港決定」的

---

40. 喬曉陽：〈中央全面管治權和澳門特別行政區高度自治權——在紀念澳門《基本法》頒布 25 周年學術研討會上的講話〉，載《港澳研究》，2018 年第 2 期。

41. 〈民主黨工黨拋三軌提名制〉，載《明報》，2013 年 12 月 9 日，https://web.archive.org/web/20150623162933/; http://specials.mingpao.com/cfm/News.cfm?SpecialsID=137&News=819b32cec20939ac4d9292cacc13616cc99e552eca43676c8d9a34784a。

42. 〈聯署表明談判溝通終結 對落閘不滿 溫和派學者「大規模抗爭難免」〉，載《蘋果日報》，2014 年 8 月 31 日，第 A02 版。

43. 施路：〈揭開人大常委會決定的面紗〉，載《蘋果日報》，2014 年 9 月 8 日，第 A19 版。

44. 胡榮榮，黃樹卿：〈有關全國人大常委會「8·31」決定核心要素理據的綜述〉，載《港澳研究》，2014 年第 4 期，第 7 頁。

合憲性。[45]也有學者從全國人大常委會「基本法解釋權」證成「8‧31 決定」正當性。[46]以上觀點都有其合理性，但都沒有從「4‧6 解釋」賦權角度論證全國人大常委會的權力合法性及正當性。同時，香港社會對「8‧31 決定」的質疑不僅在於對決定主體的權力正當性，亦在於對決定權許可權大小，即質疑「8‧31 決定」規定內容太過詳細，沒有給香港社會對政制改革自主決定的空間。[47]有學者將「是否修改」權能解讀為：肯定式的含義包含着接受修改的必要性以及自己對如何修改已有大致確定的選項。[48]為全國人大常委會「政改方向決定權」包含「如何修改」權能提供了很好的論證視角。「8‧31 決定」是全國人大常委會首次積極行使（top-down）「如何修改」權能，但從香港社會對「8‧31 決定」效力及內容的全面否定來看，全國人大常委會「政改方向決定權」與立法會「政改事項決定權」表現出在「是否修改」和「如何修改」權能上的全面衝突。較之上次政改方案及其達成，民主派直接被排除在決策之外，甚至沒有任何正式的「協商民主」形式。從決策過程和形式上講，中央行使着香港政改的決定權，符合白皮書裏中央強調「全面管治權」的應有之義。

（四）「3‧11 決定」：新選舉制度下的權力重構

2021 年 3 月 11 日，全國人民大表大會作出《關於完善香港特別行政區選舉制度的決定》（簡稱「3‧11 決定」）。此後，全國人大常委會依

---

45. 朱國斌：《香港政改與中央權力：憲法與法理視角》，2015，三聯書店（香港）；陳弘毅，鄒平學主編：《香港基本法面面觀》，三聯書店（香港）有限公司，2015 年，第 347 頁。

46. 常樂：〈香港基本法的文本及其解釋：以政制發展為中心的考察〉，載《江漢大學學報（社會科學版）》，2015 年第 4 期，第 43 頁。

47. 「人大常委的 8‧31 落閘決定對提名委員會的組成（按照原選委會提名），必須遵守的民主程序（過半數），及候選人人數（2-3 人）作了詳細的規定。這一行為顯然超越了全國人大對其的授權，屬越權行為。」施路：〈人大常委會的決定不容挑戰？〉，載《蘋果日報》，2014 年 10 月 7 日，第 A15 版。

48. 孫成，鄒平學：〈如何審視「8‧31 決定」的若干法律問題〉，載《港澳研究》，2015 年第 2 期，第 41 頁。

據「3·11決定」的授權，對《基本法》附件一和附件二進行全面修訂。在香港這裏，特區政府4月13日將《2021年完善選舉制度（綜合修訂）條例草案》刊憲，4月14日提交立法會進行首讀及二讀。特區立法會5月27日高票通過《條例草案》。5月31日，《2021年完善選舉制度（綜合修訂）條例》於當日正式刊憲生效。無論從條例內容還是制度建設方面講，新條例標誌着香港選舉制度全面開啟新篇章。

「決定＋立法／修法」是在2019年「反修例風波」以後，中央管治香港的新型權力運行模式。「反修例風波」給香港憲制秩序造成了極大衝擊，直接危及國家安全與發展利益，泛民派借由「反修例風波」的餘熱煽動民意，在2019年區議會選舉中奪得絕大部分議席，[49]並試圖通過立法會、區議會操控行政長官和立法會選舉，奪取香港特區的管治權。香港已經出現憲制性危機，必須要由主權者出場進行「政治決斷」。於是，全國人大通過制定香港國家安全法和改造完善選舉制度這套「組合拳」[50]，迅速恢復香港社會秩序，穩定政治秩序，有效化解了香港的憲制性危機。

從規範層面審視全國人大對香港特區制度作出調整的權力。《憲法》第31條規定：「國家在必要時得設立特別行政區。在特別行政區內實行的制度按照具體情況由全國人民代表大會以法律規定。」《憲法》第62條第（14）項也規定：「決定特別行政區的設立及其制度；」全國人大作為最高國家權力機關，享有重大事項決定權，[51]全國人大不僅能夠決定香港特區實行何種制度，也能根據香港特區實際情況適時作出制

---

49. 2019年區議會選舉中，泛民派在擁有6成票的情況下卻獲得452議席中的388席位，佔全部議席的86%。參見〈2019年區議會選舉結果：泛民167萬票 VS 建制120萬票〉，載《東方日報》，2019年11月26日，https://orientaldaily.on.cc/cnt/news/20191126/00176_036.html；另見2019年區議會一般選舉官方網站投票結果公示：www.elections.gov.hk/dc2019/sim/results_hk.html。

50. 張曉明：〈完善選舉制度與制定香港國安法是一套組合拳〉，載中國新聞網，2021年3月12日，www.chinanews.com.cn/ga/2021/03-12/9430576.shtml。

51. 徐崇德，胡錦光主編：《憲法》（第六版），中國人民大學出版社，2018年，第212頁。

度調整。[52]在《基本法》中,《基本法》第 11 條第 1 款規定:「根據中華人民共和國憲法第 31 條,香港特別行政區的制度和政策,包括社會、經濟制度,有關保障居民的基本權利和自由的制度,行政管理、立法和司法方面的制度,以及有關政策,均以本法的規定為依據。」按照文義解釋,此條款並未說明「政治制度」直接依《基本法》為依據。這種解釋也符合「一國兩制」的原旨解釋,「一國兩制」中「兩制」是指社會主義制度和資本主義制度兩種經濟制度,並未直指政治制度的區隔,因此,全國人大可以通過「政治決斷」形式適時調整香港特區的政治制度,《基本法》第 159 條第 1 款規定了《基本法》修改權屬於全國人大,亦證明全國人大具有適時調整香港特區制度的權力。基於中國憲法理論和鑒於全國人大是主權機關和全權機關這一制度事實,它有權並可以作出任何政治的或法律的決定。因此,全國人大對香港特區選舉制度的決定在政治層面是「政治決斷」,在法律層面亦可以通過《憲法》和《基本法》找到規範依據。

《基本法》正文和附件都屬於《基本法》的一部分,因此,無論是《基本法》正文的修改還是《基本法》附件的修改,都是對《基本法》的修改,都需要啟動《基本法》修改權。但《基本法》對《基本法》正文和《基本法》附件的修改規定了不同的修改程序。根據 1990 年版《基本法》附件一和附件二,《基本法》將附件的修改權授予香港特區,並由全國人大常委會監督。但這種授權並不意味「完全授權」,全國人大同樣可以通過「政治決斷」的方式將《基本法》附件修改權授予其他主體,全國人大通過「3·11 決定」授權全國人大常委會修改《基本法》附件一和附件二,便是將《基本法》附件修改權直接賦權全國人大常委會。依據

---

52. 由於《基本法》是香港特區的「小憲法」,有人將《憲法》第 31 條對全國人大的規範性授權理解為「制憲權」,是一次性權力,「法律」即僅指《基本法》。本文認為,《憲法》第 31 條明確規定「具體情況」,即否認「一次性授權」的觀點,也保留了全國人大決定香港制度的空間。亦有多位學者表達了同樣的觀點,參見葉海波:〈《基本法》窮盡主義 —— 兼論人大涉港「決定」的地位〉,載朱國斌編著:《「一地兩檢」與全國人大常委會的權力》,第 161 頁;杜磊,鄒平學:〈論《香港特別行政區維護國家安全法》的憲法依據〉,載《港澳研究》,2020 年第 4 期,第 37 頁。

《憲法》第 67 條第（22）項規定：「全國人民代表大會授予的其他職權。」作為全國人大常委會職權的「兜底條款」，它為全國人大常委會接受全國人大的授權提供規範依據。「3・11 決定」通過賦權全國人大常委會修改《基本法》附件，完全改變了香港政制改革的程序，事實上否認了「五步曲」的《基本法》附件修改方式，這是對香港政制改革的權力重塑。而新《基本法》附件規定全國人大常委會擁有《基本法》附件修改權，是《基本法》附件的合法修改主體，這意味着全國人大常委會可以主動啟動修改《基本法》附件程序，全國人大常委會能夠主動的、直接的決定香港政制改革。可以説，「3・11 決定」重塑了香港政制改革中的權力架構，全國人大及其常委會擁有對香港政制改革的絕對主導權和決定權。

五、香港政制發展中的權力運行秩序與中央治港理念

（一）香港政制發展中的權力運行秩序

縱觀中央和特區在香港政制改革中的權力運行秩序和邏輯，我們可以將香港政制改革發展歷程大致分為三個階段：

第一個階段是《基本法》階段（1997–2004）。王叔文教授曾指出：「《基本法》除了上述修改程序外，還規定了一種比較簡易的修改辦法。……這些辦法，實際上是授權香港特別行政區對附件一和附件二……自行修改，而由全國人大常委會對香港特別行政區作此項修改實行監督」。[53] 從《基本法》原意和客觀歷史發展來看，香港特區擁有香港政制改革的決定權，中央對此保持監督權力。香港特區通過特區政

---

53. 王叔文：《香港特別行政區基本法導論》，中國民主法制出版社、中共中央黨校出版社，2006 年，第 130–131 頁。

府的提案權、立法會的「政改事項決定權」以及行政長官的「同意權」，構建了較為完整的主導香港政制改革的權力框架，中央依據「批准權」和「備案權」進行事後監督。這種「特區決定 —— 中央監督」是關於香港政制改革事權的最初版本的分權模式和自治範式，是基於對「一國兩制」未來良好前景所作出的理想構思。

第二個階段是「4・6 解釋」以後（2004–2021）。「4・6 解釋」最重要的意義是確立了全國人大常委會在香港政制改革中的決定權，此後人大常委會「政改方向決定權」與立法會「政改事務決定權」產生權力衝突。具體表現為：「4・26 決定」後兩種決定權在「是否修改」權能上的衝突；「12・29 決定」後從「是否修改」降格為「如何修改」，並在「如何修改」階段通過協商民主予以消解；以及「8・31 決定」後在「是否修改」和「如何修改」權能上的全面衝突。儘管全國人大常委會的憲制地位高於香港特區的立法會，但由於立法會擁有直接決定「政改方案」通過與否的話語權，因此，消解兩種決定權之間的權力衝突成為決定香港政制改革成功的關鍵要素。但從三次政制改革來看，立法會中的泛民派不尊重甚至無視中央在香港政制改革中的決定權，中央也沒有為立法會留有適度行權空間，這是香港政制改革舉步維艱的根本原因。

第三個階段是「3・11 決定」（2021 之後）。「3・11 決定」直接跳過全國人大常委會和立法會，全國人大以「政治決斷」的形式作出決定，並靈活運用「基本法修改權」，直接為香港特區提出政制改革方案，事實上改造了特區選舉制度。同時，全國人大還直接授權全國人大常委會，全國人大常委會修改了《基本法》附件的修改規則，2021 年《基本法》附件一和附件二規定全國人大常委會擁有對附件的修改權。由此，「3・11 決定」在授權全國人大常委會修改《基本法》附件的同時，事實上否認了香港特區特別是立法會在政制改革中的決定權。質言之，在現行制度下，香港政制改革「五步並一步」，香港特區失去了開啟政制改革的主動權，中央擁有香港政制改革的絕對主導權，全國人大及其常委會是決定香港政制改革與發展的直接的、最終的權力機關。

（二）權力運行秩序背後的中央治港理念和模式

（1）自下而上轉變為由上及下

　　從香港政制改革啟動模式來看，董建華於 2004 年 1 月成立政制改革專責小組開啟第一次政改，並在同年 3 月發布諮詢報告，[54]全國人大常委會依據董建華提交的報告[55]作出「4・26 決定」；曾蔭權於 2007 年 7 月發布《政治發展綠皮書》開啟第二次政改，全國人大常委會在曾蔭權提交報告後再作出「12・29 決定」。梁振英於 2013 年 10 月成立政改諮詢專責小組，並於同年 12 月發布諮詢報告，[56]全國人大常委會再作出「8・31 決定」。可以看出，這三次政制改革都是由行政長官啟動，屬於「自下而上」模式。而新選舉制度改革的提請主體是全國人大常委會，全國人大作出「3・11 決定」，再由全國人大常委會修改《基本法》附件。這是一次「由上及下」的政治改革過程。政制改革啟動模式的出發點不同，「自下而上」模式的出發點是香港社會及各界人士的意見和建議，[57]而「由上及下」模式則是基於中央對香港政制發展整體情況的判斷。[58]新選舉制度並沒有遵循香港政制改革的原有模式，它開啟了香港政制改革的新模式，香港政制改革啟動模式由「自下而上」轉變為「由上及下」（from bottom-up to top-down）。在「3・11 決定」之後，全國人大常委會擁有對《基本法》附件的修改權，香港政制改革告別了「五步曲」，全國人大及其常委會擁有香港政制發展的決定權。

---

54. 〈政制發展專責小組第一號報告：《基本法》中有關政制發展的法律程序問題〉，2004 年 4 月立法會。
55. 《關於香港特別行政區 2007 年行政長官和 2008 年立法會產生辦法是否需要修改的報告》。
56. 《二零一七年行政長官及二零一六年立法會產生辦法諮詢文件》。
57. 以往三次全國人大常委會決定均提及，詳見「4・26 決定」第一段和「12・29 決定」草案說明第三段，「8・31 決定」直接說明「充分考慮了香港社會的有關意見和建議」。
58. 「3・11 決定」第一段。

（2）由被動型監督到主動型管治

按照《基本法》原意，在香港政制改革問題上，香港特區擁有決定權，行政長官和立法會按照「互相配合」原則共同決定香港政制改革，中央在最後行使監督權，這可被稱之為被動型監督模式（passive supervision）。「4·6解釋」對全國人大常委會賦予「政改方向決定權」，這是中央對香港政制改革開啟管治模式的開始，但當時的管治模式由於需要行政長官啟動政改，仍呈現出一定的被動性，其中在三次政制改革中，立法會仍具有相當大的參與權和決定權。

2014年是香港政制發展的分水嶺。[59]首先，中央發布《「一國兩制」在香港特別行政區的實踐》白皮書，其中「全面管治權」的提出標誌着中央開啟主動型管治模式（active governance），擴大管治範圍。隨後的「8·31決定」循着「五步曲」，是為主動型管治模式的首次實踐。「8·31決定」遭遇到香港泛民派和部分居民的強烈抗議，中央和特區關係持續惡化。在這一過程中，全面管治權和高度自治權始終未能找到戰略平衡點。「3·11決定」下，全國人大及其常委會通過「決定＋修法」模式修改《基本法》附件，致使特區全面翻修改造現行選舉制度，這標誌着中央強化主動型全面管治模式。

（3）「愛國者治港」成為香港管治的根本原則

2021年，習近平在聽取林鄭月娥報告時強調：「要確保『一國兩制』實踐行穩致遠，必須始終堅持『愛國者治港』。這是事關國家主權、安全、發展利益，事關香港長期繁榮穩定的根本原則。」[60]我們要發展具有香港特色的民主制度，要發展適合香港特別行政區實際情況的民主制度。2021年《「一國兩制」下香港的民主發展》白皮書表達了新選舉制度具有「廣泛代表性、政治包容性、均衡參與性和公平競爭性」的特

---

59. 作者在另一篇文章表達同樣的觀點。參見朱國斌：〈香港新憲制秩序二十五年：回顧與前瞻〉，載《二十一世紀》，第23頁。

60. 〈習近平聽取林鄭月娥述職報告〉，載新華網，2021年1月27日，www.xinhuanet.com/politics/leaders/2021-01/27/c_1127033004.htm。

點和優越性。但這些特點都建立在一條根本原則的前提上，即「愛國者治港」。可以說，新選舉制度的最大特點也即「愛國者治港」。只有首先保障香港特區的穩定，才能更好地發展香港特色民主制度，才能更好地保障香港市民的民主權利，最終達至「雙普選」的目標。「3‧11決定」以及修訂後的《香港基本法》附件一和附件二共同構成確保以愛國者為主體的「港人治港」的制度性保障，[61]堅決杜絕反中亂港分子進入香港權力架構和管治團隊，由此確立了「愛國者治港」作為中央管治香港根本性原則的地位。

六、結語：適時重啟政改之路

在香港回歸祖國 25 周年、「一國兩制」已經進入「下半場」之際，對香港政制發展的歷史回顧不僅是梳理中央治港的權力運行邏輯和治港理念變遷，亦是以史為鑒，期待香港政制改革之路能夠符合實際地、循序漸進地實現普選目標。香港政制改革的成敗和得失是歷史、文化、政治、法律等多方面因素共同塑造的結果，對任何客觀因素的偏廢或忽視都會使香港民主化之路步履維艱。

香港民主發展的目標並非一蹴而就，而需要理性審慎看待香港社會的實際情況，按照循序漸進的原則進行。新任行政長官李家超在競選時就明確表示「政改並非第六屆政府優先項目」[62]，這是對香港社會的正確判斷，也意味着未來五年香港大概率不會重啟政改。的確，香港目前應該從解決深層次矛盾、提升身份認同等方面為以後香港重啟政改之路打下堅實基礎。首先，解決香港社會深層次矛盾是推動香港政

61. 朱國斌：〈「愛國者治港」的政治意涵〉，載《大公報》，2021 年 4 月 30 日，www.takungpao.com/opinion/233119/2021/0430/580215.html。

62. 〈特首選舉｜李家超：若成功當選優先處理通關政改非第六屆政府優先項目〉，載《明報新聞網》，2022 年 4 月 30 日，https://news.mingpao.com/ins/%E6%B8%AF%E8%81%9E/article/20220430/s00001/1651324478796/ 特首選舉 - 李家超 - 若成功當選優先處理通關 - 政改非第六屆政府優先項目。

制發展的首要前提。在香港進入「由治及興」的關鍵時期，新一屆特區
政府應當提升政府管治能力，着力解決關切香港居民的房屋、貧富差
距、階層固化等民生問題。這些深層矛盾的解決不僅能有效消解香港
社會的政治分歧，更能夠為保障香港居民政治權利提供經濟基礎和社
會基礎；其次，提升香港居民的國家歸屬感和身份認同感是保障香港
居民政治權利的重要條件。新選舉制度保證了香港管治團隊都是「愛國
者」，但如何從人心上讓香港居民特別是年輕一代真正產生國家歸屬感
和身份認同，讓香港居民都成為「愛國者」，是香港社會面臨的重要議
題。香港社會的國家歸屬和身份認同與香港居民政治權利相輔相成，
國家歸屬和身份認同意味着「港獨分裂主義」從香港社會中淡化並逐漸
消失，中央政府會更加放心地推動香港民主制度發展，無須設置資格
審查制度和篩選機制以排斥反中亂港勢力進入權力架構。

　　《基本法》第 45 條和第 68 條的「雙普選」目標是中央政府對香港特
區的鄭重承諾，也是「一國兩制」的重要內容。在慶祝香港回歸祖國 25
周年大會上，習近平主席指出「一國兩制」是一項好制度，「沒有任何
理由改變，必須長期堅持。」[63]「一國兩制」制度長期不變，作為「一
國兩制」載體的《基本法》也不會輕易修改。我們也堅信，遵循《基本
法》原意，創造有利於政制發展的經濟、文化等多重社會條件，香港
會在未來重啟政制改革之路，最終達至行政長官和立法會「雙普選」的
目標。

---

63. 習近平：〈慶祝香港回歸祖國 25 周年大會暨香港特別行政區第六屆政府就職典禮 國家主席習近平
　　先生發表重要講話〉，2022 年 7 月 1 日。

第二章

香港新選舉制度的憲法邏輯與發展展望

葉海波

深圳大學法學院教授

一、引言

　　1978 年，中國共產黨十一屆三中全會召開，中國進入改革開放新時期，祖國統一、進行社會主義現代化建設和維護世界和平是這一時期的三大任務。隨着香港總督麥理浩、英國外相卡林頓和掌璽大臣艾金斯訪華探尋中國政府對香港問題的立場，中國政府提出「一國兩制」的總方針，按照「一國兩制」方針形成對香港的 12 條方針政策。在此基礎上，中英談判隨即展開。在長達兩年共計 22 輪的艱辛談判後，雙方於 1984 年 12 月 19 日簽署《中華人民共和國政府和大不列顛及北愛爾蘭聯合王國政府關於香港問題的聯合聲明》（「《中英聯合聲明》」）。1985 年 4 月 10 日，全國人大批准《中英聯合聲明》後隨即啟動《中華人民共和國香港特別行政區基本法》（《基本法》）的制定程序。《基本法》的制

定歷時近五年，歷經「三下三上」[1]，「千錘百煉，高度民主」[2]，凝聚了關於香港問題，包括香港選舉制度的基本共識。

《基本法》第 45 條和第 68 條確立了行政長官和立法會全體議員普選產生「雙普選」目標。香港回歸以來，中央和香港社會一直朝着「雙普選」的目標推進政制改革。[3] 然而，隨着政制改革越來越接近「雙普選」的目標時，[4] 關於政制改革的分歧越發明顯和激烈。最終，香港先後爆發「非法佔中」運動和「反修例」運動。中央針對香港的情勢和變化，從國家層面立法，制定《中華人民共和國香港特別行政區維護國家

---

1. 《基本法》起草過程是先徵求意見，形成徵求意見稿；再徵求意見，再形成草案；再徵求意見，再修訂後提請全國人大審議表決通過。這一過程被稱為「三下三上」的自下而上的立法過程。參見中華人民共和國香港特別行政區基本法諮詢委員會秘書處：《本會 1987 年度工作計畫（附件五）》（中華人民共和國香港特別行政區基本法諮詢委員會第三次全體會議文件），1987 年，第 3 頁。《姬鵬飛主任在中華人民共和國香港特別行政區基本法起草委員會第一次全體會議上的講話》，載中華人民共和國香港特別行政區基本法起草委員會秘書處：《中華人民共和國香港特別行政區基本法起草委員會第一次全體會議文件彙編》，1985 年，第 4–6 頁。

2. 趙博等：〈千錘百煉高度民主 —— 香港基本法起草過程鉤沉〉，來源：www.gov.cn/xinwen/2015-06/12/content_2878776.htm，最後訪問日期：2020 年 4 月 8 日。參見蕭蔚雲：〈一部艱辛而有創造性的傑作 —— 回顧香港特別行政區基本法的誕生〉，載《中外法學》，1990 年第 3 期，第 17–18 頁。

3. 《基本法》附件一和附件二明確規定了回歸首個十年政制改革的步驟，第一任行政長官按照《全國人民代表大會關於香港特別行政區第一屆政府和立法會產生辦法的決定》產生，第二屆行政長官由一個 800 人組成的具有廣泛代表性的選舉委員會根據本法選出，由中央人民政府任命。2007 年後行政長官選舉辦法可以修訂。第一屆立法會按照《全國人民代表大會關於香港特別行政區第一屆政府和立法會產生辦法的決定》產生。第二屆立法會 60 人由功能團體選舉的議員 30 人、選舉委員會選舉的議員 6 人、分區直接選舉的議員 24 人，第三屆立法會功能團體選舉的議員 30 人、分區直接選舉的議員 30 人。2007 年後立法會選舉辦法可以修訂。2012 年，附件一和二修訂，行政長官選舉委員會擴大為 1,200 人，立法會議席增加為 70，直接選舉的比例擴大。功能團體和分區直接選舉各產生 35 名議員。

4. 《全國人民代表大會常務委員會關於香港特別行政區行政長官普選問題和 2016 年立法會產生辦法的決定》（2014 年 8 月 31 日第十二屆全國人民代表大會常務委員會第十次會議通過）規定，2017 年後行政長官可以普選的方式產生，其後立法會全體議員也可以普選的方式產生。

安全法》（《香港國安法》），修訂《基本法》附件一和附件二。[5]據此，香港行政長官和立法會議員選舉實行如下的制度：行政長官由 1500 人組成的選舉委員會提名和選舉產生，立法會議員從 70 人擴展到 90 人，選舉委員會選舉 40 人，功能團體選舉 30 人，分區直接選舉 20 人。與 1990 年 4 月 4 日第七屆全國人大第三次會議通過的《基本法》附件一和附件二及 2010 年 8 月 28 日第十一屆全國人大常委會第十六次會議的批准 / 備案修正相比，修訂後的行政長官和立法會議員的選舉制度發生了重大變化。一方面，選舉委員會和立法會議席擴容，強化了民主；另一方面，候選人提名方式發生重大變化；[6]再一方面，確立新的候選人資格審查制度，候選人資格審查委員會根據香港特區國安委的審查意見確認候選人資格；[7]最後，立法會議員產生方式發生根本變化，再次實行第二屆立法會的產生方式，即在功能團體選舉和分區直接選舉之外，增加了選舉委員會選舉的方式。

---

5. 參見《中華人民共和國香港特別行政區基本法附件一香港特別行政區行政長官的產生辦法》（1990 年 4 月 4 日第七屆全國人民代表大會第三次會議通過；2010 年 8 月 28 日第十一屆全國人民代表大會常務委員會第十六次會議批准修正；2021 年 3 月 30 日第十三屆全國人民代表大會常務委員會第二十七次會議修訂）、《中華人民共和國香港特別行政區基本法附件二香港特別行政區立法會的產生辦法和表決程序》（1990 年 4 月 4 日第七屆全國人民代表大會第三次會議通過；2010 年 8 月 28 日第十一屆全國人民代表大會常務委員會第十六次會議備案修正；2021 年 3 月 30 日第十三屆全國人民代表大會常務委員會第二十七次會議修訂）。

6. 行政長官候選人須獲得不少於 188 名選舉委員會委員的提名，且五個界別中每個界別參與提名的委員須不少於 15 名；選舉委員會選舉的立法會議員候選人須獲得不少於 10 名、不多於 20 名選舉委員會委員的提名，且每個界別參與提名的委員不少於 2 名、不多於 4 名；功能團體選舉的立法會議員候選人須獲得所在界別不少於 10 個、不多於 20 個選民和選舉委員會每個界別不少於 2 名、不多於 4 名委員的提名；地區直選的立法會議員候選人須獲得所在選區不少於 100 個、不多於 200 個選民和選舉委員會每個界別不少於 2 名、不多於 4 名委員的提名。

7. 新設立的候選人資格審查委員會由 7 人出任，包括一名主席，三名官守成員和三名非官守成員，協助審查並確認選舉委員會候選人、行政長官候選人和立法會議員候選人的參選資格。候選人資格審查委員會應當根據香港特區國安委關於候選人是否符合擁護《中華人民共和國香港特別行政區基本法》、效忠中華人民共和國香港特別行政區的法定要求和條件作出的審查意見書作出候選人資格確認，而香港特區國安委應根據香港特區政府警務處維護國家安全部門的審查情況作出審查意見書。中央委派國家安全事務顧問列席香港特區國安委的會議，就其履行職責相關事務提供意見，包括就候選人出具審查意見書。無論是香港特區國安委的決定，還是候選人資格審查委員會的決定，均不得提起訴訟。

毋庸置疑，在邁向「雙普選」的緊要關頭，中央重塑了香港的選舉制度。引人關注的問題是，自 1997 年香港回歸以來，推進香港政制改革，走向「雙普選」，是香港和中央的共同努力。那麼，緣何「無疾而終」？緣何折身反轉至香港回歸時的選舉制度——按照《基本法》確立的「循序漸進」的原則，香港回歸時確立的選舉制度顯然屬於初級階段，緣何更加強化候選人的提名機制和資格審查？質言之，為何香港選舉制度演化為當下的形態？全國人大明確指出：「愛國者治港」是根本原則，是確保特區政府依法施政和有效治理，正確實施「一國兩制」的關鍵；香港選舉制度機制存在明顯的漏洞和缺陷，必須予以修正，「切實貫徹和全面體現以愛國者為主體的『港人治港』的政治原則和標準並為此提供相應的制度保障」[8]、「愛國者治港」的政治邏輯是解釋香港選舉制度根本變遷的主要視角。這種政治視角在理論上有多種表現形式，諸如「大國 / 香港論」和「兩制關係論」。本文認為民主政治是民族國家建構的要求，也是國家認同的保障，憲法上的人民主權原則及其確立的民主制度旨在構建主權，建構國族，強化認同，一國選舉制度的設計必須遵從憲法的邏輯。在此前提下，本文試圖從憲法的宏觀和選舉法的微觀視角提供一種觀察香港新選舉制度的新視角。文章首先梳理認知香港政制改革的幾種理論框架，隨之進入本文的視角，最後對香港選舉制度的發展加以展望。

二、香港政制發展的理論視角

如何理解香港政制及其發展的可能性，大體而言，理論上主要存大國 / 香港論和兩制關係論兩種認識框架。

---

8. 參見王晨：《關於〈全國人民代表大會關於完善香港特別行政區選舉制度的決定（草案）〉的說明 ——2021 年 3 月 5 日在第十三屆全國人民代表大會第四次會議上》。

（一）大國／香港論

　　大國／香港論將香港置於一個大系統中加以認識，形成一種對立性的分析框架。這種認識框架強調香港主體性的一面，但更強調這種主體性的受限性：其基本要點是大國主宰，否定香港自身在民主政治發展中的地位，特別強調香港曾經的宗主國英國和主權國中國的政治決定地位。這種理論認為香港是一個依附、受限於英國和中國的政治體。該理論的主要代理人物是胡安・J・林茨、阿爾弗萊德・斯泰潘（Juan J. Linz & Alfred Stepan）、關信基（Kuan Hsin-chi）和劉兆佳（Lau Siu Kai）。這兩種理論均受到批判，蘇耀昌（Alvin Y. So）提出一種「社會」的分析框架，從大國外的社會視角，特別是社會階層對決策的影響的角度分析了香港民主政治的進程。

（1）主權先決論

　　胡安・J・林茨和阿爾弗萊德・斯泰潘提出民主轉型和定型鞏固的理論。作者認為，定型的民主應當具備六個條件：一是主權國家。民主作為國家的一種政府形式，而非一種地方的政治制度。沒有國家，也就沒有民主。在國家認同較弱，人心思變求獨的國家，不可能建立民主。獨立統一的國家的存在是民主成立的首要前提。二是公民社會。民主政體要求一個社會存在着相對獨立於政府的組織、個人，並且這些組織和個人試圖宣揚價值，建立聯繫，促進融合，實現利益。公民社會對反對軍人主導的權威政府、維護自治和自由具有顯著價值。三是政治社會和政治團體包括政黨、競爭性選舉及活動規則，如選舉及其規則、領袖、黨派聯合，這些政治團體提供了社會各界別監督政府的機制和管道。四是法治。遵循立憲主義的法治是公民社會和政治團體有效運作不可或缺的條件，而立憲主義的法治則應當包括如下的條件：並非簡單的多數決，而是要求對憲法和自身限制性的政治程序具有極強的共識；一個等級性清晰的法律體系；為公民社會和法律文化所認可和支援的司法審查制度。五是高效的官僚系統。當民主制度確立時，必須要有一個高效的官僚系統可借民主政府使用，這

個系統要有較強的指揮、管理和汲取能力，為民主政府的運轉提供支撐。六是經濟形態。純粹的計畫／命令經濟和市場經濟均不利於民主政制的鞏固。前者讓獨立的公民社會和政治團體無法存在，後者因為缺少國家的管制和調控而存有弊端，無法持續。一個受到政治、社會管制的市場機制才有利於民主政制的鞏固。後五者相互作用，民主因此不僅僅是一種制度，而是各種因素相互作用的系統。【9】基於上述理論預設和前提，胡安·J·林茨和阿爾弗萊德·斯泰潘在於香港回歸前一年出版的著作中直白地指出：「即便香港社會的民主運動越來越激烈並且波及廣泛，但除非中國成為民主國家，或者對香港的獨立讓步，否則香港不可能成為一個民主政治體。」【10】

胡安·J·林茨和阿爾弗萊德·斯泰潘的解釋具有突出的理論特質，預設主權中央政府對國家內部事務，包括組成部分的政制發展具有壟斷性和決定性的決斷權。他們也正是將香港問題置於主權國家內部問題的位置上加以考量。客觀而言，至少在香港政制發展的過程上，中國中央政府基於主權而聲張對香港的管治權和監督權印證了這種理論。胡安·J·林茨和阿爾弗萊德·斯泰潘的理論雖然預測到香港難以順利轉型為西式民主，但其關於民主的理論預設，特別是將民主定義為西方實踐的那一套制度，一方面可能導致對香港民主發展的否定性結論，另一方面，這種主權先決論也容易忽視香港社會為民主發展作出的努力。

---

9. Juan J. Linz & Alfred Stepan, *Problems of Democratic Transition and Consolidation: Southern Europe, South America, and Post-Communist Europe.* Maryland: The Johns Hopkins University Press, 1996, pp. 7–15, Chap. 2.

10. Juan J. Linz & Alfred Stepan, *Problems of Democratic Transition and Consolidation: Southern Europe, South America, and Post-Communist Europe.* Maryland: The Johns Hopkins University Press, 1996, pp. 18–19.

（2）政治依附論

關信基和劉兆佳均從事實論的角度看待香港政制發展問題，認為香港面臨的根本性處境是大國決定香港政治和民主走向，提出政治依附論。

關信基認為，「在回歸前，香港是英國的殖民地，在回歸後，香港是中國的一個特別行政區，自始保持着依附政治體的地位。基於這種權力依附現實，為香港政治遊戲設定規則的管治者對香港政治的變遷具有關鍵性影響。」[11]具體而言，關信基認為，回歸前英國決定負責香港政治性事務，回歸後則是北京政府。香港居民除了用腳投票，即離開香港移民他地，沒有與兩個大國討價還價的能力。英國和中國決定了香港民主政治發展的步伐和路線，香港居民並無在這類事務上的參與權力。[12]

劉兆佳進一步地從香港民主政治發展的過程回顧了這種依附關係對香港政制發展的影響。劉兆佳認為，香港存在去殖但無獨立的過程，這決定英國政府不會快速發展民主，恰恰相反，如何將香港的管治權牢牢控制在手，平穩度過過渡期，光榮撤退才是英國的核心利益。1997 年到來之前，香港的管治權在英國政府手中，香港居民和中國政府均無最終發言權。中國只能接受有限的民主化，主要基於三個方面的考慮：一是擔心香港的民主化會使香港成為顛覆社會主義政權的基地，二是擔心香港民主化會促成政治性團體和力量而反對中國恢復行使對香港的主權，三是擔心英國通過民主化而將香港的管治權轉

---

11. See Kuan Hsin-chi, "Power Dependence and Democratic Transition: The Case of Hong Kong", *The China Quarterly*, 1991, No. 128, p. 774.

12. See Kuan Hsin-chi, "Power Dependence and Democratic Transition: The Case of Hong Kong", *The China Quarterly*, 1991, No. 128, pp. 774–793.

移到新英政治勢力手中以便撤退香港後繼續控制香港。[13] 當中英兩個大國角力決定香港的民主命運時，香港的民主和政治事實上是在香港之外的上層展開，而非香港之內的自下而上運動。總之，中英兩個超級大國決定香港的民主改革，而非香港自身。[14]

如果說主權決定論只是描述了中央與地方的權力分配關係，那麼，權力依附論則進一步地說明瞭香港權力的來源和存在的前提。這一理論包含着如下值得分析的要點：無論在回歸前後，香港的權力都依附於並來源於大國，「回歸前是英國，回歸後是中國」。這種事實描述與規範表達有一定差距。在中國的政治話語體系中，中國從來不承認三個不平等條約，故一直在規範的層面享有對香港的主權，香港的管治權在規範的層面一直是源於中國的主權，而不是英國。這一點，在回歸後，事實層面的主權和規範層面的主權合二為一。香港自治權的授權性和地方性受到高頻次地強調。權力依附論在經驗的層次上具有極強的解釋力，如果香港所有重大政治決定均前後相繼地由英國和中國作出，並且這種決定直接決定香港人的權力，那麼，香港對大國的依附是無法否定的。中央從國家層面立法，架構香港當下的選舉制度，這無疑是權力依附理論的最好注腳。

(3) 社會博弈論

蘇耀昌（Alvin Y. So）認為，權力依附論均在強調中英大國對香港民主政治發展的決定性地位時，忽視了香港的社會力量，香港的地方精英並不只是被動地為中英所操縱並被賦權，而是深深地嵌入階層及其利益之中，主動積極地合縱連橫參與香港民主運動，影響政治決

---

13. 錢其琛指出，英國在香港的代議制改革的目標就是要「將行政主導改成立法主導，通過提高立法機構的權力和地位來制約行政機構，並最終將回歸中國後的香港變成一個『獨立實體』，與祖國隔離開來，以利長期維護英國在香港的經濟和政治利益。」錢其琛：《外交十記》，世界知識出版社，2003 年，第 329 頁。

14. See Lau Siu Kai, "Hong Kong's Path to Democratization", *Asiatische Studien/Études Asiatiques*, No. 49, pp. 71–90.

定。蘇耀昌（Alvin Y. So）將香港民主政治的玩家分為英國政府、中國政府、大資本家和公司專業階層、服務專業階層以及普通大眾。這六個玩家在不同時期分分合合，塑造了香港的民主政治進程和形態。其中，英國政府和港英政府及新英力量在回歸前手握大權，因為他們控制着香港並受到其他西方國家的支持，其核心利益是維護香港的穩定並光榮撤退。中國政府及其在香港的機構和新中勢力，如新華社、左派的香港工聯會（Hong Kong Federation of Trade Union）、左派的報刊《大公報》和《文匯報》及學校，也是大權在握，因為他們為香港的未來制定規則，中國的核心利益是利用香港實現中國的現代化目標，並且防止香港成為反中的基地。香港的大資本家，回歸前是東亞銀行等英資大公司，回歸後是中資大公司，是香港實際的經濟控制者和統治者，始終是阻礙香港民主發展的力量，他們的核心利益是通過控制政府來保持香港的穩定和經濟繁榮。[15]作為新型階層的專業服務階層，包括社工、教師、記者、律師等，與公司工作的專業階層，包括經理、會計師、工程師和建築師等完全不同，後者習慣與大資本家聯盟以獲取職業利益，前者則積極地推進民主，追求自治、自由、法治、人權，並要求建立社會福利體系，減少階層間的不平等，具有話語塑造的影響力。香港的草根大眾，主要是城市生活中普羅大眾，手中有票因而具有影響力，他們主要關注日常生活中的細小問題，如生活水準、權利的擴大以及工業升級改造中損害的減少。這些遊戲玩家組合行動，以維護階層利益，如在 1970 年代，殖民地政府與新英大資本家聯合一體，1980 年代初，中國政府和專業服務階層形成一個愛國主義聯盟促成中英達到香港回歸的協議，1980 年代末，中國政府則和大資本家聯手，1991 年選舉中，專業服務階層則和普羅大眾形成共奏。總之，社

---

15. 《香港基本法》將保持香港的繁榮和穩定寫入序言，反映了大資本家的利益，《基本法》中功能界別代表的安排，實實在在地維護了這些勢力的利益。中國政府領導人不時以各種形式接見這些大資本家，以及中國各級政協及全國人大關於港區委員和代表的安排，均體現了這些大資本家對香港政治的影響力。

會博弈論認為，中英兩國只是香港政治遊戲中持份較重的玩家，從來不是，也不可能是一言堂的家長。[16]

社會博弈論很好地解釋了香港民主政治發展過程中各社會階層和勢力如何參與其中，謀求本階層目標的實現。事實上，香港回歸之初的選舉制度設計，也的確體現了多方力量博弈的結果。不過，這種解釋結構只是部分的修正，而非否定前述主權先決論和權力依附論。任何一個統治者都不是在真空中實行統治，總要和被治理對象發生關係，而被治理對象的意見則必須經過統治者的選擇而獲得受接納的結果。在這個意義上，香港社會各階層的參與並未改變中英作為大國的主導性地位，而恰恰是這種大國地位展開的一種常態。

從社會博弈論的理論看，《基本法》確立「雙普選」的目標，並且在附件中確立政制改革的節奏和步驟，體現了各種力量在《基本法》起草時的博弈，也構成香港政制發展的基本共識。香港在邁向「雙普選」路上選舉制度被重置，可以説是博弈各方力量變化的結果，也是各方核心訴求和利益未能得到充分尊重的結果。

（二）兩制關係論

「一國兩制」前所未有地將資本主義制度和社會主義制度置於一個主權國家領土之上，兩制經由法制而區隔，形成兩制分立的制度格局。理論上有從這種分隔分立格局解釋和認識香港政治的嘗試，兩制分立的解釋框架又具體表現為兩種解釋取向：兩制敵對論和兩制對峙論。

（1）兩制敵對論

如所周知，中國聲明，香港將保持原有制度不變，全國人大將以法律規定中國對香港實行的「一國兩制」政策。這意味着香港的資本主

---

16. See Alvin Y. So, *Hong Kong's Embattled Democracy: A Societal Analysis*. Baltimore and London: The Johns Hopkins University Press, 1999.

義制度與大陸的社會主義制度共存於現行《憲法》之下，而現行《憲法》第 1 條明確規定社會主義制度是根本制度，第 5 條明確規定任何法律、行政法規和地方性法規均不得與《憲法》相抵觸。現行《憲法》中的其他條款——特別是與香港原有制度不一致的《憲法》條款——是否要在香港實施，遂成為一個重大的理論和實踐問題。[17] 鑒於現行《憲法》第 31 條授權成立特別行政區，這一問題便轉化為第 31 條與現行《憲法》中其他條款的關係。一種觀點認為，依普通法的文義解釋方法，「總綱」第 31 條受第 5 條的限制，不但關於特別行政區制度的任何法律規定不得抵觸《憲法》，特別行政區的國家機關作出的任何法律決定亦不得與《憲法》相抵觸。[18] 在《香港基本法》起草過程中，便有人士激烈地指出《基本法》草案違反現行《憲法》。在香港特別行政區《基本法》制定的過程中，有意見認為香港特別行政區《基本法》草案第 4 條、第 25 條和第 36 條與現行《憲法》第 1 條、第 19 條、第 24 條、第 25 條、第 34 條、第 49 條相抵觸。[19] 依這種觀點，高度自治的特別行政區將無法建立。[20] 另一種觀點認為，在社會主義憲法體系下，目的解釋比字面和文義解釋更重要，設立第 31 條的目的和特別行政區的特別之處應當予以重點考慮，第 31 條並未規定特別行政區必須遵守現行《憲法》的其他條款，相反，現行《憲法》明確規定其他地方行政區的制度必須符合《憲法》的規定。另外，全國人大可以解釋《憲法》，亦被授權就特別

---

17. See W. S. Clarke, "Hong Kong Under the Chinese Constitution", (1984) 14 *HKLJ,* pp. 71, 74.

18. See C. Y. Ho, "Draft Proposals on the Constitutional Format of Self-Administered Territory: Hong Kong", *Pai Shing (semi-monthly).* Sept 16, 1983.

19. 香港特別行政區《基本法》中央與特別行政區關係專責小組編制的《基本法 (草案) 諮詢報告 (2)：〈基本法〉與〈中國憲法〉及〈中英聯合聲明〉的關係》記錄了這種觀點。另參見陳克：〈論憲法與香港基本法的關係〉，《法學家》，1989 年第 4 期。

20. 在《香港基本法》起草的後期，關於《基本法》草案的爭議焦點轉化為：(1) 現行憲法在香港適用的條款範圍、(2) 剩餘權力歸屬及 (3)《基本法》的解釋三個具體問題。See Yash Ghai, *Hong Kong's New Constitutional Order: The Resumption of Chinese Sovereignty and the Basic Law.* Hong Kong: Hong Kong University Press, 1997, pp. 61–62.

行政制度制定法律，故全國人大的立法便是對第 31 條的釋義。[21] 還有一種觀點認為，現行《憲法》第 31 條賦予全國人大以自由裁量權，但這項權力的範圍並不明確，特別是該條與其他條款之間的關係。考察第 31 條的目的，該條至少賦予全國人大停止現行《憲法》上若干條款在香港實施的權力。[22] 與後二種觀點相呼應，自中英談判始，香港便有一種主張，認為全國人大將制定的法律應是香港的憲法，屬於「小憲法」（mini-constitution）、「半獨立憲法」（semi-independent constitution）。[23]《香港基本法》制定後，境外學者亦多不作論證地使用「憲法」或者「小憲法」的術語指稱《香港基本法》，[24] 並直接體現在相關的司法判決中。1999 年，終審法院在吳嘉玲案判決中宣稱，「像其他憲法一樣，它（指《香港基本法》——引者注）分配並界定權力，規定基本權利和自由。任何與之相抵觸的法律均屬無效。」[25] 與此同時，終審法院宣稱，香港法院有權審查全國人大及其常委會的行為是否符合《香港基本法》。

上述觀點的要核是將《基本法》視作區隔中國《憲法》的防護欄，在不斷拔升《基本法》的憲制地位的同時，中國現行《憲法》的地位事實上被虛化。這種關於《基本法》的理解實質是一種現行《憲法》與《基

---

21. See C. Y. Ho, *Draft Proposals on the Constitutional Format of Self-Administered Territory: Hong Kong, Pai Shing (semi-monthly).* Sept 16, 1983.

22. See Yash Ghai, *Hong Kong's New Constitutional Order: The Resumption of Chinese Sovereignty and the Basic Law.* Hong Kong: Hong Kong University Press, 1997, p. 57.

23. See W. S. Clarke, "Hong Kong Under the Chinese Constitution", (1984) 14 *HKLJ*, p. 76.

24. See Yash Ghai, *Hong Kong's New Constitutional Order: The Resumption of Chinese Sovereignty and the Basic Law,* Hong Kong: Hong Kong University Press, 1997, p. 136; Lorenz Langer, "The Elusive Aim of Universal Suffrage: Constitutional Developments in Hong Kong", *International Journal of Constitutional Law*, vol. 5, no. 3, p. 419; Bing Ling, "Can Hong Kong Courts Review and Nullify Acts of the National People's Congress?", 29 *HKLJ* 8, 10; Johannes Chan, Amicus Curiae and Non-Party Intervention, 27 *HKLJ* .391, 403; Johannes Chan SC, "BasicLaw and Constitutional Review: The First Decade", 37 *HKLJ* 407; Benny Y. T. Tai, "BasicLaw, BasicPolitics: The Constitutional Game of Hong Kong", 37 *HKLJ* 503; Peter Wesley-Smith, "The SAR Constitution: Law or Politics?" 27 *HKLJ* 125,

25. *Ng Ka Ling & Others v The Director of Immigration,* [1999] 1 HKLRD, 315, 337.

本法》相互對抗的理論。[26]在法制區隔和《基本法》憲法地位不斷被強調的情況下,香港亞政治體和次主權體[27]的一面被強化。這導致兩個延伸的結果:一是將香港制度定性為憲制,激發出自決制憲的主張;二是次主權論激發獨立主權的想像。依兩制敵對論,香港的民主政治是一種西方式民主政治,是與社會主義民主政治相對立的一極。兩極難以共存。這或許可以解釋為何香港回歸至 50 年不變的半程之際政制發展驟然回轉。

(2) 兩制對峙論

陳端洪在對立的基礎上,基於事實性的分析,認為「對峙是香港政治精神構造的根本特徵,是理解香港政治的關鍵」。[28]其根據在於:「一國兩制」超越了現代國家的同質性原則,特別是政治原則的同質性,將資本主義和社會主義的政治運行規律統一於一國,造成若干二律背反。這些對峙包括「國際化 vs. 主權歸化」、「行政區 vs. 特殊化」、「居民 vs. 公民」、「資本主義民主 vs. 共產黨領導」、「普通法 vs. 中國式大陸法」、「高度自治 vs. 中央監督」。面臨回歸問題,香港社會具有本土主義的傾向,但最終為民主回歸論所吸納,而「愛國愛港」標準則是民族主義與本土主義的結合。「一國兩制」雖是「兩制」對峙,引發管治難題,卻為國家發展注入了新動力。這種對峙結構也是香港對國家安全形成潛在威脅及其內部政治危機的根源。對待這種對峙結構,不應當

---

26. 韓大元教授反駁性地提出《憲法》和《基本法》是香港的憲制基礎。韓大元:〈憲法和香港基本法共同構成香港特別行政區的憲制基礎〉,載全國人大常委會香港基本法委員會辦公室編:《紀念香港基本法實施十周年文集:1997–2007》,中國民主法制出版社,2008 年。《「一國兩制」在香港特別行政區的實踐》白皮書重審了這一觀點。

27. 沈旭輝是次主權論的始作俑者。沈旭輝:〈香港次主權外交與不丹〉,載《亞洲週刊》,2010 年 3 月 10 日。蒙啟明:〈失去「次主權」〉,載《蘋果日報》,2013 年 11 月 8 日。王岸然:〈大香港思想與「次主權」論〉,載《信報》,2010 年 9 月 1 日。沈旭暉:〈最後的「次主權」——回應劉乃強先生、王岸然先生、張楠迪揚小姐〉,載《信報》,2010 年 9 月 7 日。

28. 陳端洪:〈理解香港政治〉,載《中外法學》,2016 年第 5 期。

奢求融為一體、親密無間的和諧，而是在維護國家統一和安全前提下的求同存異。[29]

兩制對峙論和兩制敵對論均承認兩制的不同以及因此而產生的矛盾，但其根本差別在於，前者是承認基礎上的否定和反對，後者是否認基礎上的否定和反對。具體而言，在兩制敵對論看來，兩制根本不可能共存，一個的存在是對另一個的否定，兩制之間的這種否定所形成的並非一種張力，而是一種排斥力，兩制分家才是終局。相反，兩制對峙論以承認為前提，即香港社會承認中央在北京而不在倫敦的事實，「北大人」的說法正是這種事實承認的直觀表達。在這種事實承認的基礎上，兩制間互相反對和否定。因此，兩制對峙論認為，兩制之間是抽象的肯定，具體的否定。否定是常態，肯定是潛台詞。在兩制對峙論看來，兩制並存正是本土主義的底氣和支撐，本土主義是「一國兩制」的常態，但必須限於對峙結構之內，任何試圖逸出這種對峙統一結構的行為，都因為缺乏支撐因而無法持續。從兩制對峙論的角度看，香港新選舉制度的形成，無疑是將脫軌的民主政治拉回「一國」和「兩制」的結構之中，既保持張力，又確保平衡，從而永葆活力。這種理論需要面對的問題可能是，新選舉制度是否可以達到這種對峙下的平衡。

（三）兩種理論範式的省思

大國 / 香港論，無論是具體的主權國家先決論、權力依附論還是社會博弈論，均是從行動主體的角度來透視政治現象，關注政治實力，突出最有話事權的那一極。其中，主權國家決定論實際上認為國家整體作為一個行動主體的重要性和先決性，權力依附論則強調決定性主體的影響，社會博弈論進一步將行動主體的範圍擴大到包括非建制主

---

29. 參見陳端洪：〈理解香港政治〉，載《中外法學》，2016 年第 5 期。

體。這些分析範式相對精確地聚焦於特定行動主體,較為生動地呈現了政治展開的過程,間接描述了英雄、領袖人物的時代背景。雖然主要是基於一種事實性和經驗性的描述,但這些範式並非沒有理論上的預設。這些範式實際都認為行動主體作出決定的根據主要在於自身的地位、權力和利益。這種理論假設有其正確性,但其關鍵缺失在於,如果將政治過程完全等同於並還原為政治力量的對比,那麼制度便事實上會失去存在的相對獨立性,淪為政治的附屬物,價值也成為無關緊要的東西。事實上,制度現代化是一個漸進的過程,中間可能有反覆,甚至倒退,但既往的制度現代化實踐構成後續制度發展的一個積澱,也對政治上的行為構成約束,任何話事者都不可能隨心所欲,即使具有支配性的政治地位;民主、法治等基本價值既是人類的共識,也劃定了行為的底線。就選舉制度的改革而言,新制度應當適當尊重舊制度下持份者的參與機會,也必須回應社會對民主政治的價值期望。總之,如果制度只是暫時的政治妥協,那麼制度從達成的那一刻便必須面臨着被拋棄的命運。這顯然不符合制度發生的事實。

　　大國 / 香港論的主體解釋範式並未過多地涉及政制環境,兩制關係論從制度關係的視角解讀香港政治,但以一個隱含的政治大前提為立論基礎:資本主義和社會主義的政治分野和對峙。香港問題的本質是將這種難以調和的制度置存於一國。在兩制對峙論看來,二者求同存異,因不同而獲得活力;在兩制敵對論看來,「異」會驅「同」,走向同一。制度論範式的最大貢獻是揭示了香港政制中行政主體作出政治決定的制度環境和約束,即關於香港的政治決定必須在「一國兩制」的框架下展開。「一國兩制」是基本的共識。這體現在一個有意思的現象中:破壞「一國兩制」成為多方都在使用的指控。兩制敵對論是一種相對悲觀的理論,兩制對峙論主張守一國之本,用兩制之利,但如何保持對峙而不成為對抗,或者說對峙不至於引發誤解而走向對抗,是這個理論面臨的最大實踐挑戰。香港新選舉制度的革新事實上是在敵我

對抗和政權保衛語境[30]下展開的。這顯示，在「一國兩制」下，對抗的事實出現了，這種事實可能是理解香港新選舉制度的一個重要線索。

三、民主轉型的憲制視角

本文認為，理解香港政治，特別是香港政黨政治取向變化和新選舉制度構建的一個重要視角，是民族國家構建的憲法民主理論。

（一）民族國家建構的憲法理論

「到目前為止，民族國家仍然是唯一得到國際承認的政治組織結構。」[31]中國並不例外，亦是一個民族國家，香港問題亦是在民族國家的維度上加以解決。民族國家只是晚近出現的一種國家形態，在此之前，人類社會相繼經歷了城邦國家（如古希臘）、帝國（如古羅馬）、以基督教為統合力量的普世世界國家、王朝國家等國家形態。[32]民族國家建構的歷史邏輯和內在邏輯可以簡單總結如下：王權國家整合促成民族，民族誘成民族國家。在王權國家的時代，以王權為名義的政治體對轄下居民予以強力整合，逐漸形成基於共同生活經驗和經歷、共同的語言、文化、歷史傳統和生活習俗的民族共同體，後者又反噬王權國家，使之更迭換代進化為以民族為根基的民族國家。作為新生的國家形態，民族國家以典範的力量擴展為當代世界的主要國家形態，「近代以來的世界體系，就是建立在民族國家的基礎之上的。」[33]而主權的形成、獨立及憲法典的制定，則是民族國家的伴隨物和標誌物。當我

---

30. 《關於〈全國人民代表大會關於完善香港特別行政區選舉制度的決定（草案）〉的說明》指出：反中亂港勢力和本土激進分離勢力「策劃並實施所謂『預選』，妄圖通過選舉掌控香港立法會主導權，進而奪取香港管治權。」

31. 【英】安東尼・D・史密斯：《全球化時代的民族與民族主義》，龔維斌譯，中央編譯出版社，2002年，第122頁。

32. 參見周平：〈對民族國家的再認識〉，載《政治學研究》，2009年第4期。

33. 周平：〈對民族國家的再認識〉，載《政治學研究》，2009年第4期。

們説《憲法》是建國的宣言時,《憲法》既是民族國家建構的產物,也持續發揮着建構民族國家的功能。基於這一歷史過程和法律現象,民族國家具有如下的核心要素和特點:

一是民族是民族國家的基本政治單位,沒有民族便不存在民族國家。民族究竟是一種基於共同的自然和文化屬性而強制性的結果,還是一個逐步強化共同的自然和文化屬性而建構的結果,理論上存在爭論。[34] 這些理論分歧事實上認同一個共同的前提,即民族是歷史的產物,因為歷史環境而產生,在特定的歷史環境下也可以建構而成。總之,民族並非自始便存在,而是歷史建構的過程和結果。這也意味着民族有產生和消亡的過程。

二是基於民族整合形成的國族是民族國家的根基,沒有國族建構便難以存續民族國家。民族是基於自然和文化認同的共同體,這個共同體可能走向民族國家,而非必然走向民族國家。在現代民族國家中,存在着多族一國的情況,而非絕然的一族一國。這表明,民族認同與國家認同並不完全等同。通過政治建構過程,建立基於民族的國家認同,形成國族,或者説「披着國家外衣的民族」[35],是民族國家存續中不斷面臨的政治任務。史達林對民族的定義——「民族是人們在歷史上形成的一個有共同語言、共同地域、共同經濟生活以及表現於共同文化上的共同心理的穩定的共同體」[36]——揭示了民族的國族性。

三是民主政治是國族建構的不二法則和唯一路徑,也是民族國家存續的制度保障。在王權國家形態下,特定地域內的統一促進了居民間的交流,形成相互間的認同,進而形成民族認識和意識。但民族之所以反而成為王權國家的反動力量,就在於王權國家的家天下體制無

---

34. See Malte Philipp Kaeding, "Identity Formation in Taiwan and Hong Kong—How Much Difference, How Many Similarities?", In *Taiwanese Identity in the 21st Century: Domestic, Regional and Global Perspectives*, edited by Gunter Schubert and Jens Damm, Routledge: London, 2011, p. 259.

35. 周平:〈民族國家與國族建構〉,載《政治學研究》,2010 年第 3 期。

36. 《史達林全集》,第 2 卷,人民出版社,1953 年,第 294 頁。

法吸納民族的政治能量，結局自然是國家重構，民族借助國家的外衣不斷成長壯大並存在下去。民族國家對王權國家的先進性恰在於這種國家促成了民族對國家的接受和認同。這個過程與一套民主政治的機制聯繫在一起。」通過民主政治機制，民族國家實現和保證了民族的全體成員即人民對國家政權的控制，使國家成為人民能夠掌控的對象，從而保障了民族對國家的認同，所以，民族國家是與一套保障民族成員控制國家政權的民主制度不可分割地聯繫在一起的。」[37]換言之，王權國家為民族國家備好了主權，民族從王朝家族中接手國家主權之後，國家主權與民族的結合形成「國民主權」，既建構了民族國家，也整合了民族對國家的認同而成為國族。由民族對國家的認同所構成的民主性、由體現國家之獨立自主要求的國家主權，以及保障民族對國家認同的民主制度或民主性，就突顯了民族國家的本質，成為民族國家的基本特徵。

四是民族國家的民主制度具有層差性和功能分時，並應當在功能主義的結構中理解國家民主與地方民主的關係。當民族通過民主參與而將國家主權置於一己之手時，民族國家便會形成，這種主權在民的人民治理模式，是人民參與國家主權的最高形式，並當然地導致作為組成部分的地方行政區或者成員單位的自治，即地方民主。這也確實是較多民主的民族國家的現象，即全國性的國家民主總是伴隨着地方的自治和民主。可以說，民主的層級性是民族國家的必然形態。此時，不同層級的民主具有功能的差別，國家民主是作為整體的人民行使主權的形式和機制，而地方自治意義上的民主則是地方的人民自治的形式和機制。基於民主參與主體的差別，國家民主自然是處理國家主權和整體利益的法定機制，讓國族的形成和鞏固成為可能，而地方自治和民主機制則只能處理屬於該地方的事務，讓地方的高品質治理成為可能。根本上，地方民主與國家民主應當是同質，否則便會出現

---

37. 周平：〈民族國家與國族建構〉，載《政治學研究》，2010 年第 3 期。

民主功能與形式間的錯位。這種錯位的糾偏，只能是地方民主發展為國家民主，即該地方分裂為一個獨立的國家，或者國家民主的發展，從地方民主手中奪取其話事權。總而言之，民族國家意味着民主的層級性和功能的區分及相互間的協調，本文將之稱為民主層級－功能－協調論。

五是《憲法》是民族國家民主建構的集中表達。一方面，民族國家的形成與主權的形成具有歷史的同一性，而《憲法》是主權者的表達結果，其內容則主要是民族國家的構建與保障機制。另一方面，《憲法》確立主權在民的憲法原則和以選舉為基本形式的民主機制，通過民主政治的過程確保民族國家的持續建構。再一方面，《憲法》保障公民的基本權利，推動從族人到國民的身份轉換。總之，主權統一、政治民主和人權保障是民族國家憲法的基本內容，也是民族國家建構的憲法途徑。

綜上所述，民族國家建構的憲法理論框架與如下的關鍵字密切相關：民族、主權、國族、人民、人權、民主、民族國家。王權政治促成民族，民族掌控主權，形成國族，人民（以民族為班底）享有主權，鞏固民族國家。民族國家伴隨民主而最終形成，也因民主的深入而形成層級不同的民主機制，即國家民主和地方民主，國家事務和地方事務則被恰當地分置於不同的民主機制之中，民主也因而具有層級性的功能區分。民族國家是歷史發展的新形態，也可能會因現實而「逆轉」：主權獨佔——人民主權虛置，民主淪為形式——政治參與成為笑談，民族意識高漲——民族與國家的分離，新民族的構建——主權受到挑戰，最終的結果可能是國家分裂，產生無數個新的民族國家。當國家民主與地方民主脫節時，高度發達地方的民主發展走向導致本土主義和分離主義。當國家民主高度發達時，國家民主就成為地方民主分離傾向的天然制約。因為分離主義實際是對國家主權的分割，屬於國家民主處理的事項，只能在國家民主的機制下處理，一個試圖分離的地方除非說服其他的地方，否則難有獨立的可能。總之，當國家不能接納民族的能量並以之為國家發展的內力時，民族便會拋棄國家，

另覓他家。民族與國家,並非總是一家。國家民主與地方民主的協調發展,是民族國家建構中極為重要的一環。

(二)香港政制發展的憲法透視

民族國家建構的憲法理論為透視香港政黨政治立場取向轉變和新選舉制度的確立提供了一個全新的視角。這是因為,現代意義上的中國,作為一個民族國家,恰是從清末建構中華民族開始的。[38]這個過程相當曲折,其時,王朝國家行將就木,主權被肢解,而民族國家在全球時代壓倒性的地位又迫使中國必須從王權國家走向民族國家,而不是再造王權國家。[39]這使得中國的國家建構面臨着多重任務:主權獨立與民族建構。清末民初時期的國家建構,從孫中山的「驅除韃虜,恢復中華」,到立憲派的「五族共和」,再到「中華民族」的國族主義,統一的中華民族建構漸趨完成。[40]隨後到來的外族入侵使得民族認同達到一個新的高點,驅除外族也使得國家主權走向獨立和統一,只餘下香港、澳門和台灣的問題。最終,1997 年和 1999 年,中國恢復行使對香港和澳門的主權。這段關於中國民族國家建構的簡單梳理揭示了香港問題產生和解決的背景:世界民族國家對中國王朝國家的勝利造成了香港問題,中國王朝國家向民族國家的成功轉型解決了香港問題。本文進一步地認為:民族國家是思考香港社會政治取態變遷的尺規,而香港社會政治取態變遷和制度的革新是中國民族國家建構問題的外在表徵。本文認為:

(1)國家建構是認識香港政治的鑰匙。中國民族國家的建構一直伴隨着一個前置的政治現實:主權喪失和非獨立。即中國如何擺脱半殖民地的敘事。這個過程是如何將國家主權從外族手中拿回置於中華民

---

38. 林齊模:〈從漢族國家到中華民族國家 —— 孫中山民族建國思想的發展〉,載《雲南社會科學》,2008 年第 6 期。

39. 中國北洋軍閥時期的若干次王朝復辟終成鬧劇,正是一個直接的注腳。

40. 林齊模:〈從漢族國家到中華民族國家 —— 孫中山民族建國思想的發展〉,載《雲南社會科學》,2008 年第 6 期。

族之手的問題。對外而言是民族獨立和國家獨立的問題，對內而言則是人民主權確立的政治過程。中華民族與國家主權的統一也使得中國這個民族國家得以形成。這個過程其實表現為兩個條件的滿足：主權的統一和人民當家作主，而民主政治則既是其內容，也是其機制，還是根本保障。正是這些方面得以實現，中華人民共和國才得以建立。香港回歸使這些條件進一步地得以滿足。資本主義和社會主義兩制共存，即在民族國家建構的過程中，實行「一國兩制」是最理性的現實選擇。

民主政治是民族國家的標配，唯有建立民主體制才能保證國家主權在民族為實質單元的人民之手，方才能夠借助民族認同形成國家認同，完成國族建構。比方說，民主回歸論堅持回歸中國，民主香港，強調中國國家主權的統一，其中民主香港的主張，包含着對非民主政治的批判和反對，也包含着西方民主對峙中國民主的內在張力。這種張力，如兩制對峙論所言，正是活力的來源，[41]不宜簡單地理解為對中央一制和內地一制的顛覆。在此基礎上關於香港政制改革的要求本身是人民主權和民族自治及地方自治的一種表現，及時回應既是國家建構的要求，也有助於國家的建構。比較明確的是，民主自決論和極端分離主義是對中國國家主權的公開否定，本質是構建新民族，將之與國家相分離，另安他家。相對而言，民主回歸論和民主自決論在中國民族國家建構的歷程中持不同的立場：前者是建構中國民族國家，後者是瓦解中國民族國家。在國家建構的語境下審視香港民主政治的發展，不難發現，香港不同政治勢力對民主的主張，於中國國家建構而言具有不同的政治後果。

（2）**民主選舉的功能失調是香港政治面臨的巨大挑戰。**民主政治是民族國家勝於王朝國家之處，不在於主權的統一，而在於將主權置於以民族為核心的人民之手，這即是民主機制。[42]這種機制讓民族得以控

41.　參見陳端洪：〈理解香港政治〉，載《中外法學》，2016 年第 5 期。

42.　參見周平：〈民族國家與國族建構〉，載《政治學研究》，2010 年第 3 期。

制國家權力，也使得對民族的認同成為國家認同的基礎，民族的能量成為國家發展的動力。民族國家的民主機制要實現國家權力全方位的控制於人民之手，在形式上，就是實行層級治理的國家權力均為人民所掌控。在國家的層面，主要官員由公開的選舉產生，並且國家機關通過民主的方式動作；在地方的層面，主要官員也由地方的人民選舉產生。由此形成國家民主與地方自治的互動民主結構。總體上講，協調的民主結構有助於建構民族國家。但如果國家民主與地方民主的性質不同，國家民主與地方民主協調共建民族國家的目標理想可能難以實現。如果國家民主衰落或者被破壞時，可能因為地方自治而促成地方意識和團體身份意識的形成，進而構成民族國家建構的潛在敵對力量。民族國家民主機制的這種內在張力要求通過國家的民主來吸納地方自治釋放的這種可能，而不是否定民主，否則民族的靈魂便會從國家的外衣中跑出來，國家便告凋敝。

中國民族國家的建構遵循民主政治的路徑，現行《憲法》序言宣告中國是一個統一的多民族國家，第二條規定中華人民共和國的一切權力屬於人民，人民行使國家權力的機關是全國人大與地方各級人大。這些規定本身包含着國家民主和地方自治的內容。《香港基本法》也規定了香港地方自治及其法治化。在制度的層面，國家民主與香港民主存在着制度的異質性，這導致兩個民主間的制度性失調和功能上的對向。

具體而言，中國在內地實行中國共產黨領導下的人民民主制度，這一制度既包括選舉民主，也包括民主決策、民主管理及民主監督等全過程。就選舉民主的制度設計而言，《中華人民共和國全國人民代表大會和地方各級人民代表大會選舉法》明確規定選舉工作堅持中國共產黨的領導，堅持充分發揚民主，堅持嚴格依法辦事；代表應當具有廣泛的代表性，應當有適當數量的基層代表，特別是工人、農民和知識分子代表；應當有適當數量的婦女代表，並逐步提高婦女代表的比例；全國人大和歸僑人數較多地區的地方人大，應當有適當名額的歸僑代表。為了確保這些原則的落實，在候選人產生的環節，選民直接

選舉代表的，選民和各政黨、各人民團體提名均可推薦候選人名單，但在實踐中，中國共產黨、各民主黨派和人民團體聯合在提名直接選舉產生的代表候選人中發揮主導和主體作用。選民聯名提名的候選人且其當選的情況在近年來並不多見。選民小組在確定候選人的程序中發揮關鍵作用。在實踐一般通過「三上三下」的辦法確定最終候選人。首先，公布候選人匯總名單並交選民小組討論（一上下）；其次，召開選民小組長或選民代表會議，匯總選民小組討論意見，介紹各選民小組討論情況，協商縮小候選人範圍後聽取選民意見（二上下）；然後，將協商情況和選民意見上報選舉委員會，選舉委員會根據較多數選民的意見，提出擬確定正式代表候選人名單後下發各選民小組聽取意見（三上下），並最終確定候選人名單。直接選舉產生的代表選舉產生縣級以上人大的代表，上一級人大代表由下一級人大選舉產生，各級人大主席團依法提出候選人名單（通常在法定的差額範圍之內），交由全體代表討論醞釀後確定名單。總之，中國內地實行的選舉制度堅持代表的廣泛性，而候選人確定的環節是選舉程序的重中之重，最大程度地體現中國共產黨領導下的人民民主原則。[43] 與之不同，在香港選舉法於 2021 年修訂之前，總體上實行西方式競爭性選舉，特別是在直接選舉產生的議員候選人提名方面，並無名額限制，也無協調機制，並且實行比例代表制。最終，在多種因素的誘導下，香港立法會演化為政治力量對抗的場所，極端主義力量進入立法會。

　　兩種民主制度的異質性導致民主選舉功能的失調。香港選舉中直接選舉和比例代表制的不斷演進使得議員選舉既成為一種自治的方式，也激發了地方意識和本土意識，並激勵了極端主義和分離主義。而在另一方面，港區全國人大代表選舉採取與內地民主制度相同的邏輯，不採取直接選舉的方式，候選人提名採用特殊的機制，與香港分區直接選舉相比較，其民主競爭的色彩並不濃厚。結果是，選民的能

---

43. 在港區全國人大代表的選舉中，這一原則也得到全面的貫徹，港區全國人大代表候選人的提名由選舉會議成員提名。

量主要通過香港地方選舉導入政治體制之中，部分地成為中國民族國家的異已力量。隨着香港不斷推動走向「雙普選」，這種民主選舉層級上能量之差和功能對向越來越明顯，最終將香港民主政治推向劇變的境地，香港新選舉制度如期而來。如前所述，新選舉制度在候選人提名程序上濃墨重彩，同時建立候選人資格審查委員會，確保候選人的政治適格性。特別是通過對中國內地選舉制度中候選人提名機制的借鑒，消除了香港選舉制度與中國內地的選舉制度及港區全國人大選舉制度間的異質性。

四、香港新選舉制度的發展展望

根據新選舉制度，香港依次選舉產生了選舉委員會委員、立法會議員和新一任行政長官。香港選舉制度的新構造消除了香港選舉與內地選舉制度在相關方面的異質性，確保了「愛國者治港」原則的落地。可以預見的是，香港新選舉制度將確保選舉的安全性，香港街頭不再出現大規模的激烈社會運動（至少近期不會），香港的激進分離主義力量衝擊國家統一的空間被極大地壓縮。基於此，香港新選舉制度的最終走向值得關注。根據《基本法》的規定，香港最終將實現「雙普選」的目標。以鄧小平為代表的中國領導人多次強調，「一國兩制」五十年不變，五十年後也不必變。從長遠看，香港新選舉制度終將走向「雙普選」的目標。根據民族國家建構的憲法民主理論，民主選舉既是確保人民參與政治從而強化認同的機制，也擔負着遴選治理人才的功能，在香港新選舉制度走向「雙普選」目標的過程中，如何在確保選舉政治安全性的同時實現擇優汰劣是其面臨的重大挑戰。

安全性標準要求香港政制改革確保經由選舉產生的治理者是愛國者。基於這一要求，可以預見，香港現行的一套提名機制和資格審查機制將會繼續保留，特別是選舉委員會第五屆界別和香港維護國家安全委員會將繼續在候選人提名和資格審查中扮演關鍵角色。安全性的挑戰可能還來自選舉政治對社會的政治動員。如前所述，如果地方

選舉過度動員區域的選民，將會使得現有制度面臨如何導流這種政治力量的挑戰。如果不能有效疏導，這種力量便會成為制度之外的異己力量，進而會挑戰現有憲制秩序，制度當然也就失去了規訓的功能。這種力量應當由國家層面的民主制度加以吸納。因此，基於香港政制改革循序漸進的原則和制度安全的底線，香港即便進一步改革選舉制度，其制度層面的開放性宜與國家層面的選舉制度 —— 具體而言，主要是港區人大代表選舉制度 —— 的演進相協調。根據《基本法》的規定，港區人大代表選舉的名額和辦法由全國人大確定，香港行政長官和立法會議員選舉辦法由全國人大常委會依法修訂，中央宜從國家建構的目標入手，系統考量香港本地選舉制度與港區人大代表選舉制度的構建，確保二者間的功能協調，目標一致。

新選舉制度下的候選人產生機制重在確保選舉制度安全，從各功能界別的組成來看，意圖參與選舉的人士能否獲得選舉委員會第五功能界別的提名，是其能否成為候選人的關鍵一步。另外，獲得相關提名後，能否通過香港國安委的審查也十分關鍵。在未來的選舉制度改革中，無論是第五功能界別的提名還是國安委的審查，均需要進一步明確標準，精準審查，既確保「愛國愛港」的政治忠誠原則不虛化，也要考慮善治良才的識別。最終目標應是讓對香港治理有不同經驗、理論認知和風格的人士都能出現在競選中。

總而言之，香港新選舉制度將轉型走向「雙普選」，但其過程可能相對審慎。

第三章

香港新選舉制度——憲法工程學的視角

章小杉

廣東外語外貿大學法學院講師

2019 年，香港特區發生了前所未見的「反修例運動」。一時之間，《憲法》和《基本法》確立的新憲制秩序搖搖欲墜。中央方面驚覺香港原有法律和制度的「漏洞和缺陷」，並下定決心調整治港方略。2020 年和 2021 年，由中央主導的香港國安法和新選舉制度相繼出台。新選舉制度和香港國安法被稱為「組合拳」，旨在重塑香港特區的政治生態，捍衛《憲法》和《基本法》確立的新憲制秩序。

2021 年 3 月 11 日，全國人大作出關於完善香港特區選舉制度的決定，授權全國人大常委會修改《香港基本法》附件一和附件二。3 月 30 日，全國人大常委會根據全國人大的授權，對《香港基本法》附件一和附件二作出修訂。5 月 27 日，香港特區立法會通過《2021 年完善選舉制度（綜合修訂）條例》。5 月 31 日，《2021 年完善選舉制度（綜合修訂）條例》在香港特區刊憲生效。12 月 19 日，香港特區第七屆立法會以新選舉辦法選舉產生。2022 年 5 月 8 日，香港特區第六任行政長官以新選舉辦法選舉產生。至此，新選舉制度在香港全面落地。

在 3·11 授權決定中，全國人大罕見地指出，「香港特別行政區實行的選舉制度，包括行政長官和立法會的產生辦法，是香港特別行政區政治體制的重要組成部分」。在關於全國人大 3·11 決定（草案）的說明中，全國人大常委會副委員長王晨強調，完善香港特區的選舉制度，要「維護行政主導的香港特別行政區治理架構和運行機制……確

保香港特別行政區政治體制和治理體制順暢、有效運行。」過往的官方話語和法學研究，重點在於香港特區的行政主導制，較少將政治體制（此處作狹義理解，即政府形式）與選舉制度聯繫在一起。事實上，選舉制度與政治體制是一個有機的整體，選舉制度對政治體制的運作和政府的管治效能有相當深刻的影響。中央方面試圖通過完善選舉制度來提高香港特區的治理效能，或多或少體現了某種憲法工程的思維。故本文從憲法工程學的角度出發，分析香港舊選舉制度的問題，並探討香港新選舉制度對這些問題的回應。

一、憲法工程視角下的香港特區政治體制

憲法工程學（constitutional engineering）關注憲法和政治制度的實際運作，認為特定的憲法和政治制度會導致特定的政治後果，致力於通過有意識的憲法和政治制度設計來塑造穩定而有效的民主政體。[1] 根據憲法工程學，民主政體不僅要確保政治參與和政治競爭，而且要保證國家能力和政府效能；而為了確保國家能力和政府效能，民主政體下的政府應當是一個穩定的一致政府（a unified government），而不是一個分立政府（a divided government）。

喬萬尼·薩托利（Giovanni Sartori）是憲法工程學的開拓者和代表人物；早在 1994 年，他已系統地考察了不同的選舉制度（比例代表制與簡單多數制）和政府形式（總統制和議會制）的政治後果。[2] 經過數十年的發展，如今憲法工程學已成為政治學和憲法學研究的一個新興領

---

1. 包剛升：〈民主轉型中的憲法工程學：一個理論分析框架〉，《開放時代》，2014 年第 5 期。

2. Giovanni Sartori, *Comparative Constitutional Engineering: An Inquiry into Structures, Incentives and Outcomes*, Macmillan Press, 1994; 包剛升：〈從保守主義民主理論到憲法工程學 —— 喬萬尼·薩托利的主要著述及其學術貢獻〉，《政治學研究》，2017 年第 3 期。在 1968 年，薩托利曾使用「政治工程學」的表述。See Giovanni Sartori, "Political Development and Political Engineering", *Public Policy*, 1968, vol. 17. 憲法工程學與政治工程學的區別在於：前者更重視憲法，後者更重視一般意義上的政治制度。

域，重點關注政府形式、地方分權、選舉制度及政黨制度的設計與運作。[3]

　　憲法工程學將民主政體的政府形式分為議會制、總統制和半總統制三種。研究揭示，總統制下的總統和議會經由不同的選舉程序分別選舉產生，立法權與行政權彼此互不統屬，當總統所在的政黨或政黨聯盟無法在議會取得多數席位，立法機關與行政機關就容易產生政治對抗，因而總統制較議會制更容易導致政治僵局（political deadlock）和憲法危機（constitutional crisis）。[4]當然，總統制並不必然導致政治僵局，選舉制度和政黨體系對政府體制的運作亦有影響。不同的政府形式與不同的選舉制度和政黨體系搭配起來，會產生截然不同的政治效果；總統制能否實現預期的效能，取決於其是否能夠找到「正確的搭配」。[5]

　　薩托利提出，一個國家／地區的政府形式並非源於制憲者在精通理論優劣之後的有意選擇，而是某個特定歷史演進過程的產物。幾乎是出於必然，《香港基本法》的起草者為香港特區設定了以行政（相對於立法）為主導的政治體制。在關於《香港基本法》（草案）及有關文件的說明中，基本法起草委員會主任姬鵬飛指出，「香港特區的政治體制，要符合『一國兩制』的原則，要從香港的法律地位和實際情況出發，以保障香港的穩定繁榮為目的。為此，必須……保持原政治體制中行之有效的部分……為了保持香港的穩定和行政效率，行政長官應有實權，但同時也要受到制約。」回到《基本法》起草的年代，行政主導是

3. 包剛升：〈民主轉型中的憲法工程學：一個理論分析框架〉，《開放時代》，2014 年第 5 期；李少文：〈民主憲法的工程學〉，《環球法律評論》，2017 年第 4 期；Tom Ginsburg (ed.), *Comparative Constitutional Design*, Cambridge University Press, 2012.

4. 包剛升：〈議會制與總統制大論戰：基於學術文獻和政治經驗的反思〉，《國外理論動態》，2020 年第 2 期。

5. 林繼文：〈政府體制、選舉制度與政黨體系：一個配套論的分析〉，《選舉研究》，2006 年，第 13 卷，第 2 期；蘇子喬：〈憲政體制與選舉制度的配套思考〉，《政治科學論叢》，2010 年第 44 期；Scott Mainwaring, "Presidentialism, Multiparty Systems, and Democracy: The Difficult Equation", *Comparative Political Studies*, 1993, vol. 26, no. 2.

一種沒有懸念的選擇，因為這種制度有利於體現國家主權，確保中央對香港的影響力；有利於維持政府的高效運作，確保香港特區的繁榮穩定；且符合香港的歷史習慣和實際情況。[6]

雖然《基本法》的文本裏沒有明確出現「行政主導」的字眼，但是「行政主導」的精神貫穿了香港特區政治體制的設計。首先，行政長官擁有獨特的憲制地位和廣泛的職權。根據《基本法》第 43 條和第 60 條，行政長官既是香港特區的首長，又是香港特區政府的首長。「雙首長」的憲制身份令行政長官享有廣泛的權力，既包括象徵性的榮典權，也包括實質性的行政權。其次，行政長官領導的行政機關在立法程序和公共決策中佔主導地位。根據《基本法》第 62 條、第 72 條、第 74 條及附件二，特區政府有權擬定並提出各種法案，而立法會議員提出涉及政府決策的法案，須先得到行政長官的書面同意；特區政府提出的法案須優先列入立法會議程；特區政府提出的法案獲出席會議的議員過半票數即可通過，而立法會議員提出的議案須經直選議席議員和功能組別議席議員出席會議的議員各過票數才可通過。再次，行政長官可拒絕簽署立法會通過的法案並解散立法會。根據《基本法》第 48 條、第 49 條和 50 條，行政長官有權簽署或發回立法會通過的議案，如拒絕簽署立法會再次通過的法案或立法會拒絕通過政府提出的財政預算案或其他重要法案，行政長官可解散立法會。

表面來看，特區年代的政治體制經港英年代的港督制改造而來，帶有很強的行政主導色彩；但其實，香港回歸前後的政治體制大不相同，最顯著的一點是：回歸後的立法會擁有了制衡政府的權力。根據《基本法》第 73 條，特區政府的法案、財政預算和公共開支須得到立法會的批准。這意味着香港特區的行政主導是一種「有條件的行政主導」，即是說，只有在行政長官能有效駕馭立法會，在社會上有廣泛支

---

6. 朱國斌：〈行政主導還是三權分立？──香港特區政治體制的立法原意辨析〉，載朱國斌編著：《香港特區政治體制研究》，香港城市大學出版社，2017 年，第 1–27 頁。

持基礎和民望崇高的情況下，行政主導政體才有實現的可能。[7]從憲法工程學的視角來看，香港特區的行政主導制更接近總統制，[8]也就是說，回歸後的香港也有出現分立政府和政治僵局的風險。「正確的」選舉制度將有助於化解這種風險，而「錯誤的」選舉制度將會令風險成為現實。

二、舊選舉制度哪裏出了問題？

回歸後的香港選舉制度安排見諸《香港基本法》原附件一和附件二、《行政長官選舉條例》和《立法會條例》。[9]除其他事項外，主要選舉規則有五：其一，行政長官由 800 人組成的選舉委員會選舉產生，並由中央人民政府任命；[10]其二，行政長官不得有政黨聯繫；[11]其三，立法會共 60 個議席，其中 30 個議席由功能團體選舉產生，6 個議席由選舉委員會選舉產生，24 個議席由分區直接選舉產生；[12]其四，分區直接選舉議席由 5 個大選區選舉產生，功能團體議席由 29 個功能界別選

---

7. 劉兆佳：〈行政主導的政治體制：設想與現實〉，載劉兆佳：《香港二十一世紀藍圖》，香港中文大學出版社，2000 年，第 1–36 頁。

8. 薩托利指出，一個政治體制只要符合三個條件即可被歸為總統制：(i) 國家 / 地區元首經民主選舉產生；(ii) 在元首法定任期內，議會不能推翻他 / 她；(iii) 元首任命與領導政府。Giovanni Sartori, *Comparative Constitutional Engineering: An Inquiry into Structures, Incentives and Outcomes*, Macmillan Press, 1994, p. 84. 香港特區的政治體制顯然符合這三個條件。正因如此，才有學者主張將香港特區的政治體制稱為「行政長官制」。參見王磊：〈香港政治體制應當表述為「行政長官制」〉，《政治與法律》，2016 年第 12 期。

9. 當然，香港特區除行政長官選舉和立法會選舉外，亦有區議會選舉和全國人大代表選舉，但是對香港特區政治體制運作影響最大的依然是行政長官選舉和立法會選舉。

10. 見《基本法》原附件一。第一任行政長官由 400 人組成的推舉委員會推舉產生。《基本法》附件一於 2010 年修改，自 2012 年起，選舉委員會由 1200 人組成。

11. 見《行政長官選舉條例》（第 569 章）（2001 年）第 31 條。

12. 見《基本法》原附件二。第一屆立法會由 60 人組成，其中分區直接選舉產生議員 20 人，選舉委員會選舉產生議員 10 人，功能團體選舉產生 30 人。《基本法》附件二於 2010 年修改，自 2012 年起，立法會由 70 人組成，其中功能團體選舉產生議員 35 人，分區直接選舉 35 人。

舉產生；[13] 其五，分區直接選舉議席由比例代表制產生，功能團體議席由簡單多數制產生。[14]

這些選舉規則顯然是為行政主導服務的。[15] 首先，行政長官由選舉委員會而非立法會選舉或其他方式產生，有利於確保行政長官的人選是中央信任的「愛國愛港者」，同時脫離立法會的控制；其次，行政長官沒有政黨聯繫，既可減少選舉過程中的政治紛爭，避免黨爭對香港的穩定繁榮造成損害，也可確保行政長官脫離黨紀的羈絆，對中央人民政府負責；[16] 再者，就功能組別而言，議席的選舉辦法的設定旨在確保立法會多數議席由親中央親政府的本地精英佔據，從而保障立法會多數對特區政府的支持，同時，29 個界別的設置也有弱化政黨影響和分散立法會議席的作用；[17] 再次，就直接選舉議席而言，劃分 5 個大選區和採用比例代表制有助於弱化政黨的影響並分散議席：通常認為，「大選區制」對小黨有利，採用「大選區制」有助於削弱大黨的「席位能力」，確保立法會不會被個別政黨所控制；根據「迪維爾熱定律」（Duverger's Law），相對多數制有利於大黨，而比例代表制有利於小黨，採取比例代表制旨在削弱大黨的影響。[18]

應當承認，舊選舉制度的設計目標明確、有的放矢，在某種程度上，也符合當時香港的實際情況——對於行政長官而言，一個四分五

---

13. 見《立法會條例》（第 542 章）（1997 年）第 18 條及附表一。

14. 見《立法會條例》（第 542 章）（1997 年）第 49 條、第 51 條。

15. Lau Siu-kai, "The Making of the Electoral System", in Kuan Hsin-chi, Lau Siu-kai, Timothy Ka-ying Wong, and Luoie Kin-shuen (eds.), *Power Transfer and Electoral Politics: The First Legislative Election in the Hong Kong Special Administrative Region,* The Chinese University of Hong Kong Press, 2000, pp.1–36.

16. 劉兆佳：《回歸後的香港政治》，商務印書館，2013 年，第 166–167 頁；劉兆佳、關信基：〈殘缺不全的政黨體系〉，載劉兆佳：《香港社會的政制改革》，中信出版社，2016 年，第 347 頁。

17. 馬嶽：《港式法團主義：功能界別 25 年》，香港城市大學出版社，2013 年，第 173 頁；劉兆佳：《回歸後的香港政治》，商務印書館（香港），2013 年，第 169 頁。

18. 曹旭東：《香港政黨與良性政治：憲制與法律的視角》，三聯書店（香港），2016 年，第 44 頁；劉兆佳：《回歸後的香港政治》，商務印書館（香港），2013 年，第 169–182 頁；朱世海：〈論香港政黨體制與政制的關係〉，載《「一國兩制」研究》，2011 年第 8 期。

裂的、由建制派把控的立法會比一個團結一致的、由反對派把控的立法會更易控制。但是，這種選舉制度無意中造就了一個「艱難組合」，成為香港回歸後管治困難的肇因。從憲法工程的角度來看，總統制並不必然導致政治僵局：不同的政府形式與不同的政黨體系搭配起來，會有不同的政府形態（多數政府或分立政府）。政黨體系雖然不能被直接「規定」，但顯然與選舉制度的設計有關。當比例代表制與總統制搭配在一起，政治僵局幾乎是「注定的」：比例代表制容易形成多黨體系，而在典型的多黨體系中，呈現的是各黨不過半的格局，即議會中未有單一政黨掌握過半數席位，若該國家 / 地區的政府形式是總統制，由於議會中各黨不過半，總統所屬政黨僅是議會中一個未獲半數的政黨，總統必然無法掌握議會多數，此種情形必然是分立政府的局面。[19]香港特區的行政主導制更近總統制，形塑政黨體系的立法會直選議席採用比例代表制，也即意味着香港回歸後的政府形態是永遠的分立政府。而行政長官不得有政黨聯繫的規定，更是直接切斷了行政與立法之間的紐帶，造成了行政機關與立法機關的脫節，[20]令香港回歸後的管治「難上加難」。

　　事實上，回歸後的香港一直都處於「動態的政治僵局」：特區政府在立法會內沒有穩定和可靠的大多數議員的支持，而立法會內又缺少一個掌控大多數議席的「親政府」的政黨，反而是黨派林立；雖然建制派的黨派擁有的議席加起來佔有超過一半立法會議席，但是在那些不涉及「大是大非」的問題上，它們也不一定合作無間，主要原因是黨派

19. 蘇子喬：〈憲政體制與選舉制度的配套思考〉，《政治科學論叢》，2010 年第 44 期。

20. Brian C. H. Fong, "Executive-legislative Disconnection in Post-colonial Hong Kong: The Dysfunction of the HKSAR's Executive-dominant System, 1997–2012", *China Perspectives*, 2014, no. 1; Antony B. L. Cheung, "Executive-led Governance or Executive Power 'Hollowed-Out'—The Political Quagmire of Hong Kong", *Asian Journal of Political Science*, 2007, vol. 15, no. 1; Ian Scott, "The Disarticulation of Hong Kong's Post-handover Political System", *The China Journal*, 2000, no. 43.

利益的分歧和對社會民生政策的不同立場。[21] 行政主導要求立法會配合政府，但政府在立法會內沒有「鐵票」支持，每次推行政策都須逐次遊說政黨，而立法會議席分散、政黨眾多，沒有「鐵票」支持的行政長官注定舉步維艱。[22] 回歸後的政治僵局主要體現在特區政府的政策和法案不斷受到立法會的挑戰和阻撓，最明顯的例子是 23 條立法、税制改革、政制改革、標準工時、醫療體制改革等；不止如此，自 2012 年起，「拉布」成為立法會裏的常態，反對派議員動輒以此阻撓特區政府施政，在 2019 年，立法會內委會曾因「拉布」停擺長達 6 個月。緊張的行政－立法關係嚴重削弱了特區政府的管治效能，也影響了民眾和中央對行政長官的評價，或許是因為如此，香港回歸 25 年來，未有一個行政長官能夠持續 10 年的任期。[23]

簡單來說，回歸後，香港特區的行政機關和立法機關已然分立，[24] 行政機關掌握着制定政策和設定議程的主導權，而立法機關掌握着關鍵的否決權，這意味着，預期的行政主導制要順利運作，需要在行政機關與立法機關之間建立有效而穩固的聯繫，確保行政長官領導的特區政府總是能夠得到立法會大多數的支持。然而，舊選舉制度的設計，雖然成功地分化了立法會，防止立法會被個別政黨（尤其是反對派政黨）控制，但卻未能在行政機關與立法機關之間建立有效而穩固的聯繫，導致行政長官在立法會裏成為「孤家寡人」。在沒有執政黨的情況下，在中央的統籌和協調下，香港只能出現一個鬆散的、由建制派人

---

21. 劉兆佳：《回歸後香港的獨特政治形態：一個自由威權政體的特殊個案》，商務印書館（香港），2017 年，第 171 頁。

22. 曹旭東：《香港政黨與良性政治：憲制與法律的視角》，三聯書店（香港），2016 年，第 80 頁。

23. 根據《基本法》第 46 條，行政長官任期五年，可連任一次。理論上，一個合資格的人可任行政長官 10 年。但實際上，董建華的在任時間是 7 年又 255 天，曾蔭權的在任時間是 7 年又 10 天，梁振英的在任時間是 5 年，林鄭月娥的在任時間是 5 年。

24. 儘管中央官員反對用「三權分立」來形容香港特區的政治體制，但事實上，香港回歸後，行政機關和立法機關由不同的方式產生，行政權與立法權互不統屬，人員亦不重疊，這已經帶有「分權」的色彩。特區法院的判例法也承認這種分權。見羅沛然、陳弘毅：〈香港特別行政區判例法中的權力分置原則〉，載《浙江社會科學》，2020 年第 10 期。

士組成的管治「網絡」，為特區的管治提供一定的政治支撐，卻難以成為強勢管治的基石。[25] 由此就出現了預期中的行政主導與現實中的分權制衡之間的巨大落差。

三、新選舉制度能解決這些問題嗎？

如所周知，新選舉制度是在「反修例運動」和「攬炒十步曲」的背景下出台的。因而，新選舉制度的首要目的就是「確保以愛國者為主體的『港人治港』，把『反中亂港分子』排除在香港特別行政區的管治架構之外」。[26] 除確保「愛國者治港」外，新選舉制度還有一個重要目的，即「切實提高香港特別行政區治理效能」。[27] 在關於全國人大 3·11 決定（草案）的說明中，全國人大常委會副委員長王晨提出，「必須採取必要措施完善香港特別行政區選舉制度，消除制度機制方面存在的隱患和風險，確保以愛國者為主體的『港人治港』，確保香港特別行政區依法施政和有效治理」。在關於《基本法》附件一和附件二（修訂草案）的說明中，全國人大法工委主任沈春耀重申，研究起草行政長官和立法會產生辦法修訂草案過程中，注意把握和體現以下原則：「四是維護行政主導的治理架構和運行機制，確保香港特別行政區實行的行政主導政治體制有效運行」。

新選舉制度安排見諸全國人大 3·11 決定、《香港基本法》附件一和附件二以及《2021 年完善選舉制度（綜合修訂）條例》。新選舉制度與舊選舉制度的不同之處主要體現在：其一，重構和賦權選舉委員會，新的選舉委員會由五個界別的共 1500 名委員組成，負責選舉行政長官候任人、立法會部分議員，以及提名行政長官候選人、立法會議員候

---

25. 劉兆佳：《回歸後香港的獨特政治形態：一個自由威權政體的特殊個案》，商務印書館（香港），2017 年，第 175 頁。

26. 見 3·11 人大決定，以及 3·11 決定新聞發布會（圖文實錄）。

27. 見 3·11 人大決定。

選人等事宜;其二,行政長官候選人的提名門檻更高,候選人須獲得選舉委員會不少於 188 名委員聯合提名,且五個界別中每個界別參與提名的委員不少於 15 名;其三,立法會選舉亦有提名機制,候選人須獲得相應的提名;其四,立法會議席變為 90 個,其中 40 個議席由選舉委員會選舉產生,30 個議席功能團體選舉產生,20 個議席由分區直接選舉產生;其五,分區直接選舉設立 10 個選區,每個選區設定 2 個議席,由雙議席單票制產生;其六,設置候選人資格審查委員會,負責審查並確認選舉委員會候選人、行政長官候選人和立法會議員候選人的資格,確保候選人是合資格的愛國愛港者。

上述新選舉規則處處呼應着「愛國者治港」原則,確保香港特區的管治權牢牢掌握在愛國愛港力量手中。首先,選舉委員會裏新增了第五界別,由全國人大代表、全國政協委員和全國性團體共 300 名成員組成,根據國務院港澳事務辦公室副主任鄧中華的說法,「第五界別的人士國家意識強,由他們擔任選委會成員,有利於在選委會中強化國家元素,把維護國家利益和維護香港利益有機結合起來」,[28] 相應地,由選舉委員會選舉的行政長官及部分立法會議員亦會受此安排影響;其次,行政長官和立法會議員的提名門檻,有利於將第五界別的國家意識投射到具體的候選人身上;再次,行政長官及 40 名立法會議員由選舉委員會選舉產生,有助於確認愛國愛港力量對選舉結果的影響,以及確保當選人為獲中央信任的愛國愛港人士;最後,候選人資格審查委員會,相當於一道「過濾機制」,將所謂的「反中亂港分子」排除在香港特區的管治架構之外,確保能夠參選和當選的人士是合資格的愛國愛港人士。

除此之外,新選舉規則,在一定程度上,也有助於提高香港特區的管治效能:首先,如國務院港澳辦公室常務副主任張曉明所言,在舊選舉制度下,有些反對派議員濫用立法會的議事規則,採取「拉布」等不正當手法,來阻礙甚至癱瘓立法會的運作,嚴重掣肘了特區政府

---

28. 見 3・11 決定新聞發布會(圖文實錄)。

的施政，而完善選舉制度之後，香港將有望擺脫政治爭拗的羈絆，走出政治泥沼，實現良政善治；[29]其次，根據國務院港澳事務辦公室副主任鄧中華的說法，由選舉委員會產生行政長官和立法會的部分議員，使得行政長官和立法會在選民基礎上有了共同點，有利於行政和立法的順暢溝通，有利於鞏固《基本法》所規定的行政主導體制；[30]再者，立法會分區直接選舉產生的 20 個議席，改為「小選區制」和雙議席單票制，將有助於建制派力量的整合，長遠來看，將有利於形成佔多數議席的大黨。

　　事實上，新選舉制度實施後，至少選舉結果符合制度設計者的期望：一方面，獲中央信任的候選人李家超在第六屆行政長官選舉中以 1,416 票高票當選；另一方面，第七屆立法會 90 名立法會議員中，僅有一名議員是「非建制派」。從管治架構內的力量對比來看，新選舉制度實現了「愛國者治港」的預期。另外，第七屆立法會的議席分布顯示，民建聯是第一大黨，擁有 19 個議席，其中地區直選議席 10 個，工聯會是第二大黨，擁有 8 個議席，其中地區直選議席 3 個。

　　由於第六屆特區政府尚未就任（筆者按：執筆時新一屆政府尚未就任），評估特區政府的管治效能有一定的困難。但是，從「制度—行為—結果」的邏輯推演來看，新選舉制度對於提升特區政府管治效能會有一定的幫助：一者，反對派出局，立法會多數議席由愛國愛港者佔據，可以預見，惡意「拉布」的情境不會再出現；二者，選舉委員會選舉產生行政長官和 40 名議員，這種安排或有助於拉近行政長官與立法會議員的距離；三者，新選舉制度摒棄了舊的「大選區制」和比例代表制，在分區直選議席上實現了建制派的整合，強化了建制派大黨的力量——尤其是第三點，體現了憲法工程和政治科學的考慮，立法會內的建制派有望逐步擺脫鬆散和分化的狀態，形成一股較為團結和強大的管治力量。但是，這些措施並不足以確保行政主導，因為在新選舉

---

29. 見 3·11 決定新聞發布會（圖文實錄）。

30. 見 3·11 決定新聞發布會（圖文實錄）。

制度下，行政長官依然不可以有政黨聯繫，也就是說，行政機關與立法機關之間仍然沒有穩固而有效的紐帶，沒有一個強大、有效如政黨的組織能夠確保立法會議員對行政長官的支持。畢竟，「愛國愛港」不等於支持行政長官。立法會部分議員與行政長官有共同的選民基礎也不能確保他們對待社會民生和其他問題有共同的見解和立場。也就是說，行政主導要如預期般順暢運作還要有其他制度層面（如政黨制度）和非制度層面（管治聯盟和政治委任等）的配套措施。

四、結論與餘論

香港回歸後，特區政府的管治效能未能達到《基本法》起草者的預期，出現了紙面上的行政主導與現實中的分權制衡之間的巨大落差，一個重要原因是行政機關與立法機關之間缺乏一個穩固而有效的紐帶。舊選舉制度雖然成功令建制派佔據立法會多數議席，卻不能確保他們與行政長官共同進退、支持特區政府施政。舊選舉制度下的「大選區制」和比例代表制削弱了大黨，同時也給激進的小黨和無黨派人士進入立法會的機會。於是出現了立法機關與行政機關的政治對抗，以及愈演愈烈的「拉布」戲碼。緊張的行政與立法關係削弱了特區政府的管治效能，拉低了特區政府的施政效率，令《基本法》確立的行政主導制無法有效運作。

新選舉制度解決了「明面上」的問題，成功地將「反中亂港分子」排除在管治架構之外，確保香港特區的管治權牢牢掌握在愛國愛國力量手中。除此之外，新選舉制度還將立法會分區直接選舉產生的議席改為「小選區制」和雙議席單票制，這種安排有助於形塑建制派大黨，將激進的小黨和無黨派人士擋在立法會的門外。行政長官和立法會部分議員有共同的選民基礎，或許也有利於拉近行政長官與立法會的距離。但是，「暗面上」的問題並沒有完全解決。因為行政機關與立法機關之間依然缺乏一個如政黨般穩固而有效的紐帶。「愛國者治港」並不能保證行政長官能夠駕馭立法會。或者說，「愛國者治港」只是實現良

政善治的第一步，接下來的重點是整合建制派，構建團結一致的管治聯盟。

　　憲法工程學能夠為我們思索和預測香港特區未來的管治效能提供一個有益的視角。儘管如此，並不是「只要」選擇了某種制度或規則，就「一定」會得到特定的政治結果。現實政治是複雜合力共同作用的結果。香港特區能否實現良政善治，行政主導能否順暢運作，還取決於諸多「環境」和「人」的因素。比如，國際秩序和中美關係、中央政府的治港政策、行政長官的個人能力和政治威望、特區政府的經濟民生政策、公務員制度改革、建制派的整合、民主派的轉型、香港社會的政治環境等等，都會對香港特區的管治效能產生實質的影響。

第四章

香港選舉制度中的域外影響與法律框架

≈≈≈≈≈≈≈≈≈≈≈≈≈≈

程潔

加拿大不列顛哥倫比亞大學法學院副教授

一、導論：研究香港選舉制度中域外影響的意義與問題

　　新選舉制度是近期香港憲法秩序中爭議較大的內容。有關香港立法會和行政首長選舉方法的爭議從起草《香港特別行政區基本法》（《基本法》）時開始，一直延續到 1997 特別行政區成立之後。[1] 2021 年 3 月，全國人大常委會通過《關於完善香港特別行政區選舉制度的決定》，其後對《基本法》附件一和附件二有關特別行政區行政長官和立法會的選舉方法進行了重大修改。新規定對參選人資格和提名設定了更多限制，重點是強調候選人「愛國愛港」及政府的主導作用。這些變化以及早先《香港特別行政區維護國家安全法》（《港區國安法》）的通過引發有關香港政治發展方向的疑問，尤其是有關香港的民主化進程能否繼續、以及香港未來是否仍將堅持「一國兩制」的問題。[2]

---

1. Albert Chen, "Development of Representative Government", in Chan, Man-mun, Johannes, and C. L. Lim (eds.), *Law of the Hong Kong Constitution,* Chapter 8. Thomson Reuters Hong Kong Limited trading as Sweet & Maxwell, Hong Kong, 2015, pp. 217–247. (Describing the development of representative government in Hong Kong since 1847 and in particular after 1985 on p. 247.)

2. For a brief review of the changes, see Young, Simon N. M., "The Decision of the National People's Congress on Improving the Election System of the Hong Kong Special Administrative Region", *International Legal Materials*, vol. 60, no. 6, 2021, pp. 1163–1177.

　　全國人大常委會副委員長王晨在解釋新選舉制度時表示，新選舉制度符合「一國兩制」，新選舉制度的目標是確保港人治港，防範「反中亂港勢力和本土激進分離勢力」與「外國和境外勢力通過立法、行政等方式和駐港領事機構、非政府組織等管道公然干預香港事務。」[3] 但觀察者普遍認為，新選舉法最重要的目標之一是進一步強化中國對香港的全面管治權。[4] 有人擔心，新選舉制度顯示香港的民主進程（主要體現為特首和立法會「雙普選」）受阻，香港未來可能會由一個候選人走向一黨制，認為新選舉制度進一步瓦解「一國兩制」[5]，或者乾脆認為這就是中國鎮壓香港民主運動並「尋找政治代理人」的藉口。[6] 由此可見，儘管評論者對新選舉制度的目標與合法性存在不同認識，各方均承認新選舉制度將削弱香港泛民主派力量並強化中國影響。但問題在於，強化中國對香港的全面管治權並選舉產生「愛國愛港」人士不足以解決香港的政治危機，因為新選舉制度雖然削弱了泛民主派，但沒有真正解決政治對立問題，尤其是因為域外影響帶來的政治對立。

　　本文認為，討論中國立法和政策對香港選舉的影響無疑是必要的，但香港選舉制度的挑戰不限於來自中國的外部影響，也包括其他域外影響。有必要承認中國對香港選舉施加的影響不盡符合香港民主政治，但是回應有關境外勢力影響香港政治也是必要的。影響香港選舉的域外因素具有複雜性，因為其包含中國因素和其他境外因素兩方面。不但如此，香港選舉中的中國因素和其他境外影響的不同，中國對香港選舉的影響以國家主權和《基本法》為前提，其爭議主要源於

3. 王晨：《關於〈全國人民代表大會關於完善香港特別行政區選舉制度的決定（草案）〉的説明》，2021年3月5日第十三屆全國人民代表大會第四次會議第一次全體會議。

4. 張炳良：〈香港特區新選舉制度下管治體制邏輯與權力倫理之變〉（文章來自2022年6月24日「香港新選舉制度：憲法、制度與國際的視角」會議資料，未公開發表。）

5. 〈歐盟斥香港特首選舉進一步瓦解「一國兩制」〉，自由亞洲電台，www.rfa.org/mandarin/Xinwen/7-05092022130112.html。最後訪問日期：2022年5月9日。

6. 王霜舟、艾莎：〈李家超正式當選：北京代理人與被馴服的香港〉，紐約時報中文網，https://cn.nytimes.com/china/20220509/hong-kong-john-lee/。最後訪問日期：2022年5月9日。

愛國愛港標準的主觀性。其他境外勢力對香港的影響則源於香港的殖民統治歷史、《基本法》對外國人政治參與權的規定，以及國際關係和地緣政治。從比較法的角度來看，選舉法中對域外影響進行限制屬於常態而非例外，但採取何種立法和制度進行限制則存在不同的制度選擇。尤其是在全球化和萬物互聯的時代，域外影響對各國選舉都構成了挑戰：國與國之間的邊界在互聯網世界變得模糊，選民身份因人口流動性增強而模糊，不同國家的企業因跨國貿易而利害相關。因此，研究香港選舉制度的域外影響不僅具有直接的現實意義，也具有重大理論意義。通過比較研究，不但有助於重新評估現行選舉制度的正當性和有效性，也有助於參考和借鑒其他國家的經驗和教訓，並考慮引入行之有效的制度和準則。

　　文章以下分為三部分展開：第一部分説明香港新選舉制度的背景以及香港選舉中域外影響帶來的挑戰；第二部分從選舉人資格、政治獻金、反政治滲透立法等七個方面，對不同地區控制選舉中域外影響的規定進行分析，並比較香港新選舉制度和其他地區選舉制度的不同選擇；第三部分進行總結並提出立法和政策建議。

二、香港新選舉制度與域外影響問題

（一）香港新選舉制度的背景和爭議

　　香港新選舉制度是 2019 年以來政府管治危機的延續。2019 年以來，香港發生了一系列政治事件。2019 年初，香港政府提出的《逃犯條例修訂草案》受到社會抵制並引發持續的大規模街頭抗議。政府在壓力之下撤銷了引渡條例立法，但香港社會的政治分歧未能及時消除。當年 7 月後，政治不滿演變為小規模衝突，出現抗議者衝擊立法會、控制高等院校、阻遏公共交通和商業機構營運等行為，最終形成激進抗議者與政府和警方的暴力對抗與政治對立。香港政治對立一度發展到政府機構和立法會因不同黨派無法合作或拉布行動而癱瘓。北京在 2019

年的衝突中沒有採取直接行動，但將後期的對立和衝突定義為「反中亂港」的政治騷亂，並譴責「外部敵對勢力」干預香港事務與中國內政。[7] 2019 年反逃犯條例修訂草案衝突一年後，全國人大常委會於 2020 年 6 月 30 日通過《港區國安法》。該法以中國《憲法》和《基本法》為基礎，[8] 規定顛覆國家政權、煽動分裂、勾結外國或者境外勢力危害國家安全等行為為犯罪，成立了數個新機構負責國家安全事務，並通過立法限制香港司法機構對國家安全機構的決定進行審查的權力。

《港區國安法》實施後，香港政治表達的範圍被重新界定。不過，後續的選舉爭議表明，《港區國安法》雖然對公開主張分裂和獨立的政治人物產生一定的威懾作用，對香港對選舉結果的影響卻適得其反。特別是在 2019 年舉行的區議會選舉中，一向在區議會選舉中佔據優勢的建制派表現不佳，反建制派取得全港 86% 的直選議席（388 席）。如果按照原有的選舉規定，區議會議員將在來年的選舉委員會中佔有 117 個席位，從而有可能在提名特別行政區行政長官和立法會議員的選舉中獲得優勢地位。此後，泛民於 2020 年 7 月組織立法會初選，希望在正式選舉前在泛民內部達成選舉共識，以便在最終正式選舉時獲得立法會多數議席。[9] 這一時期中美關係因 2018 年以來的貿易戰而持續惡化。美國譴責中國處理香港問題的方式。中國通過《港區國安法》後，

7. 2021 年 12 月 20 日，國務院發表《「一國兩制」下香港的民主發展》白皮書，其中第四部分集中批評「反中亂港」勢力，認為其「甘當外國政治代理人」。具體內容參見：www.gov.cn/zhengce/2021-12/20/content_5662052.htm。白皮書發表後，多個官方機構和媒體發表了類似評論。例如，「國務院港澳辦負責人就《「一國兩制」下香港的民主發展》白皮書答記者問」，http://big5.www.gov.cn/gate/big5/www.gov.cn/zhengce/2021-12/20/content_5662069.htm。另見：〈橫加干涉香港事務的霸權行徑將成為歷史笑柄〉，《人民日報》，2021 年 12 月 22 日。

8. 朱國斌：〈新選舉法的憲法基礎與背景〉（文章來自 2022 年 6 月 24 日「香港新選舉制度：憲法、制度與國際的視角」會議資料，未公開發表。）

9. 梁俊彥：〈香港民主派 35+ 初選結果的三重解讀〉，2020 年 7 月 15 日，https://theinitium.com/article/20200715-opinion-hk-primary-turnout/

美國通過《香港自治法》[10]並宣布制裁中國全國人大常委會部分委員以及中國和香港的官員。[11]泛民初選後，美國國務卿公開表示支持並在此發聲譴責中國政府，香港中聯辦發言人則指責初選是由「外部勢力」支持策劃，嚴重挑釁立法會選舉制度。[12]此後，全國人大常委會釋放出修改選舉制度的資訊，並最終於 2021 年通過決定後對《香港基本法》附件一和附件二進行了修訂。

　　新選舉制度雖然為愛國愛港人士當選量身定制，其實際效果仍然有待評估。一方面，「愛國愛港」屬於主觀標準，是否真能選舉產生愛國愛港人士有待觀察。另一方面，即使選舉產生真正的「愛國愛港」人士，如果不能有效解決香港的政治極化和政治對立，仍然無法實現有效管治，也無法促進國家認同。更有甚者，「愛國愛港」力量　方獨大有可能進一步深化分歧，降低政治和解的可能性。歸根到底，有效管治需要充分的社會認同，而香港社會對「一國兩制」和《基本法》有充分共識。如果政治極化的結果導致部分港人對「一國兩制」喪失信心，則不利於國家認同和良好管治。此外，中國強調香港的選舉結果應當

---

10. *Hong Kong Autonomy Act* (2020), U.S. Public Law pp. 116–149, available at www.congress.gov/bill/116th-congress/house-bill/7440 (Official summary of the law says: "This bill imposes sanctions on foreign individuals and entities that materially contribute to China's failure to preserve Hong Kong's autonomy.")

11. 2020 年 7 月，美國前總統特朗普簽署《香港自治法》並簽署行政命令，終止香港在美國法律下的特殊地位，以懲罰中國對香港的「壓迫行動」。Executive Order (E. O.) 13936, "The President's Executive Order on Hong Kong Normalization," which President Trump issued on July 14, 2020. E.O. 13936 declares a national emergency with respect to the situation in Hong Kong, including recent actions taken by the People's Republic of China to fundamentally undermine Hong Kong's autonomy and democratic processes, and provides for the imposition of sanctions on actors engaged in these malign activities. Online: www.federalregister.gov/documents/2020/07/17/2020-15646/the-presidents-executive-order-on-hong-kong-normalization. 路透社指出，到 2021 年底，依據《香港自治法》已經有 39 人被列入制裁名單。德國之聲中文網，2021 年 12 月 20 日，www.dw.com/zh/ 美國宣布依據香港自治法制裁中聯辦 5 名官員 /a-60206818

12. 〈中聯辦嚴厲譴責 香港反對派立法會初選，指欲「攬炒」並指已涉觸犯國安法〉，路透社，2020 年 7 月 14 日，www.reuters.com/article/ 中聯辦嚴厲譴責香港反對派立法會初選，指欲「攬炒」並已涉嫌觸犯國安法 -idCNL3S2EL01S

體現愛國愛港，是因為擔心外部敵對勢力干預香港事務，但新選舉制度實施後，引發更多國際關注和制裁，則消除境外干預的目標難以實現。例如，2022 年當選的新特首雖然被北京順利接納，但選舉結果卻在國際上引起爭議，甚至成為美國制裁的對象。這對特區未來發展和特首未來執政都會產生不利影響。[13] 香港政府施政效果不佳及香港國際聲譽下降則又會影響投資者對香港的信心 以及香港社會自身對香港前途的擔心甚至不滿。

由此可見，如何應對選舉中外部因素的影響才是香港選舉制度中始終存在的爭議性問題，也是香港選舉制度成敗的關鍵。

（二）影響香港選舉的域外因素

香港的選舉和政治發展不但有其內部生態，也受制於域外影響。香港本地傳統政治力量以建制派和泛民派兩大勢力為主，奉行中間道路的自由黨及後來的公民黨勢力較為薄弱。建制派和傳統泛民派的戰場主要是法院和立法會選舉。2014 年後，香港新生代政治力量崛起，他們與傳統泛民不同，開始轉向街頭政治和身份政治。[14] 這一變化與香港政治發展出現僵局有關，也與世界範圍內身份政治的興起有關。

在各種國際因素中，美國和英國對香港的影響最大，但兩者施加影響的基礎不同。英國對香港選舉和政治發展的影響基於其殖民歷史和制度傳承。英國對香港進行了長達 150 年的殖民統治，對香港的經濟制度、政治制度和政府管理影響深遠。[15]《中英聯合聲明》和《基本法》

---

13. 吳永健：〈李家超要「對外說好香港故事」分析：制裁下寸步難行〉,《希望之聲》，2022 年 7 月 8 日。https://m.soundofhope.org/post/635654

14. See generally, Lam-Chong Ip, *Hong Kong's New Identity Politics: Longing for Local in the Shadow of China* (London: Routledge, 2019). See also Malte Philipp Kaeding, "The Rise of 'Localism' in Hong Kong", *Journal of Democracy*, (2017), vol. 28(1), p. 157.

15. See generally Steve Tsang, *Governing Hong Kong: Administrative Officers from the Nineteenth Century to the Handover to China, 1862–1997*, Hong Kong University Press, 2007.

都承認英國在香港的利益，[16]並基本保留了英國在香港統治的政府組織模式，包括強勢行政首長制、公務員中立制度、自由放任式市場管理、獨立政府監督機構、立法會功能選舉和直接選舉混合制、司法獨立等，都沿襲了英國在港統治期間的制度。英國在香港的政治遺產十分豐富，是英國對香港有效管治的基礎。香港回歸後，這些政治遺產使得英國仍然能夠對香港保持直接或潛移默化的影響。

美國的情況與英國有所不同。美國與英國一樣，在香港有重大的經濟利益。但更重要的是，美國作為 1990 年蘇聯解體後唯一的超級大國和世界員警，認為其在香港也有維護地緣政治安全的利益考量和維護地區自由與促進地區民主化的利益。美國與英國影響香港政治過程的另一個不同之處是，美國的關切和主張不是基於《基本法》或政府間的協議表達，而是美國的單邊行為。換言之，美國對香港的影響主要源於其作為唯一超級強權的實力和地位。

除了英國和美國的影響外，《基本法》也賦予其他擁有香港永久居留權的外籍人士在香港參政的權力。其中包括：擁有香港永久居民身份的外籍人士可以當選立法會議員、高級政府官員（主要官員除外），法官（首席法官和高等法院院長除外）等。這使得一些其他國家或地區可能因為其國民擁有香港長期居留權而成為利益相關方。

---

16. 例如，《中英聯合聲明》第 4 條第 4 項規定，「香港特別行政區政府由當地人組成。行政長官在當地通過選舉或協商產生，由中央人民政府任命。主要官員由香港特別行政區行政長官提名，報中央人民政府任命。原在香港各政府部門任職的中外籍公務、警務人員可以留用。香港特別行政區各政府部門可以聘請英籍人士或其他外籍人士擔任顧問或某些公職。」第九項規定，「香港特別行政區可同聯合王國和其他國家建立互利的經濟關係。聯合王國和其他國家在香港的經濟利益將得到照顧。」《香港基本法》第 101 條規定，香港特別行政區政府可任用原香港公務人員中的或持有香港特別行政區永久性居民身份證的英籍和其他外籍人士擔任政府部門的各級公務人員，但下列各職級的官員必須由在外國無居留權的香港特別行政區永久性居民中的中國公民擔任：各司司長、副司長，各局局長，廉政專員，審計署署長，警務處處長，入境事務處處長，海關關長。香港特別行政區政府還可聘請英籍和其他外籍人士擔任政府部門的顧問，必要時並可從香港特別行政區以外聘請合格人員擔任政府部門的專門和技術職務。上述外籍人士只能以個人身份受聘，對香港特別行政區政府負責。

　　對於香港而言，中國也是影響香港選舉和政治發展的域外因素。香港作為中國的一個特別行政區，根據「一國兩制」方針政策實行與中國內地不同的政治、經濟和法律制度，包括選舉制度。因此，香港雖然是中國的一部分，但中國對於香港來說，也屬於域外因素。根據《憲法》與《基本法》，香港選舉制度和中國其他地區選舉制度不同，但兩者之間存在一定聯繫。全國人大中有香港代表團成員，全國人大和全國人大常委會有權通過立法、決定和解釋等影響香港選舉制度。其中比較重要的內容包括：全國人大常委會可以審查香港本地立法，並且可以發回的形式否定該立法的效力（《基本法》第 17 條）；全國人大常委會擁有對《基本法》的最終解釋權（《基本法》第 158 條）；全國人大常委會可以修改《基本法》並增減《基本法》附件一和附件二有關行政長官和立法會選舉的內容；全國人大常委會有權增減《基本法》附件三有關在香港實施的全國性法律的內容。除了全國人大常委會外，國務院作為中央人民政府決定主要官員的任命，中國在香港設立駐軍、外交部在香港辦公室以及中央人民政府香港聯絡辦公室，分別處理涉及香港國防、外交等等不同事項。

　　2021 年新選舉制度改革之前，北京並未充分行使其權力，對香港選舉一度保持較為克制的態度，[17]並在 1997–2012 年間逐步擴大了立法會中直接選舉產生的立法會議員的名額。但隨着香港政治對立和街頭政治的濫觴，北京開始對香港選舉過程施加更多影響。其中包括但不限於：2014 年 8 月 31 日，中國人大常委會通過《全國人大常委會關於香港行政長官普選問題和 2016 年立法會產生辦法的決定》（即「人大 8·31 決定」），規定了 2017 年行政長官選舉普選的條件。「人大 831 決定」備受爭議，並成為 2014 年雨傘運動的直接導火線。2016 年全國人大常委會通過《關於〈中華人民共和國香港特別行政區基本法〉第 104 條的解釋》，即有關宣誓條款的解釋。[18]其後，數位就職宣誓時含糊其辭或

17. Ngok, Ma, "The China Factor in HongKong Elections", *China Perspectives*, 2017, pp. 17–26.
18. 2016 年 11 月 7 日第十二屆全國人民代表大會常務委員會第二十四次會議通過。

刻意玩弄語句拒絕承認中國對香港的主權的反建制派議員的議員資格被取消。[19]2020 年全國人大常委會通過《國家安全法》，取消因國家安全犯罪人士參加選舉和擔任公職的資格。[20]同年 11 月，全國人大常委會通過《香港特別行政區立法會議員資格問題的決定》，[21]規定主張港獨、「拒絕承認國家對香港擁有並行使主權、尋求外國或者境外勢力干預香港特別行政區事務」的立法會議員喪失資格。其後，數位反建制派議員喪失議員資格。[22]

2021 年的新選舉制度的規定最為直接地表明內地影響香港選舉的決心，尤其表現在如下四方面：一是增設國家利益界別，從而增加了功能組別選舉產生的議員在立法會中的名額。二是收窄和重定選民基礎，縮減了直接選舉產生的議員在立法會中的名額。三是加強選舉委員會的功能，使其對立法會議員當選發揮更大功能。四是增設提名要求，要求候選人獲得全部五大界別提名。[23]新選舉制度實施後初見成效。2021 年特別行政區行政長官選舉時，由於候選人資格審查要求嚴格，此次特首選舉僅有一位候選人並最終以無差額選舉當選。

---

19. 有關立法會議員宣誓風波前後，參見 34. 朱含、陳弘毅：〈2016 年香港立法會選舉及宣誓風波法律評析——歷史和比較法的視角〉，載於《法學評論》，2017 年第 4 期，第 24–37 頁。For court decisions, see *The Chief Executive of the HKSAR and Another v. The President of the Legislative Council.* 一審 HCAL 185/2016, 上訴 CACV 224/2016, Reported in: [2017], 1 HKLRD p. 460.

20. 《港區國安法》第 35 條規定，任何人經法院判決犯危害國家安全罪行的，即喪失作為候選人參加香港特別行政區舉行的立法會、區議會選舉或者出任香港特別行政區任何公職或者行政長官選舉委員會委員的資格；曾經宣誓或者聲明擁護中華人民共和國香港特別行政區基本法、效忠中華人民共和國香港特別行政區的立法會議員、政府官員及公務人員、行政會議成員、法官及其他司法人員、區議員，即時喪失該等職務，並喪失參選或者出任上述職務的資格。前款規定資格或者職務的喪失，由負責組織、管理有關選舉或者公職任免的機構宣布。

21. 2020 年 11 月 11 日第十三屆全國人民代表大會常務委員會第二十三次會議通過。

22. 香港特區政府宣布 4 名反對派立法會議員喪失議員資格，新華網，2020 年 11 月 11 日，www.xinhuanet.com/2020-11/11/c_1126726078.htm

23. 張炳良：〈香港特區新選舉制度下管治體制邏輯與權力倫理之變〉，文章來自 2022 年 6 月 24 日「香港新選舉制度：憲法、制度與國際的視角」會議資料，未公開發表；有關新選舉制度實施後選舉委員會的變化，參見何君志：〈新選制中選舉委員會的變化〉，文章來自 2022 年 6 月 24 日「香港新選舉制度：憲法、制度與國際的視角」會議資料，未公開發表。

問題是，新選舉制度雖然促成了「愛國愛港」候選人當選，香港內部政治對立問題並未解決，對香港選舉的域外影響問題依然存在。如上所述，這些域外影響的形成或者直接源於《基本法》，或者源於具有強勢話語權的國際勢力。這既是香港選舉制度的現實，也是香港選舉制度具有複雜性的原因。鑒於消除域外影響或境外影響已經成為各國選舉法中共同面對的問題，尤其是在全球化和網絡化的背景下，跨國機構和互聯網輿論的影響力與日俱增，如何防止域外勢力操控或不當影響本地政治的問題尤其迫切。因此，研究不同地區的相關制度和立法，不但有助於促進比較法和比較政治制度研究，也有積極的現實意義。

三、選舉過程中域外影響的約束：香港與其他地區的比較

（一）比較研究的內容和框架

　　選舉是現代民主制度的基礎，諾貝爾經濟學獎獲得者布坎南將選舉安排視為「同意的計算」[24]，因為不同選舉資格和選舉程序決定了哪些候選人可以當選，而不同候選人則代表不同政治意願。自由社會具有開放性，但選舉往往具有地方政治屬性。無論國家層面的選舉還是區域範圍內的選舉，理想的選舉制度是選舉產生國家範圍內或區域內選民意志和利益的代表。境外勢力的介入往往意味着選舉結果受到境外利益的影響或操控，從而不能反映本地真實民意甚至危害本地利益。由於選舉制度的這一屬性，即使是自由民主國家，也通常限制境外勢力介入選舉過程。

　　出乎意料的是，儘管各國都擔心並反對境外勢力影響本地選舉結果，有關這一問題的系統性研究卻很少，比較研究更加有限。其中，Powell 有關選舉獻金制度的分析和比較屬於這一領域較早的專門研究，

24.【美】布坎南、塔洛克，《同意的計算》，陳光金譯，中國社會科學出版社，2000 年。

也為本文提供了重要的文獻來源和國別研究基礎。[25]該文的研究重點是美國，同時也對加拿大、英國、日本、印度、南非等國家限制域外選舉獻金的規定進行了比較分析。由於這一研究與本文直接相關，也因為除了日本外，該文研究的對象都屬於普通法地區甚至都有英國殖民統治歷史，所以本文在考察不同國家的規定時，也選取了上述國家。該文發表於 1996 年，其中有關各國政治獻金的規定很多已經發生變化。本文在此基礎上進行了更新和擴展並盡可能採用了公開管道能夠獲得的最新立法和數據，並將域外影響因素從政治獻金擴展到其他領域。其目的是希望新的研究與既有研究之間能夠保持一定的延續性，甚至形成一種超時空對話。需要指出的是，受立法語言和檢索方法限制，本文僅更新了能夠搜集到的英文版立法，有些規定和數據無法保證是最新的內容。如果出現因數據陳舊帶來的不足，希望未來能夠通過國際合作以及改進檢索方法等途徑彌補缺陷。

　　除了系統的比較研究外，基於國家的研究也很重要。通過這些研究可以發現，限制境外干預選舉的相關立法大致經歷了三個階段：以身份限制為主的傳統選舉法、以利益集團為關切的現代選舉法，以及以資訊操控為關切的當代選舉法。傳統選舉法主要通過限制選舉人國籍、出生地、居住期限和經常居住地址等方式進行限制。20 世紀 60 年代以來，隨着制度經濟學和公共選擇理論的發展，政治過程中利益集團的作用受到特別關注，選舉法對個人與公司政治獻金數額和用途的限制，以及立法對政治遊說的規定反映出這一趨勢。[26]21 世紀以來，全球化和跨國公司的出現對選舉制度提出了新的挑戰，因為個人和企

---

25. Powell, Jeffrey K., "Prohibitions on Campaign Contributions from Foreign Sources: Questioning their Justification in a Global Interdependent Economy", *University of Pennsylvania Journal of International Economic Law*, vol. 17, no. 3, 1996, p. 957.

26. Powell, Jeffrey K., "Prohibitions on Campaign Contributions from Foreign Sources: Questioning their Justification in a Global Interdependent Economy", *University of Pennsylvania Journal of International Economic Law*, vol. 17, no. 3, 1996, p. 957. For a recent study, see "Election Law - Limits on Political Spending by Foreign Entities - Alaska Prohibits Spending on Local Elections by Foreign-Influenced Corporations", *Harvard Law Review*, vol. 132, no. 8, 2019, p. 2402.

業的國籍邊界變得難以界定。互聯網企業、尤其是臉書、谷歌等社交媒體及資訊搜索平台的出現，不但超越了傳統立法有關國家邊界的物理想像，也使得境外影響變得更加難以界定和約束。其中，掌握大數據並基於人工智慧分析的超級互聯網平台企業，例如谷歌和臉書等通過精準推送影響美國選舉。[27]並最終因 2016 年美國總統大選暴露出境外勢力運用大數據分析有針對性地影響選舉結果的醜聞。其後，美國展開對應用互聯網技術和大數據分析產生的政治干擾和政治滲透的調查並開始進行立法約束。[28]

　　基於對既有研究和相關立法的梳理，本文決定選取七方面因素對香港與其他地區限制域外影響的選舉制度或立法進行比較和分析。這七方面因素包括：（1）國籍限制。主要內容是比較選舉法或其他立法是否限制選舉人和被選舉人的國籍。（2）居住地限制。主要內容是比較相關法律是否限制選舉人和被選舉人參選或投票時的居住地。（3）政治獻金來源限制。主要內容是比較立法是否限制個人與公司對參選人或政黨的政治獻金。（4）遊說登記限制。主要內容是比較立法是否要求遊說機構進行登記並公開遊說者與決策者或議員會面的相關內容。（5）互聯網數據獲取和利用審查。主要內容是比較國家是否存在通過立法限制境外企業獲取及利用大數據影響政治過程的立法和規定。（6）選舉人和被選舉人政治認同審查。主要內容是比較立法中對特定信仰、政治傾向與政治身份的限制。（7）其他限制域外政治影響的規定，例如一般性地反顛覆、反滲透和反破壞選舉規定或立法。

---

27. See generally Zuboff, Shoshana, and EBSCOhost, "The Age of Surveillance Capitalism: The Fight for a Human Future at the New Frontier of Power", *Social Forces*, vol. 98, no. 2, 2019, pp. 461–492.

28. "General International and U.S. Foreign Relations Law: 'Government Agencies and Private Companies Undertake Actions to Limit the Impact of Foreign Influence and Interference in the 2020 U.S. Election'", *The American Journal of International Law*, vol. 115, no. 2, 2021, pp. 309–317.

（二）如何約束選舉中的境外影響：香港有何不同

　　首先，對多國選舉法和選舉制度的研究表明，國籍和居住地限制仍然是限制境外因素影響本地選舉的主要方式。例如，Pew 2020 年的調查顯示，各國基本都將代議機構和行政首長的選舉權與被選舉權限定於國民。[29] 這一點與香港的情況截然不同。雖然行政長官和立法會主席需要擁有中國籍並無國外居留權，但香港一般公職人員包括高級公職人員和 20% 的立法會成員都不受此限制。上文對此有專門說明，這裏不再贅述。

　　第二，Pew 的調查也顯示，多數國家和地區對境外居住的選民投票選舉立法會成員和總統的居住地、居住年限與遠程投票有專門規定或限制。[30] 香港與此不同。香港雖然要求選舉人為永久居民，但除了特別行政區行政長官和特別行政區的主要官員外，候選人在香港沒有居留時間限制。對選舉人也無居留時間限制。

　　第三，各國普遍限制境外個人提供選舉政治獻金。但對於境外企業提供政治獻金的規定則不一而足。[31] 美國法律對境外政治獻金一直持

---

29. Shannon Schumacher And Aidan Connaughton, "From voter registration to mail-in ballots, how do countries around the world run their elections?" Online: www.pewresearch.org/fact-tank/2020/10/30/from-voter-registration-to-mail-in-ballots-how-do-countries-around-the-world-run-their-elections/

30. 同上引。

31. For a discussion of scope of limit for foreign spending in campaign finance, see Piaker, Zachary J., "Can 'love' be a Crime? The Scope of the Foreign National Spending Ban in Campaign Finance Law", *Columbia Law Review*, vol. 118, no. 6, 2018, pp. 1857–1900. See also "Election Law – Limits on Political Spending by Foreign Entities – Alaska Prohibits Spending on Local Elections by Foreign-Influenced Corporations", *Harvard Law Review*, vol. 132, no. 8, 2019, p. 2402.

否定態度，特別是對境外個人的政治獻金，有明確限制。加拿大選舉法【32】、英國【33】、印度【34】、日本【35】、南非【36】等國也有類似規定。

香港的選舉法與此不同。香港雖然規定了選舉開支申報，但對政治捐贈的來源沒有限制。香港《選舉開支及接受選舉捐贈之申報書及聲明書指南》及《選舉（舞弊及非法行為）條例》強調公開來源，但其重點在於限制非法使用與侵佔。《港區國安法》中的相關條款有可能被延伸理解為對接受境外政治獻金的刑事追責。問題是，如果香港不限制外籍人士參選和投票，如何認定哪些境外資金屬於非法？目前的作法似乎以境外機構是否被列入「敵對勢力」為依據。但「敵對勢力」不是一個法律概念，認定「敵對勢力」的機構理論上也不屬於在港行使職權的機構，容易成為爭議的對象。

第四，遊說登記制度最早由美國立法確立。美國 1938 年《外國代理人註冊法》（FARA）【37】要求駐美外國機構進行登記，也要求任何代表外國委托人的外國代理人或說客在美國註冊。司法部需提交詳細的公開披露。這些報告包括根據《遊說披露法》提交給國會的更詳細的遊說報告中沒有的資訊，例如與遊說者有聯繫的美國官員的姓名以及廣

32. See Canada *Election Modernization Act,* online: https://laws-lois.justice.gc.ca/eng/annualstatutes/2018_31/page-1.html

33. *UK Political Parties, Elections and Referendums Act 2000*, especially Article, 54, 62, 130.

34. *India The Foreign Contribution (Regulation) Act 2010.*

35. *Japan Political Funds Control Act 1948* (as amended by Act No. 69 of 2014).

36. *South Africa The Political Party Funding Act 2018.*

37. Savrin, Daniel S. "Curtailing Foreign Financial Participation in Domestic Elections: A Proposal to Reform the Federal Election Campaign Act", *Virginia Journal of International Law*, vol. 28, no. 3, 1988, p. 783. Stating that by amendment, first to the *Foreign Agents Registration Act* (FARA)' and, later, to the *Federal Election Campaign Act* (FECA), the United States has sought to inhibit campaign contributions and expenditures by foreign interests.

告、新聞稿或傳單等傳播材料的副本。[38]加拿大[39]、英國[40]都有類似規定。日本沒有專門立法，但議會對利益集團政治遊說有一些規定和限制。[41]印度[42]和南非[43]也沒有政治遊說相關立法，而這也成為兩個地區政治腐敗和政治滲透的來源。

令人難以置信的是，雖然香港的政治遊說實際上非常活躍，[44]但香港竟然沒有遊說登記立法。所以會出現香港政府及其代理人在美國的遊說活動被第一時間報道及評論，[45]但香港卻並不掌握其他國家或地區在本地政治遊說的資訊不對稱局面。

第五，隨着資訊科技的發展，通過社交媒體傳播不實資訊以及利用大數據影響選舉正逐漸引發立法者的關注。但社交媒體和互聯網企業不同於傳統跨國企業，其無處不在但地理屬性卻不太鮮明。對互聯網企業、尤其社交媒體類互聯網企業的管理已經成為各國普遍面對的挑戰。在美國，社交媒體不屬於法律意義上的大眾傳媒，從而無需

---

38. For more general information about the enforcement of FARA, see www.opensecrets.org/news/2018/08/foreign-interests-fara-lobby-watch-exclusive/. For an example of using the registration information to study foreign lobbying activities, see Liu, Huchen. "Campaign Contributions and Access to Congressional Offices: Patterns in Foreign Lobbying Data", *Political Research Quarterly*, vol. 75, no. 3, 2022; 2021, pp. 812–828.

39. *Canada Lobbying Act* (R.S.C., 1985, c. 44 (4th Supp.), last amended in 2022).

40. *UK Transparency of Lobbying, Non-Party Campaigning and Trade Union Administration Act 2014*

41. For Japan's lobbying regulations, see Hrebenar, Ronald J., et al. "Lobby Regulation in the Japanese Diet", *Parliamentary Affairs*, vol. 51, no. 4, Oct. 1998, p. 551.

42. Dhawal Srivastava, "All About Lobbying In India With Reference To Other Countries", online: https://blog.ipleaders.in/all-about-lobbying-in-india-with-reference-to-other-countries/

43. For a general critique of political lobbying in South Africa, see Bell Pottinger, "The Perils of Lobbying in Africa", online: www.economist.com/middle-east-and-africa/2017/07/29/the-perils-of-lobbying-in-africa

44. Ngok, Ma, "The Making of a Corporatist State in Hong Kong: The Road to Sectoral Intervention", *Journal of Contemporary Asia*, vol. 46, no. 2, 2016, pp. 247–266.

45. Selina Cheng, "Exclusive: Inside The Hong Kong Govt's Multi-Million Dollar US Lobbying Operation", *Hong Kong Free Press*, 2021-4-19. Online: https://hongkongfp.com/2021/04/19/inside-hong-kong-govts-multi-million-dollar-lobbying-operation-on-capitol-hill/.

為平台使用者發布的內容負責。而平台使用者作為資訊發布者，其內容又受到憲法言論自由權的保證。目前美國主要試圖通過反壟斷法對社交媒體進行規制，但效果並不明顯。美國 2016 年總統大選中，有關政治勢力通過臉書大數據分析影響選舉過程，最終導致希拉蕊敗選而川普當選。[46]加拿大以此為訓，通過《選舉現代化法》(*Elections Modernization Act*)，明確禁止任何外國人及外國實體對加拿大選舉施加不當影響。加拿大自由黨政府還於 2021 年通過了《重點選舉事件公開守則》(*Critical Election Incident Public Protocol*, CEIPP)，鼓勵公眾告知候選人、選舉組織或選舉官員其是否受到不當外部勢力影響。此外，加拿大政府也敦促社交媒體公司自願簽署一項「誠信選舉宣言」(Declaration on Election Integrity)，承諾維護選舉信用。上述規定有的不屬於立法，但具有「軟法」的屬性。[47]這些立法的實際效果有待檢驗，但有助於提高個人、組織和企業的社會責任感和對外部勢力影響選舉的警覺性。例如，2021 年加拿大聯邦大選後，保守黨指責中國政府干預選舉並導致其失去多達九個議席。隸屬加拿大外交部的快速應對機制藉此展開調查，對微信、抖音、微博、西瓜、嗶哩嗶哩等華裔常用社交媒體進行實時監控。[48]

香港可選擇使用的社交媒體非常豐富，社交媒體在香港 2014 年後的政治運動、包括 2019 年的反逃犯條例運動及其後的政治運動中都發

46. Zuboff, Shoshana, "Surveillance Capitalism and the Challenge of Collective Action", *New Labor Forum*, vol. 28, no. 1, Jan. 2019, pp. 10–29.

47. "CSIS Officials Briefed Vancouver Mayor on foreign Election Interference", online: https://vancouversun.com/news/local-news/csis-officials-briefed-vancouver-mayor-on-foreign-election-interference.

48. "China May Have Tried To Discourage Canadians From Voting Conservative In 2021 Election: Federal Analysis", https://nationalpost.com/news/politics/beijing-may-have-tried-to-discourage-canadians-from-voting-conservative-federal-unit-2?r

揮了巨大作用。[49]但社交媒體既可以用於動員和組織社會運動，也有可能成為資訊操控的平台。[50]由於香港目前對社交媒體類平台企業的社會責任沒有規定。如何權衡社交媒體在資訊傳播中的積極作用和消極作用，是未來立法者應當考慮的問題。

第六，多數國家對選舉人和被選舉人的政治傾向和政黨身份持開放態度。但由於歷史原因，歐洲國家普遍限制納粹黨團或認定其違法。美國從一戰後到 20 世紀 70 年代，國會非美委員會對選舉人和候選人進行政治審查，尤其是對具有共產黨嫌疑的公職人員進行審查。[51]20 世紀 60 年代以後，美國對《憲法》中言論自由條款的解釋發生重大轉向，《憲法》原則上不支持對選舉人和候選人進行政治審查的立法。[52]美國近年民粹主義抬頭，政治對立和社會撕裂問題成為困擾美國民主的一大難題。民意調查顯示，美國對法律是否應當允許民眾表達包含暴

49. Silvia Frosina, "Digital Revolution: How Social Media Shaped the 2019 Hong Kong Protests", 2021-6-09, online: www.ispionline.it/en/pubblicazione/digital-revolution-how-social-media-shaped-2019-hong-kong-protests-30756. See also, Ting, TY, "Everyday Networked Activism In Hong Kong's Umbrella Movement: Expanding On Contemporary Practice Theory To Understand Activist Digital Media Usages", *International Journal of Communication*. (2019) vol. 13: pp. 3250–3269. For more information, see Usage of social media in the 2019–2020 Hong Kong protests online: https://en.m.wikipedia.org/wiki/Usage_of_social_media_in_the_2019–2020_Hong_Kong_protests

50. Shao, Grace, "Social Media Has Become A Battleground In Hong Kong's Protests", CNBC. www.cnbc.com/2019/08/16/social-media-has-become-a-battleground-in-hong-kongs-protests.html. Retrieved 2022-09-30. See also "Digital Media Fuel Global Protests But Can Be Used Against Them", in *Economist*, online: www.economist.com/international/2021/01/16/digital-media-fuel-global-protests-but-can-be-used-against-them.

51. For the history of the House Un-American Activities Committee, see https://en.m.wikipedia.org/wiki/House_Un-American_Activities_Committee.

52. 美國《憲法》雖然一直強調言論自由，但對涉及共產主義等「危險言論」（實際上屬於意識形態類言論）的放開則是 20 世紀 60 年代之後。其中最重要的案件之一就是美國最高法院於 1969 年判決的 *Brandenburg v. Ohio*, 395 U.S. 444. 不過，按美國判例法，至今州律師協會仍然可以要求申請擔任執業律師的人説明其是否具有共產黨員身份。參見 *Konigsberg v. State Bar*, 366 U.S. 36 (1961)。（法院認為，州律師協會不得簡單以共產主義信仰為由拒絕申請人成為執業律師，但申請人也不得拒絕回答律師協會有關其是否具有共產黨員身份的提問。）

力、仇恨和種族主義等極端言論的認識也是分裂的。[53]這在一定程度上提出一個警示和問題，就是如何既開放言論自由又能促進社會共識而非社會撕裂的問題。[54]

在有關「一國兩制」的政策表述中，「愛國愛港」一直是北京對香港政府官員和立法會成員的政治期待。[55]2021年新選舉制度首次明確將「確保愛國愛港者治港」、「確保以愛國者為主體的『港人治港』」作為選舉的目標寫入全國人大常委會的決定中，並通過選舉委員會的組成、立法會組成和候選人提名等安排和程序予以落實。這一發展與美國眾議院非美活動調查委員會的式微形成了鮮明對比。

第七，各國防止境外勢力干預選舉過程的立法不限於選舉法。例如，通過國家安全法對境外政治滲透和顛覆追究刑事責任是比較常見的規定。但隨着言論自由和政治參與權意識提高，國家安全立法對本國人民的限制需要與政治言論自由相平衡甚至以言論自由為重。值得注意的是，隨着經濟全球化帶來的政治影響，美國、加拿大等國家對境外投資本國的產業領域進行限制，以防範境外勢力通過經濟操控、文化傳媒及互聯網社交傳媒影響或操控本國政治過程，包括選舉過程。這一問題不是本文研究的主要內容，這裏不再一一列舉各國的情況。

---

53. Emily Ekins, "The State of Free Speech and Tolerance in America", online:t www.cato.org/survey-reports/state-free-speech-tolerance-america.

54. Orazani, S. N., Wohl, M. J. A., & Leidner, B. (2020). "Perceived Normalization of Radical Ideologies and Its Effect on Political Tolerance and Support for Freedom of Speech", *Group Processes & Intergroup Relations*, vol. 23(8), pp. 1150–1170. https://doi.org/10.1177/1368430220943265.

55. 一般認為，關於港人治港中的港人需要「愛國愛港」來自鄧小平1984年6月22和23日分別會見香港工商界訪京團和香港知名人士鍾士元等的談話。此後，在各種官方表述中一直都延續了「愛國愛港」這一用語。2021年1月國家主席習近平在北京以視頻聯繫方式聽取香港特首林鄭月娥年度述職報告時，提出了「愛國者治港」這一表述。新華時評：堅決落實「愛國者治港」確保「一國兩制」行穩致遠，www.xinhuanet.com/politics/2021-01/31/c_1127047646.htm。

　　與本文所研究的國家相比，香港通過選舉法之外的經濟立法和其他防範境外干預的措施也比較缺乏。香港 1997 年回歸後，長期未能制定國家安全法以應對外部干預。2020 年《港區國安法》通過後，香港媒體和反建制派而非境外機構和組織成為主要刑事檢控對象，在香港內外均引發爭議。在投資和產業政策方面，香港目前對境外在香港的投資領域沒有限制，這也意味着香港在應對來自網絡或社交媒體的虛假資訊或資訊戰時，防範能力會比較弱。

　　總結而言，比較研究發現，對選舉中域外影響的法律約束主要體現在身份約束、居住地約束、競選獻金約束、政治遊說登記、資訊傳播約束、個人政治信仰約束、國家安全立法約束等方面。從國際比較來看，相關制度約束也呈現出客觀到主觀、由立法普及度高到立法普及度低的特徵。但香港的情況似乎反其道而行之，對選民和候選人的國籍和居住地約束程度較低，對政治身份要求較高，對各國普遍規定的政治獻金來源、政治遊說登記等完全沒有規定。應該說，比較研究揭示出香港選舉制度的真空和薄弱之處，也有助於理解為什麼相關立法容易成為被批評的對象。

四、總結與政策建議

　　本文研究香港新選舉制度中的域外影響因素及其法律約束。這一問題之所以重要，是因為香港選舉制度的真正問題是如何解決 2019 年以來香港政府的管治危機，恢復社會共識與對香港的信心。由於香港選舉不但受制於本地政治生態，也受到國家管控和國際影響，即使通過新選舉制度將「愛國愛港」人士當選設為目標，也只能解決當前的選舉問題。從長期來看，政治資格審查對於消除境外干預並促進政治和解的作用有限。由於現代國家都面臨如何有效防止與消除境外勢力干預國家或地方選舉的問題，本文選取了美國、英國、加拿大、日本、印度、南非等國家，從國籍身份、居留時間、競選捐獻、政治遊說

登記、互聯網社交媒體管理、候選人政治傾向審查、國家安全與經濟安全立法等方面對不同國家和地區限制境外勢力影響選舉過程的制度進行了分析和比較，從而發現香港現行選舉制度中的真空地帶和薄弱環節。

研究發現，香港的選舉制度與多數國家相比，解決選舉中的域外影響問題的策略和制度差異巨大。香港對候選人的國籍和居住地沒有限制或規定比較寬鬆，但對競選捐贈、政治遊說登記、互聯網媒體管理等缺乏規定。與此相對，其他國家的選舉法通常限制外籍人士的選舉權和被選舉權，同時禁止外籍人士進行競選捐贈或通過其他管道，尤其是互聯網社交媒體等對選舉過程施加影響。香港與其他國家選舉制度之間的差異與《基本法》賦予外籍人士選舉權和被選舉權有關，這導致香港可能面臨難以區分哪些競選獻金屬於外籍人士合法選舉所需，哪些屬於境外勢力意圖操縱香港選舉的投入。但至少從目前有關選舉制度改革的討論來看，無論競選捐贈還是遊說登記，都未能納入立法討論範圍。相反，「愛國愛港」雖然看上去旗幟鮮明，但其屬於政治概念而非法律概念，缺乏法律上的客觀標準。通過提名委員會篩選等程序雖然有助於審查的制度化，但也會產生選舉結果向既得利益者和建制派傾斜的批評，並進一步導致香港政治兩極分化，不利於政治和解。

既然各國都希望對境外勢力干涉本地選舉過程進行限制，為什麼香港的新選舉制度引發了更多批評？這其中不乏雙重標準或因資訊不充分帶來的誤解，但一定程度上也源於香港選舉改革所採取的方案與其他國家或地區立法內容大相徑庭。在已知存在國際通用並且行之有效的立法和制度前提下，香港政府應當考慮借鑒。值得一提的是，香港的選舉確實存在複雜性，需要在中國的主權要求、香港的法治傳統與一般國際的通行準則之間尋找平衡點，也需要在香港社會共識、中國國家認同和國際社會認同三者之間尋求最大公約數。這就意味着，香港管控選舉中域外影響制度的成功，需要得到中國的理解和支持。如果香港的「一國兩制」帶來香港問題國際化甚至公投獨立的擔心，可

以料想中國將不惜利用其立法權和解釋權強調國家主權及削弱香港地區的政治自主權。但這只是極端情況。北京應當認識到，港人對「一國兩制」、「港人治港」認同程度很高。如果香港的民主進程能夠繼續，香港社會對「一國兩制」方針政策的信心也會增強；包括香港的反建制派。因為香港與台灣不同，香港反對派擁護基本法和一國兩制，台灣主要政黨對一國兩制尚未建立共識。因此，中央政府應當鼓勵政治對話而非政治對峙。通過政治對話促成共識，包括利益置換。近年來，由於香港政治發展受阻，中國對香港泛民及反對派的政治敘事有施密特鬥爭哲學的傾向。作為中央政府，這種敘事方式不符合中國的國家利益。政治鬥爭是政治關係的一個側面，政治合作與政治利益置換也是政治關係的一個側面。如果政治的本質真如施密特所言只是對立，那麼無論國內政治還是國際政治就都無法實現雙贏而只能是零和博弈了。競爭不可或缺，但如何共存才是智慧。無論對香港建制派、香港泛民主派，中央政府最大的成就應當是成為居中的國家權威而非成為一方的對立面。

第五章

易於達成的「民主」
—— 香港市政局選舉與港府對改革的因應
（1952–1982）

丁小童

南京大學歷史學院碩士研究生

孫揚

南京大學歷史學院副教授

一般認為，以代議制選舉為標誌的香港民主化進程從 20 世紀 80 年代起始。然而，就選舉這一活動本身而言，香港在 1982 年設立區議會並進行首次區議員選舉之前，已經有一項選舉持續了將近 100 年，即香港市政局（Urban Council）及其前身潔淨局（Sanitary Board）的議員選舉。市政局選舉在戰後 [1] 漸成氣候，從 1952 年恢復選舉至 1982 年政改前共舉行 18 次，1952–1957 年每年進行一次，1957 年後基本上每兩年進行一次。1973 年市政局改革，民選議員增至 12 名，這種情況一直維持到 80 年代初。[2]

既往有關市政局選舉的研究，主要源於兩個具有因果關聯的問題，一是英國統治下香港遲緩的政制改革，二是非民主管治下香港的

---

1. 本文中的「戰後」即第二次世界大戰結束之後之意，以下皆同。

2. 諾曼·J·邁因納斯：《香港的政府與政治》，伍秀珊，羅紹熙等譯，上海翻譯出版公司，1986 年，第 266 頁。

繁榮穩定。從 20 世紀 70 年代到香港回歸前後，學者們不約而同地探尋一個現象背後的原因：實行「活化石」般殖民統治的香港如何能夠在保持社會安定的同時實現經濟高速增長[3]？學界一般認為，市政局雖然是戰後香港政治架構中承接「民意」並與政府溝通的重要載體，不過，市民參與率低，選舉往往被視為政制改革擱淺後的權宜之計，而港英政府對非殖民化浪潮和民主化的因應一定程度投射在市政局選舉上。[4]

1952–1982 年間的香港市政局選舉很少受到學界重視，但它畢竟跨越 30 年，十餘萬人次參加投票，共計產生 31 名民選議員。作為港英政府在非殖民化浪潮中維持殖民統治的一環，市政局選舉不能簡單籠統地歸類於「新殖民主義統治手段」。更為重要的是，至少在 70 年代之前，香港還不能説是社會安定與經濟增長並存。起飛的製造業、頻仍的社會衝突、非民主的管治與有限的選舉共同構成一幅交錯糾結的歷

---

3. 強世功將劉兆佳的觀點概括為「仁慈獨裁制」，參見強世功：〈「行政吸納政治」的反思 —— 香江邊上的思考之一〉，《讀書》，2007 年第 9 期，第 3 頁。劉兆佳認為，香港的政制在戰後呈現出「官僚體系壟斷政治權力，却以執行自由放任經濟政策和社會不干預政策為信條，香港的政治領域與社會領域在涇渭分明的同時，保持最低限度的整合的特徵」。參見劉兆佳：《香港社會的政制改革》，中信出版社，2016 年，第 44–45 頁。金耀基認為，在面對華人佔人口大多數的香港社會狀況，港英政府拒絕實行代議制民主的同時，選擇將華人精英吸納進入香港的行政機體，形成「行政吸納政治」的政治結構。參見金耀基：〈行政吸納政治 —— 香港的政治模式〉，《中國政治與文化》（增訂版），牛津大學出版社（香港），2013 年，第 229–254 頁。威權體制下經濟增長的現象非香港獨有，學界討論亦包括「亞洲四小龍」其他的三個國家和地區。

4. 侯德利（Stephen Hoadley）揭示了市政局選舉實質上是一種沒有權力的政治遊戲，政治與經濟分離的狀況導致香港市民的低參與率。Stephen Hoadley, "Political Participation of Hong Kong Chinese: Patterns and Trends", *Asian Survey*, vol. 13, no. 6, 1973, pp. 604–616。邁樂文（Norman Miners，又譯「邁因納斯」）將市政局作為「地方政府」看待，認為市政局是「唯一既擁有民選議員，又能行使指揮一個政府部門工作的行政的政府機構」，但這種有限制的選舉以任何標準衡量都不是「民主的」。參見諾曼·J·邁因納斯：《香港的政府與政治》，第 265–283 頁。鄭宇碩認為，戰後第一代移民的「難民」心態、教育落後等社會文化因素是六七十年代的市政局選舉投票率低的原因之一。參見鄭宇碩：〈香港政治的現代化〉，鄭宇碩、雷競璿：《香港政治與選舉》，牛津大學出版社（香港），1995 年，第 38–46 頁。曾鋭生（Steve Tsang）、劉潤和指出 1952 年港英政府放棄政制改革，以增加市政局 2 席民選議員作為撫慰。參見 Steve Tsang, *Democracy Shelved: Great Britain, China, and Attempts at Constitutional Reform in Hong Kong, 1945–1952*, Hong Kong: Oxford University Press, 1995；劉潤和：《香港市議會史》，牛津大學出版社（香港），2002 年，第 90–91 頁。

史圖景。因此，本文旨在回到「歷史現場」，從選舉流程、候選人和選民狀況、改革訴求與港府因應等方面釐清經緯，以期將市政局選舉這塊「碎片」放回戰後香港政治生態版圖之中，探索港英政府如何運用這種易於達成的「民主」做到維繫殖民統治與回應社會訴求的平衡，從而達到其管治目的。

一、選舉流程：以「規範操作」表達「民主」

　　面對戰後非殖民化浪潮，英國仍在香港維持殖民統治，其管治手段卻一直在調整變化。市政局選舉作為市民參與現代城市治理體系的一環，至少在選舉流程上體現了一種賦予被統治者權力的「規範操作」。1952 年市政局選舉恢復後，組織和流程日臻完善，登記、投票、計票與公布等主要選舉實施要素在程序和規範性上逐漸發展成熟，選舉流程的設置呈現出一種「尊重」選民自主性的特徵。

　　除第一屆準備不夠周全，市政局選舉通常在選舉開始前一年開始籌備，首先進行的是選民登記工作。時間一般在選舉前一年的 2 月至 6 月間，新選民每兩年一次可申請登記。[5]負責選民編制的登記官會鼓勵有資格的選民參與登記，選民需要前往各區民政處、郵政局、新界理民府及各政府機關諮詢處等指定機構領取表格，使用中英文填寫均可，由有關機構編制選民登記冊。[6]關於選民登記的流程要求較為嚴格，在投票正式進行的時候需要嚴格核對選民本人與登記冊上的登記資訊。選舉當年，選舉前約兩周的時間內將會開始正式的候選人提名，有意參加競選者向相關部門提交申請，正式確定本年選舉的候選人。同時，人事登記部門向每一位參與登記的選民寄出投票通知，公布具體的投票日期。投票通知上印有選舉人登記號碼、姓名及所指定

---

5. 諾曼・J・邁因納斯：《香港的政府與政治》，第 269 頁。

6. 〈九龍城民政處月會 盼選民踴躍登記 明年選市局議員 有資格選民達廿三類之多〉，《華僑日報》，1970 年 2 月 25 日，第 9 版。

之投票站，選民前往投票時需攜帶。選民只能前往其指定的投票站參與選舉。[7]選舉臨近，候選人的準備活動也更加積極，他們往往更加頻繁地對市政事務發表觀點，宣傳自己及自己所在團體的政治主張。選舉開始前一周，各候選人以抽籤的形式確定順序，每日一人或兩人通過廣播發表政綱。[8]隨着電視推廣，競選資源豐富的候選人還會登上電視進行宣傳。[9]

港英政府對候選人的競選費用進行了限定。對於獨立競選人，登記選民有 25,000 名時，每個候選人最多可花費 5,000 元（港元，以下皆同）；在此基礎上每多一個人即多加二毫。比如，登記選民有 30,000 名，那麼費用為 6,000 元。對於聯合競選，兩人聯合競選則每人照此減少四分之一，三人及以上每人減少三分之一。在此之外，每個候選人有 1,000 元或以下作為與其經理人一起的活動費用。如超出競選費用，合議庭便會宣布競選無效；若有賄選等狀況，則會被檢控、起訴和罰款。[10]1972 年競選費用標準有所提高，至有 25,000 名登記選民時，每位候選人基礎費用為 8,000 元，超過 25,000 人的部分則每名選民增加競選費用三毫；兩位候選人聯合競選則基礎費用為每人 6,000 元，超過 25,000 人部分為每人二毫。支付代理人費用提高至 1,500 元。限制競選費用的目的是防止舞弊行為，貝納祺（Brook Bernacchi）就曾在 1957 年因競選費用超出限額而提出辭職，隨後在補選中重新當選。[11]

在選舉日當天，選民需携帶身份證明與投票通知前往預定好的投票站，投票站的設置與各地投票情況，詳見下表。

---

7. 〈市議員選舉選民三萬七 通知書今日寄出〉，《華僑日報》，1971 年 2 月 20 日，第 6 版。

8. 〈正式展開市議員競選 候選人廣播政綱 昨日在香港電台抽籤排定廣播次序〉，《華僑日報》，1959 年 2 月 24 日，第 5 版。

9. 〈公民協會五候選人發表服務工作綱要 今晚八時十分在中文電視廣播〉、〈港革新會五候選人 今晚出現英文電視〉，《華僑日報》，1967 年 5 月 29 日，第 7 版。

10. 〈競選市局議員有嚴格限制 不容易發生舞弊 當選市局議員陳子鈞大律師從競選費用來證實上述觀點〉，《工商晚報》，1969 年 3 月 24 日，第 4 版。

11. 〈競選費用超出限額 貝納祺請辭議員職 將再參加競選呈辭後之議席遺缺〉，《香港工商日報》，1957 年 3 月 30 日，第 5 版。

表5.1　1952–1981年歷次選舉投票站設置及投票情況

年份	港島 投票站數	港島 總票數	九龍 投票站數	九龍 總票數	新界 投票站數	新界 總票數
1952	1	3,368	—	—	—	—
1953	1	2,271	1	265	—	—
1954	1	1,887	1	1,070	—	—
1955	1	1,540	1	374	—	—
1956	1	5,338	1	710	—	—
1957	1	5,521	1	1,395	—	—
1959	1	5,354	1	1,882	—	—
1963	2	1,439	2	3,881	—	—
1965	3	4,097	2	2,375	—	—
1967	3	4,351	3	5,779	—	—
1969	3	3,496	4	4,692	—	—
1971	4	4,069	6	6,040	—	—
1973	4	3,195	6	5,480	—	—
1975	4	4,260	6	5,539	3	1,104
1977	4	2,834	6	3,628	3	846
1979	4	5,073	6	6,023	3	1,326
1981	4	2,572	6	2,564	3	706

資料來源：根據《華僑日報》《香港工商日報》《工商晚報》歷年相關報道整理

　　1975 年設立新界投票站之前，新界選民多前往港島或九龍進行登記和投票。1967 年之前港島投票數最多，至 1967 年，港九各設 3 處投票站，九龍投票站獲票總數首次超過港島，此後一直保持領先。投票站的設置情況根據香港、九龍及新界的投票數量而定，此外，民選議員等群體大力推動新界投票站的設立，旨在方便新界選民參加投票以提高投票數和投票率。

投票時間一開始為選舉當日的上午 8 時至下午 7 時，隨着民選議員人數增加和選舉規模擴大，投票延長至下午 8 時。選舉當天，助選活動達到高潮，各候選人的助選團提前一小時以上前往各個投票站，氣氛尤以大會堂等投票人數較多的投票站為熱烈。候選人及其所在團體的市政局議員也會前往投票站拉票，笑容滿面地與選民握手、交談，並在投票站外拉起宣傳條幅、分發宣傳品等。【12】隨着競選活動的發展，還發展出布置音響、安排舟車接送選民，並在車內張貼助選海報等拉票方式。不過，在選舉格外冷清的年份或選民人數稀少的投票站，也會出現助選人員多於選民的尷尬境況。【13】

助選活動均是在投票站外進行，投票站內禁止拍照、禁止與選民交談、禁止張貼助選海報條幅。選民進入投票站後，有侍應人員引導進入，選民根據自己姓氏的英文字母說出姓名，出示身份證等身份證明文件和投票通知，或者通過姓名與選民登記冊印證，以確定選民資格，之後發給選票。場所內設置數個獨立的小隔間供選民投票，無任何監視。選民可投的候選人數量上限由當年民選議員空缺席位數量決定，空餘五席則最多選擇五位候選人投票。選票上若留下身份資訊或其他特殊符號，則作廢，投票地點有監選官監督選舉進行。【14】

投票通常在下午八時結束，隨後各站投票箱運往同一投票點，大部分時候為香港大會堂站，九時開始計票，工作人員連夜完成票數統計工作，次日便公布各候選人得票數，由監選官正式公布當選議員。至此選舉工作完成。正式公布後，當選人會公開感謝選民並重申競選政綱，表示必將為市民服務的態度。

總體而言，市政局民選議員選舉流程刻意強調規範性，在選民資格、競選活動等方面有着較為嚴格的字面標準，以維護選民投票的自

---

12. 〈區達年及李有璿 蟬聯市政議員 昨日選舉到場投票四千餘人 區李各獲三千票崔治夫人千餘票〉，《香港工商日報》，1954 年 3 月 25 日，第 5 版。

13. 〈投票者冷冷清清 助選員多過選民〉，《香港工商日報》，1977 年 3 月 4 日，第 8 版。

14. 〈投票不記名，團選無監視 今日選舉市議員自由公正 政府辦理極為得當 選民可行真正意願〉，《華僑日報》，1971 年 3 月 3 日，第 5 版。

主性，彰顯對非殖民化的回應，似乎在程序設置上構建起一個「民主」視窗。然而，程序上的「民主」表像往往易於達成，英國對於選舉安排原本駕輕就熟，港英政府建立起一套看似公平的選舉流程自不困難。而且，市政局選舉結果本就無關政治權力變化，在健全選舉流程上，不需要港英政府付出多少代價，且幾乎不會傷害到英國殖民統治結構以及既得利益群體，推行阻力甚小。

　　事實上，一些流程所規定的內容往往無法落到實處，例如關於候選人競選費用的相關規定，並不如民選議員陳樹桓所說的「不容易發生舞弊」。據貝納祺 1974 年在市政局會議上所言，有的候選人會租賃交通工具請新界選民到港島投票、吃飯，費用均由候選人承擔。[15] 報紙亦有新聞佐證貝納祺的說法，記者采訪選民對市政局議員看法時，　些人甚至不知市政局議員是什麼，只是覺得可以免費乘坐私家車從新界到港島遊覽，自己只需要在選票上打「×」就可以。[16]

二、民選議員：傳統精英政治的延續

　　民選議員被認為是市民意志的代表，事實上 1982 年之前的民選議員仍舊接續的是英國「間接統治」傳統 ── 以華人精英充作港英政府與被統治者的仲介。19 世紀末開始，商紳階層成為華人精英的主體，他們往往兼任東華醫院總理、保良局局紳，逐漸發展成為政府與社會之間的「邊界角色」。由此，華人精英被港英政府吸納進入管治體系，成為立法局、行政局及市政局議員。[17] 戰後華人精英範圍擴大至醫生、律師等專業人士。表面上看，民選議員由於通過選舉進入市政局，他們

---

15. 《市政局會議錄》，1974 年 2 月 12 日，第 248 頁，轉引自諾曼・J・邁因納斯：《香港的政府與政治》，第 284 頁。

16. 〈兩會競選六席市局議員勢均力敵　革新會當選之三人為：貝納祺、胡鴻烈、鍾愛理遜　公民協會當選之三人為：胡百富、李耀波、張有興〉，《華僑日報》，1965 年 3 月 4 日，第 5 版。

17. 金耀基：《中國政治與文化（增訂版）》，第 244–245 頁。在 20 世紀 20 年代以香港海員大罷工、省港大罷工為代表的工潮中，商紳階層已無法起到昔日的協調作用，其政治影響力開始衰落。

比官守議員和委任議員更具民意代表性，也擁有更加豐富的途徑與市民溝通，但總體而言，他們仍然是精英政治的另一種延續。

候選人是參加選舉活動的重要主體，一般而言，選民面對的候選人的分布越廣泛，則選民進行選舉的過程就更具有實質意義。[18] 討論民選議員群體，首先要從候選人資格要求着手。市政局候選人資格要求貌似並不複雜，主要採取選民簽名推薦制度產生候選人。已經登記為選民者皆可成為候選人（公務員及有犯罪記錄者除外）；希望成為候選人的選民，需要在規定的候選時間內提交申請、填寫表格，獲得十名選民在他的提名表格上的簽名，並交 1,000 元按金，若其不能獲得投票選民數的八分之一的票數，此 1,000 元就會被充公；反之將會返還按金。1,000 元在當時的香港並不是小數目。

事實上，要成為符合資格的候選人，仍有其他限制條件。由於英語長期作為香港唯一的官方語言，在 1974 年前，候選人必須有一定英語水準，以保證能在市政局會議上用英語發言。對於華人佔絕大多數的香港社會來說，此條要求無疑排除了大多數市民的被選舉權。1961 年的戶口統計資料顯示，港島、九龍與新九龍市區的居民中，僅有 13% 懂英語。[19] 1973 年之前，規定候選人對英文水準自行宣誓，簽署一份宣誓紙承諾英文水準滿足要求。[20] 1973 年，最高法院召集三名候選人進行英語水準考試，結果兩人不合格，這一事件促使市政局議員們更加激烈地要求取消候選人需要一定英語能力的規定。1974 年 7 月，立法局通過修訂法案，允許只能說廣東話及閱讀中文的市民通過選舉或委派加入市政局，英語能力的要求從此取消。[21]

---

18. 何俊志：《政治選舉學》，復旦大學出版社，2009 年，第 164 頁。

19. 鄭宇碩：〈香港政治的現代化〉，《改革》，1998 年，第 157–164 頁；鄭宇碩，雷競璇：《香港政治與選舉》，牛津大學出版社（香港），1995 年，第 39 頁。

20. 〈三名市局議員候選人 參加英語檢定落第 陳子鈞指摘有違「公事上用中文」本旨〉，《香港工商日報》，1973 年 2 月 10 日，第 12 版。

21. 〈市政局將修訂條例 只懂中文人士可任市局議員 任秉堅昨在會議席上答覆詢問〉，《華僑日報》，1974 年 4 月 10 日，第 11 版。

　　此外，參加競選還有隱形門檻，民選議員必須具備一定的經濟實力。1970 年 2 月，香港政府憲報公布市政局議員的每月津貼可高至 1,000 元，市政局議員可依需要申請每月 1,000 元以下的津貼，若自願義務出錢出力，不申請也可。即便如此，也有人提出反對，他們認為，民選議員在競選的時候已經對選民承諾不為名利專心服務，已經知道需要出錢出力任勞任怨，才獲得市民擁護投票。街坊會首要事務也是服務市民，也出錢出力，自掏腰包，且社會地位也不如市政局議員。[22] 然而，市政局議員處理事務、聯繫市民、寫信上訴等，自然會產生一定的交通、信件處理的花費，且耗時耗力，據貝納祺稱每周需要花費十小時處理市政局事務，包括參加委員會會議、閱讀文件、接待申訴者等。[23] 若如葉錫恩，一直非常積極地接待和解決市民申訴；或如張有興，於 1980 年 4 月 1 日至 1981 年 4 月 31 日之間比實際應出席次數多出席 15 次市政局會議。[24] 由此可見，市政局候選人需要有穩定的收入和充足的時間才能履行職責，構成了參加競選的無形門檻。

　　1952–1981 年共舉行 15 次市政局選舉，成功當選的 31 位民選議員大多受過良好的教育，英語流利，有着體面的工作和較高的社會地位，這一群體主要呈現以下幾個特徵。

　　首先，民選議員往往是行業翹楚，通過所在職業協會或組織與業內選民建立聯繫。律師、醫生、教師等領域專業人士是民選議員主體，31 名當選議員中有律師 11 名、教育界人士 6 名、醫生 5 名，他們佔總人數的 70.9%。1965 年後，民選議員職業構成更加豐富，建築師、會計師和新聞界人士等也開始當選。他們通常擔任各自職業協會的負責人，在競選階段受到業內人士支持，選舉前協會往往號召會員為其投票。作為回饋，候選人在成功當選後，會更為關注業內相關議題，

---

22. 〈市局議員可領津貼 分文不受亦無不可 領二三百或五七百亦可但不能超過一千〉，《華僑日報》，1970 年 2 月 11 日，第 5 版。

23. 諾曼・J・邁因納斯：《香港的政府與政治》，第 268 頁。

24. 〈市局議員出席會議 月報刊登實際次數 沙理士張有興出席次數最多〉，《華僑日報》，1981 年 1 月 18 日，第 5 版。

提出有利於行業發展的提案。值得注意的是，31 名當選議員中，僅雷瑞德（William Loury）、區達年、張有興和王澤流 4 人是商人，且他們都是在 1960 年之前首次參選，這也反映了戰後專業人士逐漸進入華人精英階層並成為主流。

其次，民選議員與慈善團體關係密切。競選時，「熱心社會福利」是候選人宣傳重點。貝納祺、陳普芬、張永賢都曾任職香港小童群益會，王澤流、冼祖昭、陳普芬曾任東華三院總理或首總理，李耀波曾任九龍樂善堂總理；葉錫恩於 1951 年創辦慕光英學院，為窮困市民提供讀書機會。此外，候選人常以義務法律、醫學顧問身份提供專業援助，也有人直接以金錢和自身影響力支援社會福利組織運作，當然，在競選時他們也會得到這些組織的支援。事實上，熱心社會福利也要具備一定的社會聲望、地位或資金。

再次，民選議員是各種社會網路的核心人物，「普遍地受到香港中國人社會的尊敬」[25]。民選議員多與街坊會、宗親會、同鄉會、同學會建立牢固關係，通常擔任委員、理事長或義務顧問。馬超常曾任街坊會理事長；鄒偉雄創建了鄒氏宗親會；蘇浙同鄉會力挺出生於江蘇南匯的黃夢花；陳肇川在競選中得到其擔任會長的新界教師訓練班畢業同學會支持。港英政府意識到，街坊會等組織在鄰里層面、城市事務以及與政府部門聯繫等方面，起到了越來越有效的作用。[26]鄉土淵源、社區關係和教育經歷構成民選議員的社會關係網，作為網路的核心人物，他們架構起政府與社會的聯結，一如 19 世紀的商紳階層。

第四，民選議員一般與媒體關係良好，掌握一定宣傳技巧。候選人在正式宣布參加競選後，往往通過《華僑日報》、《香港工商日報》等報紙發表競選理念和政綱。選舉開始前一周至半個月，由市政局安排

---

25. 金耀基，《中國政治與文化（增訂版）》，牛津大學出版社，2013 年，第 244 頁。

26. A Letter from Robert Black to Sam, 11th July, 1960, CO1030/938. CO 為英國殖民地部檔案，原檔藏於英國國家檔案館（The National Archives），此處使用的是香港歷史檔案館縮微膠片影印件，以下出處均同此處。

每日一人或兩人對選民進行廣播演講,闡述競選理由並號召選民積極投票。總體而言,當時的競選宣傳基本上是一種單向傳播,宣傳內容也常常是候選人對選民可能關注的社會問題的猜測,有時甚至與市政局職能不相干,也在一定程度上呈現了精英與大眾的分離。

此外,民選議員大多接受過現代高等教育,很多人有留學歐美的經歷。31 名民選議員中,13 人曾赴英國留學,6 人有其他國家學習經歷。12 位無留學經歷的議員中,還包括出生於英屬圭亞那的張有興和早年在馬來亞生活工作的王幸利。這樣的教育背景和生活背景使得他們滿足參選要求 —— 說英語、懂規則。而畢業於私立廣東國民大學的楊勵賢在 1971 年的競選中,即被私人信件投訴其英語水準不足。就政治情感而言,西式現代教育培養的民選議員也更加容易理解港英政府的管治邏輯。

值得注意的是,在 31 名民選議員之中,僅貝納祺、鍾愛理遜(Alison Bell Fok)、葉錫恩(Elsie Hume)3 人是純粹歐裔人士,其餘 28 名議員雖然出生地和國籍不一定在中國內地或香港,卻均有華人血統,更能夠引起華人選民認同。楊勵賢在參與競選之時,便以「華籍第一民選女議員」[27] 為宣傳口號之一。不過,依靠種族來判定選民傾向並非絕對,熱心維護底層市民利益的葉錫恩同樣受到相當多選民的支持。

綜上所述,民選議員基本上仍然是一個半封閉的精英群體,他們多來源於香港革新會、香港公民協會兩個團體,獨立候選人少;專業人士居於主導,商人仍然佔有一席之地,幾乎沒有勞工階層代表;多數具有海外留學或長期生活經歷;通常具備一定資質而能夠參加各種社會組織;連選連任情況普遍,少有「新鮮血液」加入;這一群體的共性基本符合「行政吸納政治」中所描述的「精英共治」的管治形態。不過,這也使得民選議員的民意代表屬性大打折扣。

27.〈楊勵賢獲各團體支持 使成華籍第一民選女議員〉,《華僑日報》,1971 年 3 月 2 日,第 9 版。

三、選民：擴大的範圍與消極的參與

選民是參與投票的主體，實際投票率可以反映選舉的公信力。在戰後香港市政局選舉中，選民只是少數人。1979 年香港總人口約 493 萬，而具備登記成為選民資格的只有約 44 萬。至於登記成為選民的人數就更少了，1981 年之前最多的年份也不超過 4 萬人，登記選民中真正參加投票的最多也只有四成多。

在香港市政局選舉中，成為選民的基本條件是年滿 21 周歲，在香港至少居住 3 年且並非在獄犯人。規定細則有一個變化過程，最初，1952 年及 1953 年的選民資格繼承戰前的規定，分為兩部分。第一部分選民無須再次登記且為選民主體，由現任特別及普通陪審員構成。第二部分選民需要提前向最高法院提出申請，包括行政立法兩局非官守議員、律師、註冊醫師、報紙編輯、自由職業及防衛軍與後備員警等共 12 種人士。在 1953 年的選舉中，第一部分選民約 10,000 人，第二部分選民約 700 人。[28]

1954 年新增第三部分選民，包括依據教育條例成為教師但還沒有投票權的教師（主要為不懂英語的中文學校教師）、政府公務員、若干種民防輔助隊中之前無投票權者以及具有地方稅局簽證其在選舉前兩年繳納薪俸稅或個人估稅者。[29] 第一部分選民依舊佔多數，約 8,500 人，但其在選民中佔比下降；同時，實際投票選民數量上升至 2,421 人，投票率上升了 12.3%，第二、三部分登記選民呈現出相對積極的參與意願。1965 年選民範圍再次擴大，主要的改變是將資格條目擴展至 23 條，希望進一步吸納陪審團成員以外的社會各界擁有專業知識或更高教育水準的人成為選民，促進市政局選舉發展。[30] 但是從登記選民數量與實際投票人數的增長情況來看，該方案的成效並不突出。

---

28. 〈投市局議員一票 選民共一萬零七百名〉，《華僑日報》，1953 年 5 月 6 日，第 7 版。

29. 〈市政局民選議員 三月舉行普選 本屆依法只改選議員二人 李有璿區達年決競選連任〉，《工商晚報》，1954 年 1 月 30 日，第 3 版。

30. 諾曼‧J‧邁因納斯：《香港的政府與政治》，第 268 頁。

圖5.1　1952–1981年歷次選舉選民數量及投票率

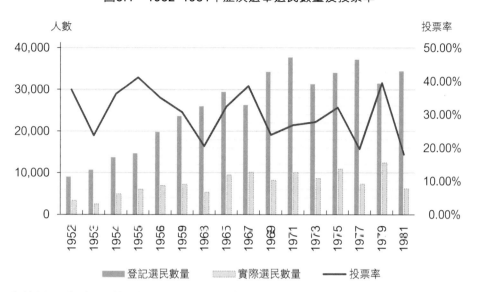

資料來源：根據《華僑日報》、《香港工商日報》、《工商晚報》、《香港市議會史》相關內容整理。

説明：一、1955 年選舉未找到可靠登記選民數量，1964 年補選的臨時性強，對趨勢分析參考性較低，故未計入統計表。二、1952、1953、1954、1957、1975 年登記選民數量為約數。

　　由上圖可知，符合擔任選民條件的陪審員和其他 23 類人士涵蓋面極為有限，60 年代在 30 萬人左右，至 1979 年約有 44 萬人具備登記為選民的資格，這直接將香港 80% 的成年人排除在外。在具備條件的人中，僅有約 10% 的人願意登記成為選民，最終只有 18%–41% 的登記選民走進投票站參與選舉。儘管選民範圍經過了數次擴大，但依舊將香港大部分民眾排除在外。針對這一問題，市政局議員以及其他社會人士多有提議，包括鼓勵選民登記、宣傳選舉公平、在新界加設投票站等，沙利士（Arnaldo Sales）甚至主張強制投票。

　　一般而言，隨着香港人口的增長，登記選民數量應當持續增長，然而這一趨勢並不穩定，多有波動。實際投票選民人數和投票率的波動則更大，且沒有隨着登記選民數量的增長而增長，反而常常受到複雜的外部因素影響。投票總人數最多的 1979 年選舉，可能受到了員警

員佐級協會成立的影響，該協會當年推出其法律顧問譚惠珠與鍾世傑為候選人，並積極鼓勵成員為其投票，最後兩人均當選。[31] 投票率最低的 1981 年，則是大眾注意力更多地轉移至即將到來的政制改革，更大權力的市政局、選民範圍更寬廣的選舉，比陳舊的、權力有限的舊市政局選舉有吸引力得多。1969 年選舉的投票率比上年銳減 15.3%，天氣不佳可能是重要原因。[32]

除此之外，選民不願投票的深層原因更值重視。有學者曾從社會、文化等方面尋找答案，如香港民眾的「難民心態」、「基於政治冷漠的容忍共識」等，但更為直接的原因還是在於制度。民選議員的實際權力與其競選前的政綱、宣言難以對應，一些人在選民心中留下了只說不做、開「空頭支票」的印象，難以取信於選民。議員有限的權力直接導致選民認為自己的選票作用甚小，甚至有市民稱之為「毫不重要的事情」，民眾並不將參加選舉視為民主權利的實行。1967 年一項研究顯示，24% 的登記選民認為香港的選舉沒有實效。[33] 選民的政治無力感是市政局選舉的參與率低的重要原因。無論如何，單在選民資格上便已經將香港 80% 成年人排除在外的選舉，都不能稱之為「民主」。

四、市政局改革：民選議員的訴求及其理由

戰後初期港英政府曾一度試圖以市政局為抓手推進香港政制改革，但這一方案很快就被束之高閣。對於香港市政局選舉存在的問題和其不民主的實質，民選議員並非毫無知覺，他們曾提出以市政局為主體的政制改革建議，使市政局選舉「表裏如一」，民選議員有權決定重要社會事務，不再徒有虛名。

---

31. 諾曼‧J‧邁因納斯：《香港的政府與政治》，第 271 頁。

32. 諾曼‧J‧邁因納斯：《香港的政府與政治》，第 271 頁；〈新任市局民選議員選出 選民稀少令人失望〉，《工商晚報》，1969 年 3 月 6 日，第 4 版。

33. 雷競璇，尹寶珊：〈香港選民投票行為研究的發展〉，鄭宇碩，雷競璇：《香港政治與選舉》，第 153 頁。

戰後初期，香港總督楊慕琦提出「楊慕琦計畫」(The Young Plan)，以順應戰時英國關於戰爭結束後給予殖民地更多權力的承諾。「楊慕琦計畫」中涉及市政局的主要內容為：將市政局發展為市議會（Municipal Council），權力擴張至教育、城市規劃、社會福利和市政設施等。市議會設 30 名議員，華人和非華人各 15 席，其中各有 10 席由直接選舉產生。選民範圍有所擴大，能掌握中文或者英文的在港的永久居民皆有選舉權。[34] 但是，因為中國內地局勢急劇變化以及香港本地因素，「楊慕琦計畫」經歷數次拖延無果而終。1952 年，香港總督葛量洪（Alexander Grantham）放棄了對市政局的改革，承襲戰前政策，市政局在當年進行了戰後的第一次選舉。[35]「楊慕琦計畫」宣布徹底擱置之時，港英政府給出的原因是「現在不是進行重大政制改革的時機」。為了安撫民心，港英政府承諾在下一屆市政局選舉中增加了兩個民選議員名額。[36]

時至 60 年代，隨着製造業蓬勃發展，香港經濟日益繁榮，民生問題卻並未得到明顯緩解，住房、教育資源短缺，貪腐現象嚴重。部分民選議員逐漸覺得，改革「是時候了」，希望改變市政局本身甚至是香港政制，他們為此採取多種手段表達對代議制民主的訴求，包括向港英政府提出建議、對公眾呼籲、致信英國兩院議員或相關政府部門，甚至組成代表團前往倫敦施壓。因訴求遲遲得不到回應，形式逐漸激烈，至 1979 年發展出相率退席、求助內地政府等方式。[37] 單從香港政制改革來看，他們的努力幾乎沒有取得成效，但是這種長期執着於政制改革的訴求行為值得探討。

34. N. J. Miners, "Plans for Constitutional Reform in Hong Kong, 1946–52", *The China Quarterly*, no. 107, Sep 1986, pp. 463–482.

35. 劉潤和：《香港市議會史》，2002 年，第 96 頁。

36. Joint Memorandum on Proposed Constitutional Changes in Hong Kong, 6th September, 1960, CO1030/938, p. 2.

37. 〈市局周年辯論唇槍舌劍 五名民選議員半途相偕退席 發言抨擊主席扼殺民主氣息 會議變成公式失卻辯論意義〉，《華僑日報》，1979 年 1 月 10 日，第 5 版。

從 60 年代到 80 年代初，民選議員的訴求內容在二十多年間實際上沒有多大變化，主要分為三個方面：一是擴大市政局權力範圍，二是將選舉因素引入立法局，三是直接擴大選民範圍。前兩個方面是同一問題的兩種解決方案，即需要民選議員進入一個擁有足夠權力決定社會重大事務的機構：將市政局變為一個擁有足夠權力的機構，或者，在立法局中設置民選議席。1960 年，以貝納祺、胡百富為首的香港革新會和公民協會聯合代表團向英國提出建議，包括：第一，市政局功能擴展到防火、交通、社會福利、特定藥品服務以及教育等領域；第二，立法局引入民選代表，民選與委任議員數量相等（比如各 8 席），或者以間接選舉的方式，增加市政局民選議席至 8-12 個，再從市政局的民選議員中選舉 4 名議員進入立法局；第三，由總督直接邀請一部分立法局民選議員進入行政局。[38] 1966 年 10 月，市政局提出政改報告書，其主要內容為：成立一個擁有較大職權的「大香港市議會」。除保安和對外事務以外，其他事務均由市議會負責，市議會有獨立財政權。成員包括民選、委任以及當然議員。[39] 不過，這些建議最後均未被採納。

而擴大選民範圍的訴求部分得到了實現。1960 年貝納祺等主張分階段擴大選民範圍，他們認為，應該通過提高符合條件的選民種類數量，而不是完全重組來擴大選民範圍。至 1965 年，在貝納祺、張有興等人推動下，選民範圍擴展至 23 個類別。在 1979 年貝納祺、葉錫恩等 5 名議員相率退席事件中，支持他們的議員提出所有持有身份證的成年人均有選舉權的訴求。[40] 但這一主張在當時未能得到港英政府的及時回應。

---

38. Joint Memorandum on Proposed Constitutional Changes in Hong Kong, 6th September, 1960, CO1030/938, p. 14.

39. 香港大學學生會社會科學學會：《政治參與在香港》，廣角鏡出版社（香港），1984 年，第 21 頁。

40. 〈五位元民選議員記者會上發炮 指香港欠缺民主自由 向中共英倫求助改革 權利受限制難在市局有作為〉，《香港工商日報》，1979 年 1 月 12 日，第 8 版。

　　有意思的是，就民選議員有關市政局改革的提議文本而言，他們的理由並非基於代議政制本身所包含的民主價值追求，而是頗費周張地向倫敦和港府解釋，改革實質上有助於維持英國在香港的統治。

　　民選議員反覆提及的問題是政府與社會之間脫離聯繫。1960 年，香港革新會和公民協會聯合代表團在向英國殖民地部提交的備忘錄中強調，政府與社會尤其是華人社會嚴重脫離。他們批評貪腐和毒品泛濫，詳細闡述住房、教育、法律援助、公共交通、醫院設施等與香港市民生活息息相關的領域所出現的嚴重問題，並聲稱立法局中要麼無人過問，要麼久拖不決，以此證明政府與香港社會之間存在裂痕。[41]這段論述實質上強調的是市政局民選議員群體的獨特性，只有他們對香港社會的瞭解如此之深，因而成為政府與社會的聯結紐帶。[42]在此基礎上，提出擴大市政局權力是解決官民溝通障礙的方法，才更有說服力。

　　此外，民選議員還從英國對香港統治的未來闡述政制改革理由：「在政制上的逐步改變很必要，而且它使得大不列顛將會承擔起她的道義責任，且永遠不會因為政治的權宜之計出賣香港和她的人民。缺少長期計畫和政制改革……造成了人們對未來的恐懼。」[43]也就是說，他們清楚地認識到英國對香港前途的憂慮，認為只有實行政制改革才能使香港人心安定，這是英國維持對香港統治的社會心理基礎。人們若失去安全感，香港的繁榮穩定將不能保持，英國也沒有理由繼續統治香港。周錫年、巴頓（Huge Barton）等香港商會代表與英國政府討論時表示，相比美國的幫助，英國曾經的給予非常有限，英國需要對香港

---

41. Joint Memorandum on Proposed Constitutional Changes in Hong Kong, 6th September, 1960, CO1030/938, pp. 4－14.

42. Brook Bernacchi and P. F. Woo to Rt. Hon. Iain Macleod,12th July, 1960, CO1030/938. 雖然英國殖民地部將該代表團作為香港革新會與香港公民協會兩個壓力團體的代表，但是在代表團前往英國之前，胡百富、貝納祺在致英國殖民地部官員的信件中強調，「革新會、公民協會不僅代表兩個團體，更是代表它們的市政局議席，代表香港大眾」。

43. Joint Memorandum on Proposed Constitutional Changes in Hong Kong, 6th September, 1960, CO1030/938, p. 15.

有所表示。【44】所以，在許多人看來，當時英國所能「賞賜」香港的，也只有政制改革而已。

應該說，民選議員的改革訴求及其理由，抓住了「官民溝通」這一港英政府關注的管治問題。民選議員申明，對於民眾來說，「沒有民選議員，就算如何盛讚非官守議員為『我們的良知』、『市民的喉舌』，這度橋樑總是不穩妥的，因為它欠缺了一塊拱頂石——市民對委任制度的『信心』。」【45】對於政府來說，「缺少選舉代表，尤其是在立法局，阻礙了對政府正在做的事的建設性批評，以及對社會的日常生活非常重要的問題的提出。」【46】引入民選議員進入一個有着足夠權力干預香港社會事務的建議，已經不完全局限於市政局改革，而是針對香港的整個政制。

1960 年民選議員關於「官民溝通」的論述是否對港英政府產生實質影響，因缺乏材料佐證，尚不得知。不過，1966 年香港發生「天星小輪加價事件」【47】，港英政府確實將這場騷動歸因於「官民溝通失敗」，認為「政府與民眾間的隔閡，對於任何行政體制，都是一項持續性的危險和使之憂慮的事。殖民地政府即使能夠提供最有效的行政、經濟及社會進展的最佳機會，也較難引起和獲得人民的支持。」【48】然而，具有諷刺意味的是，恰恰是市政局民選議員葉錫恩積極代表市民與政府進行溝通，但港英政府卻認為葉錫恩的行動對市民起到了「煽動」效果，最

---

44. Note of a Meeting with Sir. Sik-Nin Chau and Mr.Barton on the July, 1960, 27th July, CO1030/938.

45. 黃思奇：〈非官守議員從哪裏來？〉，《香港社會剖析（1）》，廣角鏡出版社（香港），1984 年，第 3 頁。

46. Joint Memorandum on Proposed Constitutional Changes in Hong Kong, 6th September, 1960, CO1030/938, p. 12.

47. 天星小輪加價事件是發生於 1966 年的一次香港社會騷亂。1965 年 10 月，來往於港島中環和九龍尖沙咀的天星小輪向政府申請頭等艙票價上漲港幣 5 仙，市民認為公共交通的加價會引起普遍的物價上漲因此強烈反對。1966 年 4 月 4 日，青年蘇守忠在中環愛丁堡廣場絕食抗議，隨後盧麟等青年加入聲援，至 6 日晚演化為騷動，港英政府進行鎮壓並實施宵禁。此事件共造成 1 人死亡，26 人受傷，4 月 26 日，政府依舊批准了天星小輪的加價請求。

48. 《一九六六年九龍騷動調查委員會報告書》，香港政府印務局，1966 年，第 89 頁。

終導致「有好意的人做事產生了不幸的結果」[49]。葉錫恩在民選議員中確實是一個特例,雖然並非華人,但很多人依然願意將票投給為窮苦百姓辦事的她,除第一次參選的 1963 年,1967、1971、1975、1979 年的 4 次選舉,葉錫恩得票數均為第一,而且 1982 年之前有且僅有這 4 次選舉的投票人數超過 10,000 人。葉錫恩聲稱,這也是她與貪污受賄現象進行最艱苦鬥爭的時期。[50]真正承擔官民溝通義務的民選議員,反而被港英政府視為社會不穩定因素。

五、港英政府之因應:「維持現狀」

對於港英政府而言,市政局選舉是「雙刃劍」,它以擴大政治參與的民主表像鞏固非民主統治的同時,也可能成為實質民主化的生長點。因此,無論是倫敦還是港英政府,對有可能發展為代議政制的市政局改革,總體上是冷漠的。1952–1982 年間,市政局僅在 1973 年進行過一次並不觸及根本的改革,由此可見一斑。英國殖民地部對將選舉引入立法局持堅定的否定態度,並曾試圖說服貝納祺認識到自己的主張是「不現實的方法」,「不合時宜」。[51]究其原因,倫敦和港英政府阻止政制改革的出發點竟與貝納祺等民選議員推動改革的理由相同,都是維持英國對香港的統治。

首先,倫敦和港英政府懷疑民選議員推動政制改革的動機。面對 1960 年民選議員赴英國請求政制改革的情況,香港總督柏立基(Robert Black)對英國殖民地部表示,革新會或公民協會有可能試圖利用英國拒絕正常政制發展從而獲得一些政治資本。[52]殖民地大臣華萊士(Robert Wallace)對柏立基表示:「我想他們之後很有可能放棄民選議員進入立

---

49. 《一九六六年九龍騷動調查委員會報告書》,第 60 頁。

50. 杜葉錫恩:《我眼中的殖民時代香港》,隋麗君譯,中國青年出版社,2005 年,第 15 頁。

51. Robin Black to W. I. J. Wallace and a Note of Meeting, 4th August, 1960, CO1030/938.

52. Letters from Sir. R. Black to the Secretary of State for the Colonies, 9th August, 1960, CO1030/938.

法局的訴求,而是想得到一個更有力量的市政局以至市議會。」【53】倫敦和港英政府均認為,一個更有力的市政局對於幾乎完全掌握市政局民選議員席位的革新會與公民協會來說,幾乎等同於權力和政治影響力的直接擴張。而且倫敦並非將貝納祺、胡百富等代表團成員視作香港市政局和香港市民代表,而是認為他們僅是香港革新會與公民協會兩個壓力團體的代表,因此一開始便以應對壓力團體的態度和立場進行回應。【54】

第二,港英政府認為華人社會沒有民主需求,政制改革將會使香港淪為左右兩派的政治博弈場。50 年代在有關「楊慕琦計畫」的討論中,不少人認為香港社會對政治較為缺少興趣。【55】時至 60 年代,柏立基進一步解釋這種「缺少興趣」不代表中國人對政治冷漠,而是因為中國人具有實用主義精神,會在面對尖銳的政治問題時戴上冷漠的面具。柏立基聲稱,華人「僅僅通過對他們日常生活的影響和預計來判斷政治原則和理論」,如果民主會造成資源的浪費,他們也不會支持民主,他們「滿意於一個運行良好而且很少干涉個人的政治制度」。【56】也就是說,港英政府認為香港社會沒有對民主政制的需求,華人反而擔心政制改革會引起混亂,而現在香港社會運行的狀態能夠滿足華人需求,因此維持現狀更好。港英政府還認為,香港社會政治生態複雜,若將較大權力交予選舉決定,可能會引發當地分別支持國共兩黨的人士之間更加激烈的爭鬥。【57】

第三,港英政府擔心新中國實力日益增長,干預香港內部事務。柏立基強調:「任何包含將權力轉移至人民的代表手中的發展,無論

---

53. Letters from W, I. J.Wallace to Sir.R.Black, 4th August,1960, CO1030/938.

54. Note of a Meeting with Sir Sik-Nin Chau and Mr. Barton on the 27th July, 1960, 27th July, 1960, CO1030/938.

55. Steve Tsang, "Maximum Flexibility, Rigid Framework: China's Policy Towards Hong Kong and its Implications", *Journal of International Affairs*, vol. 49, no. 2, 1996, p. 413.

56. Governor of Hong Kong to Secretary of State for the Colonies, 1st February,1960, CO1030/938.

57. Governor of Hong Kong to Secretary of State for the Colonies, 1st February,1960, CO1030/938.

是被選舉還是被委任，都將加強中國政治代理人對香港機構和活動的控制力……政制改革會為現在中國政府破壞殖民地穩定和安全提供機會，這是最有效的反對政制改革計畫的論點。」[58] 港英政府擔心，如果將選舉因素引入一個擁有足夠權力的機關，北京會在其中安插「親中成員」，潛移默化「同化香港」；或者中國會認為香港的政制改革將推動分離意識，從而不利於未來收回香港，因此必須介入其中以避免這種情況的發生。在 1952 年的第一次市政局選舉中，左翼人士陳丕士獲得461 票，在 9 名候選人中排名第六，得票率為 13.69%，但這反而促使修訂後的「楊慕琦計畫」徹底擱置。[59] 簡言之，港英政府對政制改革極度謹慎的重要原因即是擔心親北京的本地政治力量參加選舉從而進入香港管治架構，危及自身統治。

最後，國際冷戰環境是倫敦和港英政府擱置政制改革考慮的重要因素。香港是西方陣營中站在東亞冷戰最前沿的一員，「香港在亞太區所扮演的政治角色，主要並非由香港政府的政策來塑造，而是取決於其宗主國英國的國際關係。」[60] 因此，當倫敦和港英政府就香港政制改革做出決策時，不得不考慮到國際冷戰發展態勢。「楊慕琦計畫」的拖延和完全擱置有明顯受到朝鮮戰爭的影響；1960 年貝納祺等民選議員的市政局改革之議正發生在中國由和平共處轉向革命外交的冷戰高峰時刻，這也使得港英政府更加警惕，港督認為，對於香港來說，貝納祺的思維「很危險」，可能預示着香港將會在「自由世界」中終結。[61]

承上所述，市政局改革以及香港政制改革所面臨的矛盾在於：在民選議員和港英政府都認同香港需要維持現狀，即英國應當繼續維持在香港的統治的前提下，香港現行政制是否足以維持現狀。以貝納祺

58. Governor of Hong Kong to Secretary of State for the Colonies, 1st February, 1960, CO1030/938.

59. N. J. Miners, "Plans for Constitutional Reform in Hong Kong, 1946–52", *The China Quarterly*, no. 107, Sep 1986, pp. 463–482. 在第 480 頁中，麥樂文提及陳丕士是 "communist candidate"。

60. 盧子健：〈香港在亞太地區的政治角色〉，《亞太區中的香港──角色的挑戰與回應研討會論文集》，學院亞洲太平洋研究中心，1989 年，第 53 頁。

61. Governor of Hong Kong to Secretary of State for the Colonies, 1st February, 1960, CO1030/938.

為首的民選議員認為，如果不進行改革，政府與社會的割裂會加劇，導致市民信心流失。倫敦和港英政府則認為現行政制適應香港的特殊地位，加以改動反而會引起北京介入，從而發生風險。1966 年和 1967 年所出現的兩次社會風潮警示港英政府，「溝通危機」、「整合危機」確實存在。然而，即便如此，港英政府仍然不認為應當進行政制改革，應對方法更傾向於「見招拆招」的設置民政主任之類的具體措施。市政局同樣是「小修小補」，如擴大選民範圍至 23 類、1973 年官守議員並給予財政自主等，但除此之外再難有寸進。

　　早在 1960 年港英政府即意識到，「對香港的最終吸納與同化將仍然是中國對這個殖民地的終極政策」。[62]可以說，英國對香港回歸中國的前景有着清醒的認識，發展香港的民主並非來自香港社會本身的驅動，而是取決於「回歸時刻」究竟何時到來，在這一時間點尚未明朗之時，政制改革並非必要。而冷戰政治的詭譎和社會進步的遲緩使香港五六十年代政治與社會秩序處於脆弱狀態，倫敦和港英政府面對危機寧願做出較為保守的選擇。在這樣的環境下，貝納祺等民選議員想要推動的改革必然陷入困境，即使在 1979 年 5 名議員採取退席、準備致信中國政府以反駁港英政府「中共不喜歡香港政府改革」藉口等激烈方式，依舊很難取得成效。這前後為難的困境，不僅是市政局和市政局民選議員的困境，也是香港政制改革在 1982 年之前久拖不決的根本原因。港英政府對「維持現狀」的執着更是折射出英國對長久掌控香港的乏力，最終指向的仍是維護自身殖民利益的舊邏輯而已。而當「回歸時刻」日益明確之時，之前所有的政制改革阻礙似乎皆一掃而光。

六、餘論

　　20 世紀 80 年代，香港突然開啟了加速民主化的進程，似乎理所當然屬於「第三波」世界民主化浪潮的組成部分，然而，這種普遍的印象

---

62. Governor of Hong Kong to Secretary of State for the Colonies, 1st February, 1960, CO1030/938.

並不確切，香港民主化的最大動力並非亨廷頓（Samuel Huntington）總結的政府認受性危機、中產階級膨脹等原因，而是中國將於 1997 年收回香港。[63]英國迫切需要進行民主改革，以期短時間內把香港變成一個獨立的政治實體，從而維繫其國家利益能在 1997 年之後的香港繼續得以延續。

回顧 80 年代香港民主化的起點，很容易「倒放電影」，將之前 30 年的市政局選舉看作英國「致力香港民主化」的一部分，從而給人一種「英國人一直都在搞民主」的幻象，致使香港社會中相當一部分人依然堅信英國人所「鋪設」的區議會—市政局—立法局「三級議會」選舉之路是香港民主的「正途」。這種認識的背後是有意或無意地忽視了英國維護自身殖民利益的根本邏輯。

歸根結底，1952-1982 年間的市政局選舉，是港英政府應對非殖民化浪潮所能做的維繫各方面平衡的選擇，用易於達成的民主表像掩飾了不義的殖民統治形式。正如貝納祺所説：「香港保持現狀的政策顯然不是出於強大，而是出於衰弱。」[64]在港英政府看來，民選議員本身便是一種民主呈現，作為對被擱置的「楊慕琦計畫」進行補償，1953 年市政局選舉增添兩個民選議員名額。此後 20 年，市政局最大的變化發生在 1973 年，市政局獲得財政的自主權，取消官守議員，民選議員與委任議員各佔一半。林林總總的小修小補，反覆體現了港英政府政治算計的歷史邏輯。市政局的權力始終局限於衛生潔淨、文化康樂的領域，選民範圍與候選人的資格要求沒有實質性的擴大，選民投票率與候選人的代表性始終離真正的民主還有很大距離，議員「局內嘆無能」[65]。

---

63. 劉兆佳：《香港社會的民主與管治》，第 4-5 頁。

64. Joint Memorandum on Proposed Constitutional Changes in Hong Kong, 6th September, 1960, CO1030/938, p. 14.

65. 馬文輝、施應元主講；冼國池筆錄：《民主論壇》，集興書店，1990 年，第 33 頁。

　　然而，依然有人認為，市政局改革與同時代十年建屋計畫、廉政公署設立等共同構成了「麥理浩時代」（MacLehose Years）的「黃金歲月」歷史敍述。似乎是這樣，香港的社會進步和民意轉向集中出現在 70 年代，事實上「麥理浩時代」的殖民性並不亞於之前的歲月。警隊政治部常常監視和滲透壓力團體，竊聽參與政治運動和社會運動人士的電話。據 70 年代在觀塘進行的一次調查，82% 的被調查者認為，他們對於不公平的政府法例是無能為力的。[66] 70 年代，風雲際會，香港社會的變貌與其說是港英政府更改統治策略的結果，不如說是經濟持續繁榮才使得種種社會矛盾得以暫時化解。

　　80 年代政制改革之前，普羅大眾並不覺得那些英語流利、出身上流的市政局民選議員與自己有什麼關係。80 年代之後，如劉兆佳所言，香港的民主化並不是大眾政治取代精英政治成為主導力量，而是大眾政治成為既有精英政治之下的一個政治成分。[67] 香港市政局選舉雖已走入歷史，卻並不意味着選舉中的精英政治成為歷史，它的歷史遺產延續至今。香港需要通過怎樣的選舉制度真正打破精英政治與大眾政治之間的隔閡，達成政治互信、繁榮穩定、疏解民生的多維度平衡，仍有待探索。

---

66. 諾曼・J・邁因納斯：《香港的政府與政治》，第 60 頁。

67. 劉兆佳：《香港社會的政制改革》，第 309 頁。

新選舉制度的實施和展望

第六章

香港特區新選舉制度下管治體制邏輯與權力倫理之變

張炳良

香港教育大學公共行政學研究講座教授

一、引言

2021 年 3 月，全國人民代表大會授權其常委會，修訂香港特區《基本法》附件一和附件二，完善選舉制度，以確保「愛國者治港，反中亂港者出局」，全面整頓特區政治秩序；5 月，特區完成本地立法。10 月及 12 月，分別按新制選出行政長官選舉委員會（選委會）和新一屆（第 7 屆）立法會議員。2022 年 5 月，第 6 屆行政長官選舉，只得中央政府支持的唯一候選人獲選委提名及順利當選，實行了坊間所稱的「澳門模式」。

選舉制度之變，跟《基本法》起草時就香港特區政制的前設和構思大相徑庭，看來反映了中央政府對香港回歸二十多年來「港人治港」實踐和香港民主化實驗的負面總結。特區管治已進入新時期，引入與過去截然不同的體制邏輯、權力倫理和政治文化。本文剖析此大變的背景和含義，並初步評論特區能否如中央所願走出管治困局，以及改制帶來的新的問題與制度風險、和當下所面對的內外形勢挑戰。

二、「一國兩制」下原選舉制度的基礎

原有特區政制的設計，與香港回歸的「一國兩制」路徑息息相關。上世紀 80 年代，中央政府在鄧小平領導下提出「一國兩制」，雖然只承諾 50 年不變，[1]但已蘊含「歷史妥協」的突破性思維，[2]既務實確保平穩過渡，其制度邏輯也極具政治創新；突出之處包括：（1）香港仍維持與內地的建設性制度隔離，當時謂之「井水河水互不侵犯」；（2）在國家主、治權不分割原則下，讓特區高度自治，維持其獨特體制；（3）不經大鑼大鼓之「去殖」，確立新的「一國」身份及實行本地認受的「港人治港」；（4）延續港英治下行政主導的高效，又實現一定的分權安排；（5）行政長官不像港英總督般由中央派駐，但由中央實質任命、及在其主導下經本地選委會提名並選舉，向中央及特區雙重負責。

中國乃單一制政體，如此容許香港自成體系，實行與國家的社會主義主體相異的資本主義制度（80 年代世界仍處冷戰下屬於意識形態上互為排斥之「兩制」），以及內地省市在中央集權下無法比擬的地方自治方式，實在有點不可想像。有此尋求「共贏」的構思，全賴當時中共於文革浩劫後改革求變、拼棄教條的政治胸襟。而且，長期跟英美西方世界連接的資本主義香港，可藉回歸而獲予新的動力和使命，去配合和支持國家的現代化改革。如能落實，乃近乎「兩利皆（可）得」（best of both worlds）的理想結果。亦是這樣帶有追求想像的務實，成為驅動當時香港各界由懷疑轉向積極投入回歸歷程的願景。

矛盾統一的政治邏輯有三：（1）香港的資本主義市場經濟若持續發展，不單可提供本身繁榮安定的物質條件，也能支持國家的改革大

---

1. 關於五十年不變，鄧小平這樣說：「香港在 1997 年回到祖國以後五十年政策不變，包括我們寫的《基本法》，至少要管五十年。我還要說，五十年以後更沒有變的必要。香港的地位不變，對香港的政策不變……」，又說「那時候我不在了，但是相信我們的接班人會懂得這個道理的」。參見鄧小平：《鄧小平文選》，第三卷，人民出版社，1993 年，第 215、217 頁。

2. 一些分析，見 Anthony B. L. Cheung, "Hong Kong in an Existential Crisis: Is 'One Country, Two Systems' into a Retreat?", in Ingyu Oh (ed.), *East Asia in Transition: Democracy, Diaspora, and the New Cold War*, Cambridge: Cambridge Scholars Publishing, 2021, pp. 39–61.

業、融入世界；（2）依靠被譽為高效廉潔的英式文官制度（所謂「港官」，以政務官系統為核心），輔以逐步開放的「均衡參與」式選舉，可延續既有行政主導的管治特色，兼顧各方利益，以利資本主義運作；（3）保持香港原有生活方式及基本政策方向不變，能穩定港人和國際投資者信心。這樣下去，既存兩制、也增融合，隨着國家的經濟改善及對外開放，兩制實質差異自會收窄，港人也自然人心回歸。

如此想像是否過於良好意願（too good to be true），可以商榷，但觀乎當時中央思維，不見得認為共產黨適宜管理屬最典型資本主義之香港，[3] 或有能力去掌握香港管治的另類性和複雜性，[4] 故也樂於由香港既有精英（港官、工商專業領袖等）去繼續管好這塊地方，所以早期應無介入日常管治之意。且國家於改革開放初期，欲融入西方主導的國際經濟秩序，故對香港靠近西方的「例外」，亦持比較肯定的態度，政治上不視為威脅。

三、基本法政制安排乃協調產物

1990 年 4 月，全國人民代表大會通過《香港特別行政區基本法》，核心內容基於 1984 年中英兩國政府《聯合聲明》附件一所載中國政府對香港的基本政策方針。在維持現狀的主旋律下，承襲富港英色彩的官僚行政主導傳統，對港英及工商界唱好的「小政府、大市場」和「積極不干預」取向，近乎照單全收，基本制度和政策不變，並肯定民主的目

---

3. 自由派經濟學家佛利民（Milton Friedman）曾形容香港為自由經濟的最後堡壘。Milton Friedman and Rose Friedman, *Free to Choose: A Personal Statement*, New York, Harvest Book, 1980.

4. 如回歸後中央人民政府駐香港特別行政區聯絡辦公室（中聯辦）首任主任姜恩柱曾說：「香港問題好比一本非常深奧的書，要讀懂它並不容易」。新浪網，「姜恩柱：香港確實是一本深奧的書」，北京，2007 年 6 月 26 日，http://news.sina.com.cn/c/2007-06-26/063012090738s.shtml。

標，以符合港人治港的精神。[5] 學術界常形容新加坡為「非自由的民主」（illiberal democracy），那麼也可視晚殖港英奉行的乃「自由化的威權」（liberal authoritarianism），尤其是英方於九七回歸前之過渡期內，引入多項約束行政權力的機制（包括人權法、立法機關權力及特權法、申訴專員、私隱專員等），構成一個既威權但日益重視自由、法治、程序和透明的混合體制。

《基本法》起草過程中，不同界別階層均提出開放治權的設想，包括新興民主派的選舉訴求。社會上對特區政制的主張很多，大底上可歸納為三大派，即工商專業建制派、民主派和傳統愛國左派，見表 6.1。最後中央按本身意志，對三大主流意見統合協調，達致一個向商界財團傾斜、以保護資本主義不受衝擊的政制設計。原本的打算，是以時間換取未來漸變的空間，1997 年特區成立時以較保守及限制選民基礎的間接選舉為主、地區普及式直選為輔，待十年穩定期過後，若取得各界共識、經中央同意，才進一步民主化。按此，行政長官選舉委員會由四大界別（工商、專業、勞工及政界）代表組成，主體上維護建制及支持中央；而透過立法會內不同議席的產生方式（初期保留少數選委會議席，之後功能和地區選舉議席各半，後者以比例代表制選出），使建制派（工商專業、愛國左派）穩佔大多數，也讓新興民主派當少數反對派。

中央領導人（如鄧小平）初始便否定特區採用西方選舉民主和三權分立的模式，但最終《基本法》下的政制安排還是較具西方色彩的，這既因繼承了港英體制內一些西方元素，也因受當時香港社會多從西方民主概念和做法出發的意見所影響，[6] 所以在強調行政主導之同時，也

5. 1983 年時任國務院總理趙紫陽回香港大學學生會函，明確表示：「將來香港特別行政區實行民主化的政治制度，即你們所說的『民主治港』，是理所當然的。」參見 BBC News 中文，〈香港大學發現趙紫陽許諾民主治港信函〉，2014 年 1 月 9 日，www.bbc.com/zhongwen/trad/china/2014/01/140109_hongkong_zhao_ziyang_letter。

6. 特別是關於法治方面，如當時基本法起草委員會副主任兼基本法諮詢委員會主任安子介便曾鼓吹「港法治港」。

表6.1　基本法起草期間香港三大主流政制主張

	工商專業派 (以 89 人方案 為代表)	民主派 (以民主政制促進 聯委會方案為代表)	傳統愛國左派 (本地媒體時稱「中間派」) (以 28 人方案為代表)
行政長官	由 600 人大選舉團選出	立法會提名，然後全民直選	由 128 人提名團提名三位候選人，全民直選；提名團中三大職業組別各佔 32 人，共 96 人，再加上來自立法會議員 16 人及來自港區全國人大代表／全國政協委員 16 人
立法會	一半議席由功能團體選出、四分之一由行政長官大選舉團選出、四分之一由各級議會成員提名後直選產生	一半議席由直選產生、四分之一由功能團體選出、四分之一由地區議會(即當時兩個市政局及區議會)選出	72 議席，當中三分之二(48 席)由職業組別選出(三大組別各佔 16 席)、餘下 24 席由地區直選、各區 2–3 席

資料來源：Anthony B. L. Cheung, *Can Hong Kong Exceptionalism Last? Dilemmas of Governance and Public Administration over Five Decades, 1970s–2020*, Hong Kong: City University of Hong Kong Press, 2021, p. 186, Table 10.1.

接納分權原則—行政立法互相制衡、互相配合，司法獨立。當年中央主要怕普及直選會導致福利主義、大搞所謂「免費午餐」、嚇走資本家而已，[7]並未像今天般擔心會助長分離主義以至政治顛覆。

四、「港人治港」政治實驗的挫折

1997 年 7 月回歸時，香港如日中天，在國家恢復行使主權下實行《基本法》規範的港人治港、高度自治。原有的公共行政體制和文官系統，在中央任命的行政長官領導下，繼續發揮作用；原有的法律、普通法和司法制度持續，財政金融制度及市場運作如常。可以說，只

---

7. 回歸前 1995 年國務院港澳事務辦公室(港澳辦)副主任兼中英聯合聯絡小組中方代表陳佐洱，便曾公開批評港英政府增加福利開支會導致「車毀人亡」。

要人心穩定、經濟繁榮,則中央不用干預,也不去微管,因為相信香港完全有能力管好自已;反過來依《基本法》(第 22 條) 要求,確保中央部委和內地省市機關不隨便介入特區事務,一切都依回歸之初心行事,有信心「一國兩制」行穩致遠。按《基本法》設計下的演進路徑,以及 2007 年底中央定下的行政長官及立法會全部議席「雙普選」路線圖和時間表,[8] 香港本來有條件發展出既行政主導、又存在泛民主派作「忠誠反對派」參與的、有節制選舉競爭的「特區民主」模式,在國家政治體制上成為創舉。

1997 年近乎完美的開局,為何好事多磨,二十多年後落得大亂局,當中涉及內外因素,但內因為主;重大轉折點固然乃 2019 年動亂,即官方所稱「黑暴」。特區政府於 2019 年初提出修訂《逃犯條例》及相關法例,用意本來正面,也參照國際慣用模式,但反修例風波釀成政治動亂,政府處理危機進退失據,自決派及分離主義分子乘勢發動大型抗爭,且外力介入,部分市民特別是年輕人激情躁動,被「攬炒」論述 (港式潮語,指「同歸於盡」) 煽惑,掀起反政府之巨浪;動亂一發不可收拾,迅速蔓延至各社區及大中小學,衝擊政府機關和立法會等,連企業商店也被政治標籤分化,社會黃藍二分,互為否定,理性被排斥。[9] 攬炒派挑動對國家的敵視及對內地的仇恨,挑戰「一國兩制」底線及中央權威。

中央深感出現顏色革命,威脅國家安全,堅決止暴制亂、恢復秩序。2019 年 10 月底,中共 19 屆四中全會決定「健全香港特別行政區維

---

8. 根據 2007 年 12 月 29 日通過的《全國人民代表大會常務委員會關於香港特別行政區 2012 年行政長官和立法會產生辦法及有關普選問題的決定》,雖然在 2012 年不會實行普選,但對行政長官和立法會的兩個選舉辦法,可以作出符合循序漸進原則的適當修改,並同時明確了達至普選的時間表。當中訂明 2017 年行政長官選舉可以實行由普選產生的辦法,而在行政長官由普選產生以後,立法會的選舉可以實行全部議員由普選產生的辦法。當時特區政府發言人表示,在行政長官普選後,立法會全部議員最快可於 2020 年由普選產生,為香港的政制發展邁進至為重要的一步。

9. 一些詳細分析,可見張炳良:《二次過渡——香港 2020 政局反思:危機與前路》,中華書局(香港),2021 年,第 1–3 章。

護國家安全的法律制度和執行機制」。2020 年 6 月，全國人大常委會獲人大授權通過《港區國家安全法》，針對分裂國家、顛覆國家政權、恐怖活動及勾結外力危害國家安全。2021 年「完善選舉制度」之舉，與港區國安法一脉相承，旨在清除反中亂港力量（即中央視為勾結外力、破壞《基本法》憲政秩序的鼓吹自決、分離及港獨分子）。中央行使全面管治權，整頓特區管治體制和生態，以確保政權安全。國安法實施及選舉改制，又衍生新變數，包括西方打擊及國際上對香港的未來存疑，各方都成為輸家，國家和香港社會付出沉重代價。

2019 年的動亂並非偶然，乃多年來各種深層次和結構性矛盾，因修例爭議及泛民不斷鼓動，終變成一場總內爆式風暴。一切可追溯至回歸後特區管治失序、乏力解決社會深層問題（如住屋及貧窮問題），各方未好好珍惜得來不易的歷史妥協，致兩制張力日甚、本土身份困擾，而且泛民主派迷失方向、建制不振、議會失效、行政自我捆綁，累積做成施政困頓、責任政治失落、信心和信任下滑。當中涉及回歸前的設想低估了回歸後的內外新變數。香港與內地以至國際形勢，在過去三十年間變化巨大，遠遠超乎 80 年代各方想像。今天回看，就是因為延續現狀變成僵化思維，香港仍徘徊於英治時期走過來的路徑，未能因應時勢求變，才導致回歸後進退為谷的窘局。

此外，基本法政制模式發揮不了預期作用，特區管治陷入惡性循環。在港人治港之大道理下，民眾訴求膨脹、選舉政治熾熱、議會制衡加劇、媒體發酵議題，致輿論日趨泛政治化，令政府權威備受削弱，官員動輒得咎。特區政府既無民眾票，也無議會票。議會運作和政黨政治皆呈惡質發展，2010 年後泛民主派慣性拖拉（包括隨便程序「拉布」）、事事阻撓政府，而政府與建制黨派的關係也若即若離，故縱使建制派已佔立法會大多數（近三分之二議席），但無助穩定行政與立法關係。由於行政長官標榜無黨派，[10]而且承襲了港英年代總督專權邏

---

10. 依 1996 年特區籌委會所定原則及回歸後 2001 年本地立法，行政長官不能屬於政黨成員，相信乃欲不抵觸全國由中共領導和執政的憲政秩序。

輯的行政主導之固執，不易接受政治上分享權力，難以跟建制黨派結成共進退、共榮辱的管治同盟。

仍屬官僚型的政府，其管治思維往往行政化，遇上外在監察覆核壓力日大，有時程序正確凌駕形勢要求，施政欠缺果斷明快，更談不上強政勵治。政府施政不順、政改不前，深層次矛盾難解，致民怨蔓延、民望不斷下降。年輕一代屬於回歸後的新生代，雖學歷提高，卻感際遇落後、安居無望、中產夢碎，比照上一代回歸前的風光歲月，愈發不滿現況，常美化及緬懷英治下之過去，不看好「一國兩制」的前景，且處處懷疑內地奪走港人資源。2012年反國民教育及2014年非法「佔領中環」（「佔中」）抗爭後，滋生所謂「傘後」一代，本土自決意識高漲，身份政治激進化，衝擊政權，否定建制的一切。中央看在眼內，加上2019年黑暴及分離主義抬頭，認定回歸後的政治實驗已告失敗，遂改轅易轍，不再以開放型選舉為導向，代之以剛性的中央主導，強調「全面管治權」。

《基本法》早確立中央在國家憲制上對特區的規限和凌駕性（包括對行政長官和主要官員的任命），不過以前在實際上讓特區有相當大的自主性——中央雖主導行政長官的產生，但尊重行政長官的用人權即提名權，讓社會上感到主要官員乃行政長官組班；立法會和區議會選舉主要按西方政治競爭的倫理進行。可以說，早期中央對特區持有信心，就不用過多干涉，憲制上的權力備而不用，一切比較隱性或潛在。但後來當中央擔心特區失控、威脅國家安全，便趨向剛性行使其憲制權力（即全面管治權），有權必用，而國務院港澳辦和中聯辦（「兩辦」）的監督權也日形突出。2021年全面貫徹「愛國者治港」後，中央抓緊對特區班子和議會的人事安排布置，比較接近內地「黨管幹部」之操作，建制派也須重新定位。這才是「完善選舉制度要害所在。

五、重大轉折點及中央對港政策調整

進入特區年代後，中央對港政策一直隨着其形勢觀察有所移動，曾出現幾個重大轉折點：（1）1998–99 年亞洲金融風暴，帶來嚴重衰退，結構性虛弱盡然暴露，不單香港經濟神話不再，原有「港官」的不敗神話亦被打破，中央官員對特區的施政效能多了疑慮。（2）2002 年中改行司局長主要官員政治委任制（名為問責制），本欲重振行政實力、補充公務員系統之不足，惟因缺乏所需之政治和制度配套，致成效不彰，反因命名失當予人文官不用問責之感，致兩利皆失。（3）2003 年《基本法》第 23 條國安立法失敗，當年「七一」50 萬人反政府大遊行令中央震驚，從此增加介入，加強對港調研，經濟上支援香港及推動與內地融合，但政治上因對港人之國家認同存疑，故放緩政制發展步伐；2004 年 4 月，全國人大常委會通過所謂「五步曲」程序，由中央抓緊政改主動權、幅度和時間表。[11]

《基本法》留下兩個未解難題，一直乃社會政爭及內耗分化之源：一是自行立法維護國家安全（第 23 條），二是落實行政長官和立法會全部議員最終普選產生（「雙普選」）（第 45 及 68 條）。民主派跟中央和特區政府就普選問題不斷角力，互信漸弱、關係日差；加上 2014 年「佔中」後激進分離主義冒起，2015 年行政長官普選方案拉倒，終釀成 2019 年大決裂。中央始終擔心普選出亂子，尤其自 90 年代以來，泛民主派（泛民）在立法會地區普選一直享有六成得票率之優勢，若普選對泛民有利，產生一個跟中央對着幹、甚至為外國勢力利用的特區首長，則會衝擊政權的穩定；而若中央拒絕委任一位其不認可的行政長官當選

---

11. 2004 年 4 月 6 日全國人大常委會通過《全國人民代表大會常務委員會關於〈中華人民共和國香港特別行政區基本法〉附件一第 7 條和附件二第 3 條的解釋》，修改行政長官及立法會的產生辦法的程序為：（1）行政長官向全國人大常委會提交報告，請全國人大常委會決定兩個選舉產生辦法是否需要進行修改；（2）全國人大常委會決定是否需要進行修改；（3）特區政府向立法會提出修改議案，並經立法會全體議員三分之二多數通過；（4）行政長官同意經立法會通過的議案；及（5）行政長官將有關法案報全國人大常委會，予以通過或備案。此新程序亦稱為「政制發展五步曲」。

人，又會釀成不容低估的憲制危機。由此觀之，在泛民具選舉優勢卻不為中央信任，而若中央又無法控制「入閘」人選的情況下，則普選之路必然蹉跎。

不過中央仍重視《基本法》所定目標，於 2007 年 12 月給出「雙普選」的路線圖和時間表，最快可於 2017 年普選行政長官，之後可考慮立法會所有議席經普選產生。2010 年，中央和特區政府跟民主黨達成共識，新增屬功能定義的區議會「超級」議席，使立法會普選議席過半。【12】泛民藉開放型選舉，即地區直選和一些功能界別的個人選民直選（如法律、教育、社會服務、醫療、衛生界等），長期穩佔立法會三分之一強的關鍵少數，舉足輕重，有權否決政改方案。若最終可達致全部普選，泛民有機會再增議席，可見中央一直未有排斥其問政角色，但大前提是愛國愛港。

可是，泛民陣營漸迷失政治方向，後更受激進自決派道德騎劫，自困於公民提名的普選訴求。2010 年，激進泛民黨派藉自辭議席去發動全港五大區變相「公投」，向中央施壓，要求立即普選。2014 年，激進泛民及自決派青年組織，發動「佔中」，以癱瘓經濟去脅迫中央；中央轉趨強硬，於 6 月發表《「一國兩制」在香港特別行政區的實踐》白皮書，已強調愛國者治港及中央的「全面管治權」。同年 8 月底，全國人大常委會通過按《基本法》規定提名委員會機制的普選行政長官方案，即所謂「8‧31」方案。【13】2015 年，泛民陣營在激進派脅持下不肯妥協接受此方案，政改遂告拉倒，雙普選無從起步。

---

12. 新增 5 個另類區議會議席，仍屬功能組別定義，提名人和候選人須為區議員，却由全港五大（「超級」）選區選民直選，使 70 席的立法會中，以普選為基礎的議席共佔 40 席，即 57%。

13. 根據 2014 年 8 月 31 日通過的《全國人民代表大會常務委員會關於香港特別行政區行政長官普選問題和 2016 年立法會產生辦法的決定》（通稱「831 決定」或「831 框架」），行政長官提名委員會的人數、構成和委員產生辦法，須按照第 4 任（即 2012-17）行政長官選舉委員會的人數（即 1,200 人）、構成和委員產生辦法而規定、不實行公民提名及政黨提名，行政長官參選人須獲得過半數提名委員會委員支持才能成為候選人，候選人數目限在 2 至 3 位，以及 2016 年立法會選舉不實行變動。

　　若當年泛民肯作策略性妥協，則 2017 年的行政長官選舉，雖由中央「守前門」，透過提名委員會機制篩選以確保候選人符合「愛國愛港」要求，但仍由幾百萬香港普羅選民投票去所謂「守尾門」，這樣便可構成巧妙的授權平衡，為「港人治港」開啟新章。其實，依泛民一直表示無意參與執政、只求議會制衡權的邏輯，本應儘快接納中央的行政長官普選方案，才可接着爭取落實立法會全面普選，可是泛民一直未有好好想清楚其長遠政治目標，以及尋求議會過半的體制責任。一個近年常聲稱要跟在全國層面執政的共產黨進行鬥爭、拙於與中央建立互信的泛民力量，怎能想像中央樂於向其放權？

　　中央眼看香港社會變得泛政治化、敵對思潮嚴重、立法配合行政失效、政黨體現不了責任政治，還害怕泛民脅持立法會以癱瘓政府，已深感特區之有效管治成疑，再經 2019 年暴力動亂，遂認定泛民及自決派、港獨分子等勾結外力，意圖進行顏色革命、顛覆政權，從此國家安全凌駕一切。[14]中央決意全面整頓香港──包括管治體制、政治組織，以至被視為「重災區」的民間領域如媒體、工會、教育及社工界等。[15]港區國安法立竿見影，威懾力強，泛民及自決派重要政治人物多身陷囹圄，其立法會議員及絕大多數區議員或被取消資格或自行辭職，不少頭面成員退出政圈或移民他方，令昔日叱咤風雲的反對陣營

14. 中共中央機關刊物《求是》雜誌於 2022 年 5 月 16 日發表署名評論文章，表示國家安全體系不斷完善，特別提到港區國安法制定出台，堵住香港國安漏洞，為新時代依法捍衛國家安全提供堅實保障。文章稱，在黨中央堅強領導下，通過制定國安法、設立駐港國安公署、完善香港選舉制度等立法行政「組合拳」，維護憲制秩序及法治秩序，防範向內地倒灌風險，扭轉香港在國家安全領域長期「不設防」的被動局面，「歷史性地在香港問題上實現了由被動到主動、由大亂到大治的重大轉變」。

15. 有一說香港存在「12 座國安大山」，須予剷除，分別是：民陣（民間人權陣線）、支聯會（香港市民支援愛國民主運動聯合會）、職工盟（香港職工會聯盟）、教協（香港教育專業人員協會）、記協（香港記者協會）、《蘋果日報》、香港眾志、公民黨、社民連（社會民主連線）、華人民主書院、法輪功，及支持 2019 年暴亂的教會等。參見黃宇翔，「香港 612 基金案國際關注、國安十二座大山三大挑戰」，《亞洲周刊》，2022 年 5 月 23–29 日，第 18–19 頁。

潰不成軍，對政府的政治威脅已大為減弱。[16]社會表面上回復平靜，惟暗湧未散、人心未安。

中央對港政策之調整，其實先於 2019 年動亂。2003 年《基本法》第 23 條立法失敗及大規模反政府示威，帶來**第一波調整**，上文已述，但中央仍按原來路徑於 2007 年底給出雙普選路線圖和時間表。踏入 2010 年代，國際和內地形勢均起變化。美國在奧巴馬總統任內（2009–17），推行重返亞洲戰略，旨在牽制自全球金融海嘯後經濟急速崛起、直迫美國的中國；至特朗普主政（2017–21），圍中遏華的新印太戰略成為主調，由貿易戰、金融戰以至科技戰，全面打擊和排擠中國，視中共為最大敵人，而今拜登政府的對中政策定位於民主與專制之對決。

與此同時，中國近年另徑發展取得成功，國力強盛，制度自信大增，追求民族復興，在全國一盤棋下要求香港要有國家大局觀（所謂心懷「國之大者」），尤其警惕香港之「不設防」會讓西方陣營利用以對抗和顛覆中國。如此雙重變化下，中央把香港出現反國民教育及「佔中」，視作分離主義萌芽，乃於 2014 年發表「一國兩制」實踐白皮書，加強對特區的政治要求，此為**第二波調整**。

至 2019 年「黑暴」爆發，中央判定香港失控，成為美國針對中國「新冷戰」的前沿戰場，並認定原有政制無以為繼、（有限的）民主政治實驗已告失敗且為外力所乘。為保衛國家和政權安全，中央領導層果斷出手、不惜代價，決意清除香港內部敵對國家的力量，要把香港從西方世界手中奪回、重置於國家的主體憲政軌道（orbit）和黨政體制倫理之中。

---

16. 過去一直偏向泛民（所謂黃營）的媒體、法律界、社運團體和教育界等，均見自行調整，也有被調查整頓，大大削弱泛民的社會網絡和動員力。2021 年內，《蘋果日報》及《立場新聞》先前因涉嫌勾結外力及煽動被查，一些高層人員被捕被控，即時宣布停止運作；其他近年活躍的親黃網媒也他遷或停運。特區政府並整頓官方香港電台的高層和節目方針，停播認為帶有偏見的欄目及停聘一些編導人員和記者。多個政治上長期支持泛民的核心團體見勢解散，包括：民陣、教協、職工盟及支聯會。不同社團因應過去曾從事的活動和言論，評估其在港區國安法下的政治及法律風險，決定自行解散或調整運作。各大學的學生會，有解散、有被校方終止關係。保安局長鄧炳強稱，截至 2022 年 6 月 30 日，共有 201 人涉國安法被捕，超過六成被檢控，其中有 12 人的案件已完結及全部被定罪（《明報》，港聞版，2022 年 8 月 27 日）。

對黨效忠和融入國家發展大局，已成為 2020 年後新的特區管治原則，「一國兩制」已注入了新的元素和詮釋。此乃**第三波也是最嚴厲的調整**。

六、「完善」選舉制度的設想和特色

從上述脈絡探究，較能明白「完善」選舉制度的深層含義，在於配合中央治港思維和策略的重大範式轉移（paradigm shift），走向一個較偏離西方選舉民主、較近「中式」民主的管治模式。何謂中式民主？2021 年 12 月 4 日國務院發布《中國的民主》白皮書提供了答案。白皮書指出，中共自十八大以來深化對中國民主政治發展規律的認識，提出「全過程人民民主」重大理念，實現了過程民主和成果民主、程序民主和實質民主、直接民主和間接民主、人民民主和國家意志相統一，「是全鏈條、全方位、全覆蓋的民主，是最廣泛、最真實、最管用的社會主義民主」。意即不追求選舉之形式，而是追求實質之結果；那麼實行新選舉制度後特區的管治會否提質，自是成敗關鍵所在。

「愛國者治港」也更新定義。打從 80 年代起，已存在特區依「港人治港」由愛國者去管理的大原則，不過早年鄧小平予「愛國者」非常廣闊包容的定義。1984 年 6 月，他說：「愛國者的標準是，尊重自己民族，誠心誠意擁護祖國恢復行使對香港的主權，不損害香港的繁榮和穩定。只要具備這些條件，不管他們相信資本主義，還是相信封建主義，甚至相信奴隸主義，都是愛國者。我們不要求他們都贊成中國的社會主義制度，只要求他們愛祖國，愛香港。」[17] 當時致力團結一切可團結在民族大旗下的人。今天新時期，面對黨國政權遭受挑戰威脅，再不能同日而語。2021 年 2 月，全國政協副主席兼國務院港澳辦主任夏寶龍表示：「國家不是抽象的，愛國也不是抽象的，愛國就是愛中華人民共和國。……中國共產黨帶領人民締造了中華人民共和國，在我

---

17. 鄧小平：「一個國家，兩種制度」（1984 年 6 月 22、23 日），《鄧小平文選》第三卷，人民出版社 1993 年 10 月第 1 版，第 61 頁。

們這個實行社會主義民主的國家裏，可以允許一些人持不同政見，但這裏有條紅線，就是絕不能允許做損害國家的根本制度，也就是損害中國共產黨領導的社會主義制度的事情。」[18]

特區新選舉制度強化中央「全面管治權」的主導角色，核心在於行政長官選舉委員會，有四項改變：(1) **增設國家利益界別**——在原有工商、專業、勞工、政界四大界別之外，增設第五界別，代表全國人大、政協和一些全國性團體，以照顧國家利益（香港坊間稱之為「國家隊」）；選委會將設總召集人，由國家級領導人出任，各界別也將設召集人。(2) **收窄和重定選民基礎**——五大界別主要以指定團體為選舉單位、取消個人選民直選產生選委；昔日泛民透過少數個人直選組別晉身選委會，從而在舊有門檻下擁有提名能力、企圖扮演一定的「造王」角色，已成過去。[19] (3) **主導議會**——重設選委會在立法會的議席，更在擴大了的 90 席中佔 40 席，居主導地位，作為強化行政主導體制的中流力量，去除政黨坐大的可能；若選委會議員高度維護和支持政府，則立法配合行政便有了實質保證。(4) **提名把關**——立法會所有議席的候選人，除相關選區／界別選民提名外，須同時取得選委會五大界別提

18. 國務院港澳辦主任夏寶龍 2021 年 2 月 22 日在全國港澳研究會舉辦的「完善『一國兩制』制度體系，落實『愛國者治港』根本原則」專題研討會上致辭。夏寶龍表示，「愛國者」主要表現在三個方面：(1) 愛國者必然真心維護國家主權、安全、發展利益；(2) 愛國者必然尊重和維護國家的根本制度和特別行政區的憲制秩序；(3) 愛國者必然全力維護香港的繁榮穩定。他發言的全段是：「國家不是抽象的，愛國也不是抽象的，愛國就是愛中華人民共和國。憲法是國家的根本大法，是《香港基本法》的母法。《憲法》第 1 條規定：『社會主義制度是中華人民共和國的根本制度。中國共產黨領導是中國特色社會主義最本質的特徵。禁止任何組織或者個人破壞社會主義制度。』…維護憲法的權威和尊嚴是對每一位中國公民的必然要求，也是愛國者的行動準則。中國共產黨帶領人民締造了中華人民共和國，在我們這個實行社會主義民主的國家裏，可以允許一些人持不同政見，但這裏有條紅線，就是絕不能允許做損害國家的根本制度，也就是損害中國共產黨領導的社會主義制度的事情。『一國兩制』是中國特色社會主義的重要組成部分，中國共產黨是中國特色社會主義的領導者，是『一國兩制』方針的創立者，也是『一國兩制』事業的領導者，一個人如果聲稱擁護『一國兩制』，卻反對『一國兩制』的創立者和領導者，那豈不是自相矛盾？」他又說：「香港有一些人聲稱可以『愛港但不愛國』。這是奇談怪論。…香港特別行政區不是別的什麼特別行政區，是中華人民共和國的特別行政區，效忠香港特別行政區，就理應要效忠中華人民共和國。愛港與愛國不能割裂，更不能對立，自稱只愛香港、不愛中國者，當然也算不上是愛國者。」

19. 2016 年選委會界別選舉中，泛民陣營推出「民主 300+」選舉聯盟，最終取得 1,200 席位中 327 席。

名，以加強政治把關。這些收權的舉措，扭轉了回歸後原有政制發展路徑上逐步擴大開放的方向。

　　中央官員多番表示不希望議會「清一色」，新制設計上未完全排斥反對派。地區直選由五大選區比例代表制改為 10 區「雙議席單票制」，應可讓非建制力量有機會每區拿到一席，而少數功能議席（如法律、教育、社工、醫護等）仍維持個人選民制，應有利於泛民。無奈當前政治低氣壓下，加上雙重提名保險的排拒效應，令泛民退場情緒嚴重，其青年支持者傾向「躺平」、消極抵制，連老牌的民主黨也以「沒有黨員有意參選」為由，缺席 2021 年 12 月立法會換屆選舉，致地區投票率創歷史最低，只得三成（2016 年選舉為六成）；不同年齡層選民之投票率均大跌，30 歲或以下選民投票率更低於一成。[20] 大抵上，泛民支持者沒有投票，尤其是於 2019 年 11 月區議會選舉傾巢而出、使非建制派奪得 18 區中之 17 區區議會控制權的年輕「首投族」選民。[21]

　　結合中央對特區的全面部署（包括國安法），「完善」選舉制度總的定位是：政權安全至上、去對抗化，看來要達致幾個目的：

(1)　　**愛國者治港** —— 中央全面主導行政長官人選、主要官員組班，以及立法會人選醞釀（特別是選委會界），加強政治把關，去除政治競爭帶來建制陣營的分化和爭議；當中中聯辦起着指導、監督和協調角色。[22]

---

20. 當中 21-25 歲選民投票率僅 6.4%，18-20 歲選民投票率約 6.6%。見陳嘉慧，〈立法會選舉首投族投票率僅 6.6%，投票少於 6000 人〉，《香港 01》，2022 年 4 月 25 日，www.hk01.com/sns/article/759175。

21. 2021 年立法會選舉對比 2019 年區議會選舉，各年齡層投票率平均下跌 45.8 個百分點，而以 18-20 歲、21-25 歲跌幅最大，投票率分別減少 67.9 及 66.7 個百分點。

22. 身兼全國僑聯副主席的建制派大老盧文端指出，第 6 屆行政長官選舉跟過往選舉很大不同，有五點特別值得注意：（1）維護國家安全和社會穩定的堅定意志及能力，是出任新行政長官的最重要條件（沒有之一）；（2）中央擁有特區主要官員的實質任免權，將支持行政長官組建管治團隊；（3）中央指導香港發展，確保施政顧及長遠發展，重大政策具連續性；（4）非建制派人士向唯一行政長官參選人表達不同背景市民的訴求，是其參與選舉的新形式；（5）今次一人參選，不等於以後的行政長官選舉都是「一人模式」。見盧文端，〈新一任特首選舉的幾個觀察點〉，《明報》，觀點版，2022 年 4 月 19 日。

(2) **行政主導、去政治化** —— 重整強勢的行政主導體制，某程度去政治化，不會鼓勵以開放型競爭選舉作為政制運行的基礎。

(3) **議會去政黨主導、邊緣化反對派** —— 以選委會主導議會、配合政府，連建制派政黨也不再左右議會；雖可容納很少數反對派，但不強求，前提是接受憲政秩序。

(4) **行政機關貫徹忠誠和擔當** —— 由中央布置的執政團隊和議會團隊，去驅動公務人員系統、法定機構及諮詢組織系統的政治歸向和工作。

同時嚴格執行港區國安法及推行國民教育，在全社會層面改造各界及年輕一代的國家認同面貌；及**大力培訓新時期愛國政治人才**，進行換代換血，主要靠社區服務工作和委任進入政府各諮詢和法定組織，有別於以前民建聯和工聯會般重視群眾型選舉的洗禮。

觀乎具體變法，新政制針對中央認定的動亂之源：即反中亂港力量癱瘓、傳統建制派不振、政黨和選舉政治誤事、傳媒教育社工等界別變色，以至公務員系統（特別是政務官）避事和存在政治忠誠問題。因此重鎚出擊，以國安法之力遏止外力介入及整頓各重災區、清洗泛民反對派、建制陣營換血，一切以由中央認可的「愛國者」操盤，並重用紀律部隊（坊間稱「武官」）以平衡傳統文官特別是政務官的勢力。三次選舉（選委會、立法會及行政長官）現已先後完成，由警隊出身的李家超繼任第 6 屆行政長官，標誌新的特區管治紀元正式啟幕。

2022 年 5 月 30 日李家超上京接受任命。國家主席習近平要求李家超施政展現新氣象、譜寫發展新篇章。[23] 時任國務院總理李克強提出三大要求：一是廣泛團結社會各界，積極回應社會關切；二是提高政府效能，提升香港綜合競爭力；三是高效統籌疫情防控和經濟社會發

---

23. 〈習近平會見李家超〉，《新華社》，2022 年 5 月 30 日，北京，www.hmo.gov.cn/xwzx/zwyw/202205/t20220530_23351.html。

展，破解民生難點痛點，開創發展新局面。[24]能否讓特區走出新氣象、脫胎換骨，以結果讓社會叫好，乃對新選舉制度的根本考驗。

七、體制邏輯和操作性問題

中央以上而下的手段整改治港制度，處理了「投入」（input）元素，但不自動保證管治和問政能力，即「產出」（output）質素，關鍵在於系統內的轉化效能。在此提出若干體制邏輯和操作性問題，以深化思考。

體制邏輯上，九七回歸前中央於「接收」策略下，以為由原建制班子轉移政治效忠，再加上傳統愛國陣營，組成「愛國愛港」的中堅力量，在執政團隊和議會等政權機關促成某種管治同盟，複製港英之一套管治手段和權力倫理，便可延續穩定與繁榮、長治久安，達至兩利兼得。早期穩定體制之四大板塊（即港官、工商專業精英、愛國左派及民主派），構成學理上的政治共同體（political community），若能良性互動、有序地新陳代謝，的確可以再生產有機力量，維持相對的政治穩定。奈何此設想敵不過上文分析的時空環境及人心之轉變。新政制下，舊有政治共同體崩解，但新共同體尚待建立，順逆條件未見明朗；規限和約束有餘，但制度誘因和開放競爭不足。初步觀察，似以中央官員篩選為主，未見着實針對「港人治港」一些根本性挑戰。

第一，治港者正當性的基礎，既須愛國、擁護國家及《基本法》憲制、及獲中央的信賴和授權，也須同時立足於本地社會和民眾認受。行政長官的行政主導，本質上不可能是港英殖民地總督式的專權主導，否則由中央派出行政長官便可，無須實行港人治港。中央提出高度自治、港人治港，就是儘管中央憲制上對特區擁有全面管治權，但不實行（哪怕是隱性的）中央直管。港人治港注入全新的政治倫理和權

---

24. 〈李克強會見李家超 頒發任命李家超為香港特別行政區第六任行政長官的國務院令 韓正出席〉，《新華社》，2022 年 5 月 30 日，北京，www.gov.cn/xinwen/2022-05/30/content_5693079.htm。

力邏輯，市民不再是依附政權的客體，要求有當家作主的持有感，這才是特區民主化和政制發展的道理所在。過去一些人只以港英治下殖民地的依順，去評價不再一樣的民心和制度運作，也有以內地的一套治理邏輯去解讀香港的「亂象」，得出比較片面的論斷，不利於對症下藥。當然港人治港充滿挑戰，可見諸回歸以來的種種體制張力和內部政治矛盾。

若把《基本法》下的民主，看成是有利於西方勢力衝擊中國的缺口，並把中西方矛盾視作常態之制度鬥爭，必然產生港人與中央之間不必要的對立，易為外力所乘。第 6 屆行政長官選舉缺乏競爭、一切靠中央部署安排，雖避免建制派分裂形成惡性競爭（如 2012 年唐英年與梁振英之爭），但客觀上建制陣營內派系仍在（下文分析），未來行政長官單靠本身有限的政治能量、及尚待考驗的社會民望基礎，較難有力領導和感召社會，或輕易駕馭立法會建制派。

第二，行政與立法關係的基礎，本可依賴議會政治及選舉政治下政黨的良性作用，可是回歸後仍受困於港英時代的官僚管治心態，制度倫理含糊不清，致無論是建制派還是反對派政黨皆發揮不了建設作用，立法只有制衡和阻力，配合不了行政。政治內耗不是因為有了政治、有了選舉，而是缺乏良性的「責任政治」、多了惡質化的反對政治，讓「無須負責的政治」泛濫，群眾型選舉往往變成「否決」體制之投票，即政治學者福山（Francis Fukuyama）所形容制度失效下的vetocracy（否決式政治）。[25]儘管各建制黨派一直有核心成員加入行政會議，卻缺乏參與執政的責任倫理。若行政長官和執政團隊擁有在地政治認受性，便可具底氣，無需總是事事搞諮詢、自我綑綁、本末倒置；若行政長官選舉（縱使透過選委會）是面向公眾的，則選舉便成施政綱領的確認過程，取得社會支持當選後，堅定實行。但兩者皆失落下，特區政府遂成權重力弱。

---

25. Francis Fukuyama, *Political Order and Political Decay: From the Industrial Revolution to the Globalization of Democracy*, New York: Farrar, Straus and Giroux, 2014.

　　中央認為過去直選普選只利於泛民及民粹主義，故傾向由其認可之精英議政而重設選委會議席，並佔四成多大多數。選委會議員理應不受局部或行業和地區利益左右，較為看重全港性和國家發展需要，但他們的出線不靠政府、不欠政府，故不等於天然支持政府的一切，除非中央有強烈表示；部分選委會議員具一定的專業行業地位及公共服務資歷，其挑戰行政的力度也不容輕視。故動態而言，改制後建制派主打的議會跟政治官員之間的角力，形態或有不同，但不必然比過去建制 vs 泛民時期大為褪減，變數仍多，政治不會消失，問題是怎樣性質的政治而已──抗衡性（adversarial）？遵從性（compliant）？禮讓性（polite）？目前新一屆立法會不再看到抗衡性政治，多是呂大樂教授所形容的「許願式」問政，[26] 較難讓普通市民有感。[27]

　　第三，文官制度及公共行政的定位。回歸前，中央高度肯定和信任香港的官僚體系（特別是政務官），高估其可發揮的力量。《基本法》假設港官治港，靠文官系統去培養管治人才，缺乏對政權動態建設的重視，包括行政機關和議會的制度性再發展、政黨功能及參政人才的培養。回歸後，面對日趨複雜的黨派和選舉政治，不少文官陷入角色困惑，有時不知所措、不夠進取，執政效率漸打折扣；從前敢為天下先，今變多所顧忌。2002 年引進政治任命官員，未能發揮預期效果。

　　一方面，行政長官有了自己的執政團隊，走上「類總統化」之路，但欠缺政治實力基礎及與議會之有機連繫，每屆組閣總有點拉雜成軍、並過份依賴從退休和現任公務員高官中找人，未能引進政治加持力和社會動員能量，仍停留於辦公室內發施號令，使立足於社會和群眾的政治領導力不振。因特區政府的在地威信和底氣不足，施政自會事倍功半，大灑金錢也無濟於事。公共治理不似企業管理，以為定下一些 KPI（主要表現指標）就自然產生結果，這屬單維的組織紀律行事

26. 呂大樂：〈「許願」式談深層矛盾，無助覓施政新路向〉，《明報》，觀點版，2022 年 5 月 27 日。

27. 選委會議員雖人數眾多，但不少缺乏公眾知名度，群眾基礎薄弱。早期有些個別議員發言之「離地」，跟其批評之官員比較實五十步笑百步而已。

邏輯；管治既有其科學也同時是藝術，須講求誘因機制、利益平衡和因勢利導，這就是政治。而香港在回歸後的最大缺陷，在於未能理順政治。

另一方面，儘管整體上香港的公共行政仍相對高質（可參考世界銀行全球治理指標，World Governance Indicators），但程序和架構日增、關卡日多，若用力錯位、失去靈活，交易成本必高。主要官員政治任命制強調向司局長問責，政務官主宰各局常任秘書長要職，卻似無須問責（遇有事故，議員及社會上只要求局長下台）；文官雖仍處決策中樞卻往往怕為失序之政治所纏，易變得因循及凡事訴諸程序，以迴避政治風雨。若說有公務員懶政避事，其實各地皆見。香港除了典型之官僚避險（risk averse）心態作祟外，深層原因是失去制度性誘因去進取和冒險，在兩極泛政治化下，各方捧打出頭鳥，但行政長官勢弱，公務人員倍感缺乏「保護」，遂人人自保。

公共行政的主要問題，不在於缺乏相關制度和機制，而是運用失宜；不在於公務人員整體上效率不濟，而在於頂層政策和策略缺失、及中層被動和跨部門溝通不足。最終來說，除了公務員制度需及時檢討改革之外，要提振士氣擔當，必須讓廣大公務人員看到並認同「為何而戰、為誰而戰」；若動輒視公務員為管治失敗之內鬼，出現「武（官）進文（官）退」和貶文官的猜論，只會自毀長城。[28] 作為施政中樞幹部的政務官職系，若其忠誠和效能不斷受到質疑衝擊，徒破壞士氣，無助於強化公務員系統。

---

28. 若參考外國經驗，也有出身軍旅的政府首長表現出色者，如現今新加坡總理李顯龍及戰後出任美國總統的艾森豪威爾（1953–1961），所以不用講究什麼文官武官背景，一切看其領導和親和能力、及能否團結社會。英治時期，殖民地政府依靠政務官和警隊為保證政權安全的統治工具，直至 1985 年中英聯合聲明簽署後才容許非英籍的港人投考政務官及警務督察。兩個「精英」系統深受英式制度、價值和文化熏陶，在 1997 年前獲英方自動給予正式英國護照（具居留權，而非一般市民的英國公民海外護照 BNO）。若按一些政治陰謀論，說回歸後原由港英培養的政務官對國家之政治忠誠成疑，那為何對警隊高層却無此懷疑？可見一切皆屬心障及囿於制度認知的陰謀猜想。

此外，政治委任官員和文官之間，雖存張力，但從管治制度而言，也可各有角色優勢、互為補足，使張力成為建設性（creative/constructive tension），關鍵在於兩者的能力、視野和修養。治理社會經濟，不能單一角度；文官也不應只是應聲的執行者。香港政務官職系的傳統講求獨立思考和平衡務實，應有制度責任和空間給予行政長官及司局長知無不言的政策意見（frank policy advice），但最終當然是由首長們作出通盤考慮和決定，承擔政治責任。

第四，建制派有何所為及如何整合。從中央看，若泛民干擾立法會已成過去，建制派已無需「護航」，理應展現新的負責任、鏗鏘有力的問政風格，如何鍛煉出這能力，不是改制就自動到位，一切靠認真競爭。新時期議會建制派的政治任務有二：支持政府、監督政府，但支持不可盲目（作橡皮圖章），監督不應為反而反。建制派並非執政黨，也難與美式同一政黨控制國會及出任總統時出現的「unified government」（合一政府）相提並論，而就算在美國也存在不間斷的行政立法角力，議會欲「有為」而往往積極與行政議價，不像英式議會般由多數黨的內閣擺布。香港的建制派如何重塑其存在生態，在缺乏泛民反對派下，會否突顯監督制衡，競相爭取有為（尤其是來自地區選舉的政黨議員），以展示問政勇猛、為民請命、為民消氣？

另一挑戰是整合建制派成穩定施政的力量。誰有能力發施號令，還是讓各自發揮？建制派三類議員（選委會、功能組別、地區直選）的定位和表現自會不同，有政黨背景的跟獨立參選的也不會一樣，而且今天建制陣營更存在新舊之間的矛盾。2014年「佔中」後出現的藍營、「藍絲」，不少並非來自傳統愛國左派或北京重視的建制精英。[29]立法會大增議員，一些過去其實對社會政治興趣不大，而去政黨強勢下，建制派大黨難再獨當一面，議會更為分散，產生體制新的暗湧。已有報

---

29. 2019年黃藍對壘，新興藍營群組和KOL（意見領袖）積極「勤王」，除勇於跟泛民、攬炒派、分離主義等鬥爭外，也批判官員（特別是政務官）以及他們視為不夠硬淨的舊建制派；深藍對建制精英尤其不滿。

道新舊代議士的矛盾逐漸浮現，新人各出其謀爭取表現，舊人卻怪他們不依傳統。[30]

第五，如何處理反對派。反對派在香港不是一個抽象問題，社會上仍有半數傾向非建制。反對派不振，看似建制安穩、能成大事，但深層困擾仍在。原則上新制下參選人通過雙重提名及資格審查，即確認為「愛國者」，但無須清一色，也可以有批判政府施政的反對派。可是，這樣的「忠誠反對派」，在巨變的政治環境下可如何產生及進入議會，現時看不清途徑。依賴新選舉制產生的治港團隊，恐怕只能團結半個社會，故政局不會真正穩定下來，但中央又可能怕泛民勢力回來生事，而痛恨泛民的「深藍」圈子意欲中央全面清洗所有反對派；與此同時，不少泛民選民仍質疑新制，泛民日後可如何轉型蛻變？

所以一個根本挑戰是：能否在「愛國者治港」前提下回復多元包容，以及如何讓反對派重生。若只求防止泛民獲利而遏抑開放型選舉，那是斬腳趾避沙蟲，使治港者失去真正的民眾政治洗禮、乏途取得本地社會的廣泛認同。若建制派不可能建立在市民中的全面代表性，而反對派又不成氣候或持續杯葛體制，那麼港人治港的基礎在哪裏？

缺乏民眾認受的特區政府，施政乏力，愈要靠中央支撐。建制派全面掌控立法會，目前表現似重於維護中央權威及政治表態、輕於問政深度；議員人數增多不必然等於活力增強，且背景泛雜，不再政黨主導，愈易碎片化。行政主導最終需依賴中聯辦在幕後統籌推動，但中聯辦不用在台前承受施政結果，故或致責任政治「兩頭落空」（falling

---

30. 余錦賢，〈議員發言爭鋒頭 主席出馬化嫌隙〉（香港脈搏），《信報》，香港，2022 年 5 月 30 日；文維廣，〈新丁各出奇謀爭表現惹爭議〉，《HK01》，香港，2022 年 6 月 7 日。

表6.2　新舊體制的背景、前提、條件和傾向比較

	1997 政制	2020 政制
背景與前提	九七回歸、平穩過渡、保持繁榮安定。內地啟動改革開放，透過香港與國際接軌，香港作為國家現代化典範	2019 年「黑暴」動亂、特區政治失序失控。國家強勢、經濟崛起、充滿社會主義制度自信
「一國」	1984 年鄧小平「愛國者」定義寬鬆包容。中央不怕香港危害國家安全，可由特區自行立法（《基本法》第 23 條）	2021 年「愛國者」定義須認同中共治國之憲政體制。2019 年動亂，中央認定香港成為國家及政權安全之短板，急訂港區國安法
「兩制」	各自發展、井水河水互不侵犯	香港必須融入國家發展大局
高度自治	國家對香港擁有主治權、不可分割，但接受中共不宜亦不懂管理資本主義杳港	中央對特區有全面管治權，認為香港已回歸了四分之一世紀、中共有能力管好香港
港人治港	沿用原治港官僚（港官），加上傳統工商專業精英、愛國左派及新興民主派，構成四大板塊，穩定香港，在中央領導下，管好特區	泛民被視作反中亂港、港官（主要是政務官）及原建制的能力和忠誠受質疑。中央貫徹全面管治權及「愛國者治港」，整改治港秩序、換血換腦袋
國際大勢	中國走進西方主導的國際秩序、尋求互容合作。美國及西方陣營支持「一國兩制」及香港特殊性、重視其於中西聯繫上之仲介角色	新冷戰下美國圍中遏華、視中共為最大威脅、中西制度衝突。中央認為外力策劃香港「顏色革命」；西方認為香港進入「一國一制」、欲予邊緣化
選舉制度	不搬西方民主、但較靠近西方做法；以開放型選舉為導向、雙普選為目標、有競爭之行政長官選舉	偏離西方民主、較融入國家主體制度、以 2021 年中國民主白皮書為指導思想。雙普選暫時無期、中央積極主導、選委會成為「愛國者治港」核心、無競爭之行政長官選舉

between two stools）。因此，表面上政局受控，但治港基礎趨向狹窄，總體治港能力仍舊脆弱，有待鞏固提升。[31]

八、結語

本文分析了特區管治體制，由九七回歸時「兩利（欲）兼得」的進取性歷史妥協，以構建有節制選舉競爭的「特區民主」模式，為何步向困頓和挫敗，至 2019 年動亂後中央全面調整治港政策而告夭折，為收緊的選舉制度和相關改變所取代。新制能否帶來良政善政，有待觀察。目前而言，或可說中央權衡利害，首重國家政權安全、遏止分裂，然後才談得上重建，故必然是一個有利有損的戰略性取捨；跟九七回歸時較樂觀的構想相比（即透過遞減立法會內選委會議席至零以增加地區普選議席佔比至第三屆達一半，再最終達致《基本法》所定全部議席由普選產生的目標），今因政治形勢之變而重設大量選委會議席、並大幅減少地區普選議席佔比至少於 22% 左右，無可奈何似走回頭路，或說這樣的調整長遠來說有利於取得更穩妥的政治基礎邁向擴大普選的目標。

中央從以我為主的姿態應對 2019 年特區政治危機，既歸咎民主派變質、外力陰謀、政治顛覆、原建制不可靠等因素，也關切長期深層次矛盾對社會凝聚之破壞，但主要聚焦於經濟民生問題。對於最根本的人心問題，中央對之解讀似限於愛國主義貧乏及國際政治鬥爭的層面，未夠動態去剖析港人的身份政治和躁動現象背後的至深層因由，

---

31. 全國政協主席汪洋 2022 年 5 月 13 日主持全國政協雙周座談會，在會上提及，要堅持「愛國者治港」根本原則，堅持「大團結大聯合」，聚焦骨幹力量、充實基礎力量、培育新生力量，努力提升政治把握能力、思想引領能力、團結協作能力、聯繫群眾能力、解決問題能力，助推特區實現良政善治，確保一國兩制實踐行穩致遠。（〈全國政協召開雙周協商座談會〉，《新華網》，2022 年 5 月 13 日，www.news.cn/politics/2022-05/13/c_1128648846.htm。）另全國港澳研究會副會長劉兆佳指出，在回歸前後，本港的愛國力量發展受到不同掣肘，至今「愛國者治港」原則落實後，為愛國力量提供基礎和條件，有計劃、有組織地發展，但稱目前愛國力量在人才供應、管治能力、團結性都有待提升。（《明報》，港聞版，2022 年 5 月 15 日。）

從而得出不一樣的結論，亦即對香港要「刮骨療毒」，進行清除所有反中亂港的勢力和苗頭、換血換腦袋的大手術。

本來「一國兩制」下香港的特色，在於自由開放、多元思想、中西交集，若懷疑論下一切惟防守與安全，也會導致另類的避險避事心態，一旦把線拉直收緊，便會有水清無魚之虞，所以亂後求治，切忌把嬰兒與洗澡水一同倒掉。誰才可信、誰能治港？何謂治港？——究竟是要一個「清一色」、順從的香港社會，還是一個可包容異見、五光十色的香港？這些關乎香港未來的問題尚在尋找答案。相信中央追求的仍應是一個具自我治理能力和調節能力的特區，中央強化監督但不實行直管、也不實行內地顯性黨管的一套。可是，客觀而言，從目前此岸可如何邁向未來較包容性之彼岸，仍充滿變數，亦缺乏滋養新生素所需的政治土壤，希望不致「兩利或皆可失」之局——即某種 neither here nor there。

2021 年 12 月，國務院發表《「一國兩制」下香港的民主發展》白皮書，可說是 2014 年「一國兩制」白皮書的續論，重申中央初心不變，將繼續完善符合香港實際情況的民主制度，建設既不是內地模式也不照搬西方民主的港式民主。白皮書表示「完善選舉制度」為香港民主長遠健康發展打下了堅實基礎，為實現「雙普選」目標創造有利條件。但如何及何時落實，是否仍受嚴緊的政治把關、建基於怎樣的路線圖，自是廣大港人以至國際社會最為關注。穩步進展，才可否定香港「民主終結」的悲情論調、有利於吸引各方政治人才重新參與、重建良性循環。自回歸前起步的香港民主道路，按原來路徑陷於窮途末路，固然乃前所未料；新階段若仍要走民主化，在今天的大環境及政治遊戲規則和體制邏輯已變下，必需有嶄新的思考及凝聚新的政治共識，更要看國家在國際地緣政治巨變下的未來走向及如何演繹「一國兩制」。

美國在拜登政府「全面競爭」策略下，對中國帶來的衝擊，比特朗普政府的反中策略可能更大，後者定位於較單邊主義導向的「美國優先」，但拜登則欲重振美國二戰後在經濟、軍事和制度上領導全球的霸權（或曰「普世主義」），因此定位於「民主 vs 專制」的陣營／體制

137

對決。美國正加強對歐洲的主導，其印太圍中戰略更為鞏固，除軍事包圍外（如美澳印日四方安全對話 Quad，以及仍會擴大的美英澳軍事同盟 AUKUS），也企圖在經濟上孤立中國（如 2022 年 5 月出台的印太經濟框架）。[32]對立之勢不止於政府層面，民情上對中國的敵視日益明顯。[33]全球經濟前景在急速惡化，俄烏戰爭和新冠疫情不單直接影響短期經濟表現，更帶來生產鏈、供應鏈和金融鏈的結構性變化；能源及糧食供應緊張、各國通脹急升，生活負擔之重增加人民怨氣。若中國在全球政治和經濟受西方及部分亞洲國家刻意針對，必會導致生產和經濟發展上進一步的壓力及不明朗性，也不能以為靠內循環可以長期抵禦，因為全球化下的國際互賴互聯大趨勢已不可逆轉。

全球地緣政治會持續影響新時期「一國兩制」和「港人治港」的推行，對國家及香港的命運至為關鍵。香港現處內擾外患。2019 年動亂及人心變化帶來的衝擊，令政治體質虛弱、社會信任低落，急需復和及重建參與。在目前國內外的大形勢下，香港作為國際化都會的特色和優勢不斷削弱，跨國企業和人才逐步流失，全球樞紐地位備受威脅，影響它為國家發揮聯結國際（特別是西方世界）的作用。一個失去光芒和獨特功能的香港，還能受國家重視、還能讓「一國兩制」行穩致遠嗎？原來粵港澳大灣區走入國際的進取構思會否大打折扣？但是，內部復和及對外重返從前矚目的國際化都會，需要一段較長時間和正向清晰的視野。短期而言，穩定經濟民生以應付全球大局急變，迫在眉睫，因此尤須凝聚好公務員體系以至企業和民間，改善整體治理能力，不能讓擴大鬥爭的思維不斷侵蝕香港活力之本。

---

32. 2022 年 2 月俄羅斯貿然入侵烏克蘭，迫使歐亞澳親西方國家全面向美國靠邊，客觀上助其建立龐大之戰略同盟，北約組織進一步擴張。普京的冒進盲動打破了之前美歐中俄在全球政經及軍事外交上的均衡態勢。

33. 如見皮尤研究中心（Pew Research Center）調查。Laura Silver, "China's international image remains broadly negative as views of the U.S. rebound", Pew Research Center, Washington DC, 30 June 2021, www.pewresearch.org/fact-tank/2021/06/30/chinas-international-image-remains-broadly-negative-as-views-of-the-u-s-rebound/。

　　國家主席習近平在 2022 年 7 月 1 日慶祝香港回歸 25 周年作重要講話，開宗明義說明「一國兩制」是好制度、必須長期堅持。他提出必須保持香港的獨特地位和優勢，並說香港居民「不管從事什麼職業、信奉什麼理念，……只要真心擁護『一國兩制』方針，只要熱愛香港這個家園，只要遵守《基本法》和特別行政區法律，都是建設香港的積極力量，都可以出一份力、作一份貢獻」；並呼籲港人「繼續發揚包容共濟、求同存異、自強不息、善拼敢贏的優良傳統，共同創造更加美好的生活。」【34】所以，現在是講求建設、拼搏、包容、求同存異的關鍵新起點。

　　新選舉制度對回應新時代的挑戰，究竟是迎來助力還是增添變數，需進一步探討、實事求是。暴風過後尚未真正天晴、山雨還似欲來。莎士比亞曾說：「凡是過去，皆為序章」（what's past is prologue）（莎士比亞戲劇《暴風雨》，*The Tempest*）。反思過去的轉折，對展望下一階段「一國兩制」、「港人治港」何去何從，可少些一廂情願，多些務實向前，尋求在悲情和虛妄之間，找到新的開始、新的養分、新的希望。

---

34. 〈習近平在慶祝香港回歸祖國 25 周年大會暨香港特別行政區第六屆政府就職典禮上的講話（全文）〉，《人民網》，北京，2022 年 7 月 1 日，http://politics.people.com.cn/BIG5/n1/2022/0701/c1024-32463862.html。

第七章

香港新立法會與行政長官選舉的新發展

盧兆興

香港大學專業進修學院常務副院長

洪松勳

亞太研究學社會長

一、引言

香港選舉政治民主化（democratization）的發展主要是由於政權移交，由殖民地轉變成香港特別行政區，管治上以議會政治（parliament politics）來反映市民大眾的意見，選舉政治已經有 40 年的歷史，普選（universal suffrage）問題亦形成了社會民主運動的訴求。2019 年香港的社會運動是史無前例的，市民大眾對香港政府推行修訂的引渡逃犯條例[1]的不滿發展成為大規模的反對政府社會運動，持續數月的不穩定挑戰了政府的管治威信（governing authority）和失去統治的認受性

---

1. 香港特別行政區政府提交香港立法會審議的法律草案《2019 年逃犯及刑事事宜相互法律協助法例（修訂）條例草案》(*Fugitive Offenders and Mutual Legal Assistance in Criminal Matters Legislation (Amendment) Bill 2019*)，民間及媒體報道俗稱「逃犯條例」、「引渡條例」、「送中條例」等，是以向中國內地、澳門和台灣等司法管轄區移交嫌疑人和進行法律協助。修訂是反對逃犯條例修訂草案運動爆發的導火線。

地位（ruling and legitimacy status），而且連帶的區議會選舉[2]親政府陣型亦史無前例的失敗，民主派大比例的贏得絕大部分議席，使得中國政府認為是重要的訊號，決定修訂香港的管治情況，先是實施香港國家安全法（national security law），從而改變了香港的選舉制度（electoral mechanism）以形成了愛國者治港（patriots ruling Hong Kong）為主體的政治架構。本文是從香港選舉政治的歷史由來和演變，與及社會民主運動發展的情況，來說明中國人民代表大會和香港特區政府如何推動的政治改革，如何改變了香港的狀況，不惜受到壓制人權和推行不民主的選舉制度的批評，實行政策的改革以敉平社會動盪，促使香港能夠穩定下來。

二、民主選舉制度與殖民地香港議會

香港在英國殖民統治時期已經設立議會制度，有代表議政。最先成立了行政局和立法局（executive council and legislative council，最初稱議政局和定例局），而總督會同行政局為香港殖民地時期的最高權力機關，初時由官員出任到漸漸加入委任代表，先由英商到後來加入華人，而立法局功能在於制訂法例和審核財政預算，比行政局更早加入非政府的代表（非官守議員，un-official members），[3]戰後華人的角色越來越重要，但制度上都是透過委任制加入民意代表，其間市政局的成立和有選民基礎的代表透過選舉產生的市政局議員，政府亦會以委任形式予其加入立法局和行政局，譚惠珠就是其中一個好例子。[4]西方的

---

2. 黃文超：〈2019 年區議會選舉〉，Newsletter of the Executive Officer Grade — General Grade office, Number 191, 2020 年 10 月，www.csb.gov.hk/hkgcsb/eon/191/191/191_2.html；馮驊、陸貽信、張妙清：《2019 年區議會一般選舉報告書》，選舉管理委員會，2020 年 2 月 24 日，www.eac.hk/ch/distco/2019dc_detailreport.htm。

3. 參考 Norman Miners, *The Government and Politics of Hong Kong*, Oxford University Press, 1991.

4. 譚惠珠 1979 年當選市政局議員，以其法律背景的身份，獲政局委任為立法局議議，因其在中英談判前途問題提出權利的保障而獲政府委任為行政局議員。

民主政治制度比較建全，主要有民主共和制（democratic republic）、君主立憲制（constitutional monarchy）和議會共和制（parliamentary republic）；香港制度上有所仿傚但絕不是西方式民主制度，但至少都有三權分立（separation of powers）的形式，而到香港前途問題出現後，香港政府開始發展一套代議政府的民主模式（representative government democracy），體現在中英雙方經常爭持的循序漸進發展民主化（gradual development democratization）的問題上，[5]而最終應以普選為目標的民主制度。因此，香港代議政府的政治制度發展中設有選舉團（electoral college）和功能團體（functional constituency）的不民主選舉，所理解的是有關制度只是作為過渡性安排，香港政制是以邁向普選為原則的，《基本法》亦設定了普選的最終目標。

　　然而，「威權國家」（authoritarian states）會有另外一套民主原則，如「社會主義民主」（socialist democracy）才是真正屬於無產階級的民主，貫徹社會主義民主的組織原則就是「民主集中制」（democratic centralism）。中國共產黨早於「六大」將「民主集中制」寫入黨章內容。[6]在「一國兩制」下的香港原先向西方民主制度發展的，而歷史上一連串的社會運動（social movement）滲入了挑戰國家權威（challenge state authority and legitimacy）的情況，促使中國政府漸次改變香港的政制向社會主義民主傾斜。

---

5. 劉兆佳：《過渡期香港政治》，廣角鏡出版社，1993；劉曼容：《港英政府政治制度論》，社會科學文献出版社，2001；Li Pang-kwong, *Political Order and Power Transition in Hong Kong*, The Chinese University Press, 1997。

6. 袁勃，牛鏞：〈萬山磅礴有主峰（習近平新時代中國特色社會主義思想學習問答（50））〉，《人民日報人民網》，2021 年 9 月 28 日，網址：http://politics.people.com.cn/BIG5/n1/2021/0928/c1001-32239148.html。

三、一國兩制源於香港原有的殖民統治

香港的開埠沿自於英國的殖民統治，啟動了一個以華人為主的移民社會（immigrate society）。戰後的香港被稱為一個難民城市，大量的移民來自中國大陸，人口由 1945 年 8 月日治時的 60 萬到 1950 年迅速增加至 200 萬人。隨後的日子香港人口的增加在於出生率和國內的偷渡潮，1960 年人口已超過 300 萬。六七十年代，香港出現了明顯的本土意識，香港人自力更生創造了發展興旺的神話，經濟起飛成為國際著名的都市，鄰近地區對香港羨慕不已；與此同時，由香港總督麥理浩（Governor Sir MacLehose）施政的 70 年代，香港成功繼工業化後再度經濟轉型，邁向金融中心的發展，香港成為典型的自由經濟模範，[7]除了政治權利外，一切的教育、文化、經濟指標在國際上都名列前茅，房屋政策、教育、社會福利和醫療服務都有極高的水平，一般會認為這是香港發展的黃金十年，奠定了香港穩固的基礎。

香港成為英國的殖民地的政治制度沿於《英皇制誥》（*Hong Kong Letters Patent*）和《皇室訓令》（*Royal Instructions*），香港總督代表英王管治香港，委任主要官員，和按照規定成立行政局和立法局，[8]但華人參與的機會很少，組織上華人獲得委任只是一個很低的比例。[9]戰後香港的政制漸漸增加華人參與的機會，而且參與者由大家族的代表開始，到麥理浩年代行政局可有專業人士獲得委任，立法局更加加入基層人士，代表了香港人參政，被認為是維持香港穩定的行政吸納政治的社會協同主義（social corporatism），或是認為這是本地化的施政形式，殖民管治的政治制度上允許了華人的代表，反映華人社會的意見。

1982 年中英兩國就香港前途問題起始談判，花了兩年的時間促成了《中英聯合聲明》，英國決定主權交還中國，而中國政府決定按照

---

7. 邢慕寰，金耀基：《香港之發展經驗》，中文大學出版社，1985。

8. 立法會秘書處，〈立法機關發展歷史〉，《立法會》，www.legco.gov.hk/tc/education/understand/timeline.html。

9. Steve Tsang, *Government and Politics*, Hong Kong University Press, 1995.

《憲法》第 31 條成立香港特別行政區。香港特別行政區成立的法律是
《中華人民共和國香港特別行政區基本法》，在 1990 年 4 月 4 日第七屆
全國人民代表大會第三次會議通過，由當時的國家主席楊尚昆，以中
華人民共和國主席令頒布。過程中中英雙方維持政治過渡的中英聯合
聯絡小組（Sino-British Joint Liaison Group）會議，安排期間和及後的施政
安排，與磋商香港主權交接相關事宜，[10]而香港政府維持有效施政，政
治過渡期間維持香港社會安定繁榮成為社會重要的共識。期間，香港
施政的本地化、管治改革和政治制度民主化伴隨着中國的改革開放政
策維持着香港的漸進變革。其中，政治民主化為爭議的焦點，亦啟動
了香港社會的民主運動，香港政府開始了香港的代議制政制政治，在政
治制度上的區議會、市政局和立法局引入了選舉政治，在有限度民主
的情況下進行政制改革。[11]實際上，中英聯合聯絡小組的工作中，政治
制度民主化的安排亦是兩國爭議的重點。結果，受着 1989 年北京學生
運動鎮壓的影響，香港的民主化步伐得以加快，選舉辦法中 1991 年立
法局得以直接選舉產生三成共 18 席的立法局議員（表 7.1），使到香港
政治制度上具有有限度的民主成分。[12]民主派藉着代議政制的發展迅速
成長起來，在立法局直接選舉中幾乎囊括所有議席（表 7.2），獲得大多
數的選票。

---

10. 可參考〈關於中英聯合聯絡小組〉，載於《中英聯合聲明》附件二，www.cmab.gov.hk/tc/issues/
　　jd4.htm；一國兩制經濟研究中心、香港中文大學亞太研究所和香港浸會大學香港東西文化經濟
　　交流中心，《過渡期的香港》，一國兩制經濟研究中心；吳吉平：《中英會談風雲錄》，星島日報，
　　1997。

11. 楊森：《香港民主運動》，廣角鏡出版社，1988；周平：《香港政治發展》，中國社會科學出版社，
　　2006；劉兆佳：《香港社會的民主與管治》，中信出版集團，2016。

12. 鄭楚雄：《過渡期香港政論文輯 —— 眼前有路看回頭》，明文出版社，2002；高繼標：《政海觀瀾
　　—— 六四後的香港政爭》，2006；馬嶽：《香港政治發展與核心課題》，香港中文大學香港亞太
　　研究所，2010。

四、特區施政與政制發展成為香港管治問題的焦點

而中英雙方協議香港特區的立法會民主化的進程，規定了首三屆立法會的立法會議員產生辦法中，直接選舉產生的議席由 1998 年的 20 席，到 2000 年的 24 席和 2004 年有 30 席，增加比例上由 1/3、2/5 到 1/2。而且，《基本法》第 68 條規定：香港特別行政區立法會由選舉產生。立法會的產生辦法根據香港特別行政區的實際情況和循序漸進的原則而規定，最終達至全部議員由普選產生的目標。同樣，行政長官的產生辦法亦由《基本法》第 45 條規定，香港特別行政區行政長官在當地通過選舉或協商產生，由中央人民政府任命。行政長官的產生辦法根據香港特別行政區的實際情況和循序漸進的原則而規定，最終達至由一個有廣泛代表性的提名委員會按民主程序提名後普選產生的目標。香港社會大眾普遍對政治的民主化的祈望是包括行政長官和立法會選舉的普及而民主的選舉，而基本法提供了普選的保證。

最重要是社會運動離不開選舉政治，自從 1991 年引入直接選舉以來，香港的民主運動成為了民主派社會運動的事端。當然民主運動亦因為爭取民主而起的，建構了普選成為了香港市民普遍的訴求。[13] 然而，香港經過了 2003 年國家安全法立法的不成功，引發了大規模的社會運動反對國家安全立法，使到政制民主化造成了障礙，中央政府對加速民主化有所保留。[14] 亦因如此，形成了民主派系爭取民主政制的理由，要求落實《基本法》所允許的普及而平等的選舉。亦是民主運動

---

13. 陳麗君：《香港民主制度發展研究》，中華書局，2015；駱穎佳：《遙遙民主路》，學生福音團契出版社，2004。

14. 2004 年 4 月 26 日第十屆全國人民代表大會常務委員會第九次會議通過，全國人民代表大會常務委員會關於香港特別行政區 2007 年行政長官和 2008 年立法會產生辦法有關問題的決定，認為《基本法》第 45 條和第 68 條已明確規定，香港特別行政區行政長官和立法會的產生辦法應根據香港特別行政區的實際情況和循序漸進的原則而規定，最終達至行政長官由一個有廣泛代表性的提名委員會按民主程序提名後普選產生、立法會全部議員由普選產生的目標。但會議亦認為當時普選產生的條件還不具備，www.elegislation.gov.hk/hk/A208!zh-Hant-HK@2004-04-26T00:00:00。

表7.1　由引入選舉起始的香港立法局和立法會席位構成

年份	官守	委任	選委會	功能組別	地區直選
1985	4+7	22	12 (433)	12 (46,465)	0
1988	4+7	20	12 (466)	14 (61,396)	0
1991	4	18	0	21 (66,862)	18 (1,916,925)
1995	0	0	10 (283)	30 (1,147,107)*	20 (2,572,124)
1998	0	0	10 (800)	30 (138,984)	20 (2,795,371)
2000	0	0	6 (798)	30 (175,606)	24 (3055,378)
2004	0	0	0	30 (199,539)	30 (3,207,227)
2008	0	0	0	30 (219,861)	30 (3,372,007)
2012	0	0	5 (3,219,755)**	30 (240,735)	35 (3,466,201)
2016	0	0	5 (3,473,792)	30 (239,724)	35 (3,779,085)
2020	0	0	5 (4,196,680)	30 (250,452)	35 (4,466,944)
2021	0	0	40 (1,448)	30 (219,254)	20 (4,472,863)

資料來源：歷屆選舉資料。部分可參考選舉管理委員會網站：www.eac.hk。

做就了香港民主派別的支持群眾基礎，這可以透過選舉結果的分析來了解。

　　在表 7.2 列出主要派系分類中歷屆選舉中獲得支持情況，雖然香港是一個商業經濟的社會，聲稱代表商界的政治組織很難獲得足夠的支持。在啟動直接選舉初時，民主派獲得了明顯大比例的支持，以民意基礎佔有大比數的選票，却是由於制度性排斥，在其他組別的競選中往往未能得利，在議會中只是少數派，民意未得到充分反映（表 7.3）。而親北京派系明顯沒有準備好選舉政治，早期的選舉得票比例偏低，未能得到更廣泛的支持。這個情況在特區成立後得到改善，親北京派系以政黨香港民主建港聯盟為首參政，啟動了良好的選舉工程，漸漸獲得可觀的民眾基礎，很快競選上的得票率穩佔了三成（表 7.2）。親北京力量的增長在於統一戰線工作的成功，先是策反香港民主民生協

進會沒有跟隨激進的主流民主派路線，[15] 再而民主黨的政治路線的爭議中的社會派，[16] 和及後民主黨內是否有間諜問題的「真兄弟」事件，[17] 打擊了民主派的團結，亦製造了社會輿論的壞影響，頓挫民主派在市民心中的形象，消減其獲得的支持；另一方面親北京派系加強市民大眾的工作，重新整合政黨和社會組織，改善支持者的網絡，競選中體現獲得支持選票節節上升。相反，民主派的支持情況是十分波動的（表7.2）。

2007 年 12 月 29 日通過《全國人民代表大會常務委員會關於香港特別行政區 2012 年行政長官和立法會產生辦法及普選問題的決定》。按照有關決定，2012 年的行政長官及立法會選舉，在不實行普選的前提下，可以作出符合循序漸進原則的適當修改。當中明確了 2017 年香港特別行政區行政長官選舉可以採用由普選產生的辦法，而在行政長官由普選產生以後，立法會的選舉亦可以採用全部議員由普選產生的辦法。[18] 然而，民主派在爭取 2007 年普選失敗後，轉而要求 2012 年實行雙普選。[19]

15. 這部分的討論可以參考：羅永生：〈民主回歸與社會民主主義交錯下的民協〉，《思想香港》，2017 年第 9 期。網址：https://commons.ln.edu.hk/thinkinghk/；黃舜煬：〈愛國者治港 四十年民主路愈走愈偏 未來香港民主何去何從？〉，《香港 01》，2022 年 5 月 2 日，www.hk01.com/article/764201?utm_source=01articlecopy&utm_medium=referral。

16. 這部分的討論可以參考：謝朗：〈議會路線的前世今生〉，《眾新聞 CitizenNews》，2020 年 8 月 14 日，www.hkcnews.com/article/32906/ 謝朗 - 臨時立法會 - 立法會延任 -32906/ 臨時立法會?page=3；鄭文翔：《政黨政治與民主發展：「九七」後香港政黨的發展與變遷》，國立政治大學東亞研究所，2018 年。

17. 這部分的討論可以參考：麥燕庭：〈泛民前議員稱中共每天約有 30 名黨員滲透香港 執行特別任務〉，《法國世界媒體集團》（France Médias Monde），2019 年 3 月 25 日，www.rfi.fr/tw/ 港澳台 /20190325- 泛民前議員稱中共每天約有 30 名黨員滲透香港 - 執行特別任務；翁維愷：〈捲入民主黨「真兄弟事件」林子健曾為司徒華做「針」〉，《眾新聞 CitizenNews》，2017 年 8 月 11 日，www.hkcnews.com/article/6068/ 民主黨 - 林子健 - 何俊仁 -6068/democratic-party；史迪克（筆名）：〈林子健事件中的一些事實和推論〉，《輔仁媒體》，2017 年 8 月 16 日，www.vjmedia.com.hk/articles/2017/08/16/166681les/2017/08/16/166681。

18. 該文件為《全國人民代表大會常務委員會關於香港特別行政區 2012 年行政長官和立法會產生辦法及普選問題的決定》，www.legco.gov.hk/yr07-08/chinese/panels/ca/papers/ca0121-ppr071229-c.pdf。

19. 劉兆佳：《香港社會的政制改革》，中信出版集團，2016 年。

表7.2　在地區直選中主要派系得的席位、票數和得票百分比

年份	席位	民主派	親北京	商界
1991	18/60	16 (843,888; 61.63%)	0 (116,212; 8.48%)	1 (114,848; 8.38%)
1995	20/60	16 (557,515; 61.13%)	2 (176,606; 21.56%)	1 (16,788; 2.94%)
1998	20/60	15 (982,249; 66.36%)	5 (399,313; 26.98%)	0 (50,335; 3.40%)
2000	24/60	16 (799,249; 60.56%)	8 (436,198; 33.06%)	0 (24,858; 1.88%)
2004	30/60	18 (1,105,388; 62.44%)	10 (542,975; 30.68%)	2 (118,997; 6.72%)
2008	30/60	19 (901,707; 59.50%)	11 (636,846; 35.42%)	0 (65,622; 4.33%)
2012	35/70	18 (1,018,552; 56.24%)	17 (723,785; 39.97%)	0 (48,702; 2.69%)
2016	35/70	19 (1,193,061; 55.02%)	16 (849,516; 39.08%)	0 (21,500; 0.99%)
2021	20/90	0 (78,405; 5.93%)	20 (1,232,555; 93.15%)	0 (0; 0.00%)

註：席位的比例是直接選舉產生的議席對比立法局或立法會議席的總數，這個比例一般可以顯示出香港政制民主化的程度，普選的訴求就是要求全面直選。1991年直接選舉實施以來都採用分區直接選舉制度，惟1991年是採用雙議席雙票制，全港分為9個選區每區設2個議席，選民投票時最多可選2人；1995年採用單議席單票制，共分20個選區每區選出1人。特區成立後均採用大選區比例代表制，全港分成5區，採用參選名單最大餘額計票，但投票人不論該區議席有多少都只能投一票。但在2021年改變選舉制度後，20席設有10個選區，採用雙議席單票制。
資料來源：歷屆選舉報告。部分可參考選舉管理委員會網站：www.eac.hk。

五、追求民主路上民主派的分裂

2011年，民主派就追求雙普選社會運動問題上嚴重分裂。激進的一派要求以「五區總辭變相公投」的行動表達民意，而以民主黨為首的一派採取溫和的態度，不參與五區公投運動，結果其改良方案反而獲得中央接受，得使2012年立法會產生辦法中增加了功能組別中普選的5個席位（表7.1）。可能中方樂見香港民主派系力量的分裂起來，但換來的是社會運動的行動逾來逾激進化，騎劫了一般民意。及後，激進的意識支配了民主運動的方向。[20] 先是反對國民教育科的社會運動，群

---

20. 劉兆佳：《回歸十五年以來香港特區管治及新政權建設》，商務印書館，2012年。

眾運動最終佔領了香港政府總部廣場 10 日之多，引來了世界各國媒體的關注。[21] 無論如何，親政府組織密謀有策略的參與選舉競爭，2012 年選舉的結果看來，以 72 萬票只佔總選票率 4 成的情況下，在分區直選中的 35 個席位中成功取得 17 個席位的總體成績，比民主派只差 1 席。其中民建聯在新界西選區採用 3 張分拆名單參選都能獲勝，親北京派系在 9 個席位中能夠贏得 5 席，技巧上能夠以少勝多，不似得民主派缺乏協調，互相競爭之下多人都高票落選，獲得的議席不成比例的減少了。

香港的社會民主運動在 2014 年進入一個新里程，為中央政府添煩添亂。2004 年人大常委會所決定普選條件未成熟在 10 年後應當要面對的時候，民主派總體認為政府是不會落實真正的普選。從選舉的數據顯示，所謂的條件未成熟所指的是親政府派系還未有勝出選舉的能力，[22] 立法會選舉中就北京派系的力量只能夠取得總票數的 4 成，無法在普選的情況下獲得足夠的票數佔有大多數（表 7.2）。2013 年 1 月 16 日戴耀廷在《信報》專欄拋出要爭取香港落實真普選，可能要準備殺傷力更大的武器——佔領中環（Occupy Central）。3 月 27 日，他與香港中文大學副教授陳健民與牧師朱耀明等發布「讓愛與和平佔領中環」

21. 台灣學生聲援香港反國民教育，〈香港反國教運動事件・懶人包〉，2012 年 9 月 10 日，http://twstudentforhkedu.blogspot.com/2012/09/blog-post_2491.html；梁啟智：〈「97 後」的不滿：香港國民教育為何失敗？〉，《獨立評論》，https://opinion.cw.com.tw/blog/profile/390/article/8936；BBC 中文網記者：〈港反國教集會 大會稱 12 萬人參加〉，《BBC 中文網》，2012 年 9 月 7 日，www.bbc.com/zhongwen/trad/chinese_news/2012/09/120907_hk_demo_education?MOB；美國之音記者：〈香港國民教育反洗腦風波來龍去脈〉，《美國之音》，2012 年 8 月 3 日，www.voacantonese.com/a/hong-kong-events-against-national-education-review-20120803/1454655.html；香港 01 記者：〈【01 周報社論】「反國教」五年反思 國民教育不應是碰不得的禁忌〉，《香港 01》，2017 年 8 月 28 日，www.hk01.com/article/114228?utm_source=01articlecopy&utm_medium=referral。

22. 劉兆佳：《回歸後的香港政治》，商務印書館，2013 年。

表7.3　在各年香港立法局/立法會選舉中民主派在各分組中獲得議席的比例

年份	選舉委員會	功能團體	分區直選	總數
1985	4/12	4/12	–	8/57
1988	1/12	7/14	–	8/60
1991	–	8/21	16/18	24/60
1995	4/10	12/30 (6/9)*	17/20	33/60**
1997	4/60	–	–	4/60
1998	0/10	6/30	15/20	21/60
2000	0/6	5/30	16/24	21/60
2004	–	7/30	18/30	25/60
2008	–	4/30	19/30	23/60
2012	3/5***	6/30	18/35	27/70
2016	3/5	8/30	19/35	29/70
2021	0/40	0/30	0/20	0/90

註：比例是民主派佔有議席的數量對比立法會席位的總數。1997 年的是臨時、立法會，隨了香港民主民生協進會參與外，民主派集體杯葛。* 括號內的數字是當時港督彭定康設定的以工作種類來劃分的 9 個功能組別選舉，大幅度地擴大功能組別的選民基礎。** 雖然民主派獲得到 33 個席位，但香港民主民生協進會擁有 4 席，很多時都在立法局內不會跟隨民主派一起行動，使到議會內民主派不能成為多數派控制議會。

（Occupy Central with Love and Peace）信念書。整個香港社會墮入實施普選過程中如何落實的激烈爭議。【23】

　　2014 年 6 月 10 日，國務院發布《「一國兩制」在香港特別行政區的實踐》白皮書，對「一國兩制、高度自治」作出闡釋，香港社會對「一

23. 陳一姍：〈佔領香港中環，專訪運動發起人戴耀廷〉，《天下雜誌》，2013 年 8 月 20 日，www.cw.com.tw/article/5051520；張潔平：〈攤牌：一國兩制與民主香港〉，《紐約時報中文網》，2014 年 6 月 18 日，https://cn.nytimes.com/china/20140618/cc18zhangjieping/zh-hant/；梁文新：〈給佔中三人組的公開信〉，《港人講地》，2014 年 12 月 2 日，www.speakout.hk/ 港人觀點 /5918/ 給佔中三人組的公開信。

國兩制」方針政策和《基本法》認識模糊、理解片面。[24]《白皮書》中指出特首與立法會普選制度都「必須符合國家主權、安全和發展利益，符合香港實際，兼顧社會各階層利益，體現均衡參與的原則，有利於資本主義發展，特別是要符合香港特別行政區作為直轄於中央人民政府的地方行政區域的法律地位，符合香港基本法和全國人大常委會有關決定的規定。2014 年 8 月 31 日，全國人大常委會通過決議，為 2017 年特首普選方法設下框架，提名委員會組成維持 1200 人，特首候選人規定是 2 至 3 人，每名候選人須獲得提委會過半數支持，才可以成為正式候選人。[25]但方案需要在香港取得三分之二立法會議員（當時全體議員 70 名）的贊成票，當中 27 名民主派議員已有 25 人簽署宣言，承諾在立法會否決政改方案，並批評中央「背棄承諾，剝奪港人選擇權利，扼殺所有討論空間」。人大決定，如行政長官普選的具體辦法未能經法定程序獲得通過，行政長官的選舉繼續適用上一任行政長官的產生辦法。

2014 年 9 月 28 日凌晨戴耀廷在添美道學生示威集會地點宣布，佔領政府總部行動正式展開。但宣布時大量民眾離去，梁國雄跪地要求市民不要走却無效。[26]清晨過後警方設下封鎖線阻止市民到達政府總部，到來人潮急劇增加；下午 4 時人群湧進馬路上，繁忙的車道受到堵塞，到傍晚警方發射催淚彈引來反效果，大批市民走到金鐘、銅鑼灣和旺角佔據道路阻塞了行車線。佔領運動沒有像聲稱的影響到金融中心運作，只是影響到公用交通。行動爭持近 80 天，當參與的人數大幅

---

24. 國務院新聞辦公室：〈《「一國兩制」在香港特別行政區的實踐》白皮書（全文）〉，國務院，2014 年 6 月 10 日，www.scio.gov.cn/tt/Document/1372801/1372801.htm。

25. 有關問題參考：《全國人民代表大會常務委員會關於香港特別行政區行政長官普選問題和 2016 年立法會產生辦法的決定》，中央政府門戶網站，2014 年 8 月 31 日，www.gov.cn/xinwen/2014-08/31/content_2742923.htm；李文：〈觀察：解讀中國人大有關香港政改的決定〉，《BBC news》中文，2014 年 8 月 31 日，www.bbc.com/zhongwen/trad/china/2014/08/140831_hongkong_npc_political-reform_；海彥：〈香港政改被關門閉窗 泛民誓言長期抗爭〉，《美國之音》，2014 年 8 月 31 日，www.voacantonese.com/a/dhh-hk-hk-pan-democratic-camp-to-protest-decision-by-ccp/2433788.html。

26. 友義：〈香港佔中發起人：佔領中環正式啟動〉，《BBC news 中文網》，2014 年 9 月 27 日，www.bbc.com/zhongwen/trad/china/2014/09/140927_hongkong_occupy_central。

度減少後警方行動拘捕了在場的一群示威者而結束。雙方民意對峙沒有緩解跡象，在 2015 年 6 月政改方案立法會表決時卻戲劇性地得 8 票贊成 28 票反對下遭到否決，[27] 社會輿論普遍對事件感到驚訝，[28] 2017 年的行政長官選舉只能沿用 1200 人選舉委員會的制度。

六、香港自決運動冒起到激烈的社會運動政治失控

2014 年繼民主派和建制派兩陣營後，更有新本土派勢力參與 2015 年香港區議會選舉及隨後的 2016 年香港立法會選舉，成為新興政治勢力。社會運動刺激了市民投票意慾，年輕一代政治素人以及本土派崛起，使香港政治光譜出現變化。[29] 2016 年立法會選舉投票率逼近六成創歷屆新高，總體民主派陣營在 70 席中奪得 30 席，選票上各方都有所增

27. 有關情況可參考當日報道：now 新聞記者：〈政改方案以 28 票反對 8 票贊成遭否決〉，《now 新聞》，2015 年 6 月 18 日，https://hk.finance.yahoo.com/news/ 政改方案以 28 票反對 8 票贊成遭否決 -051556678.html；BBC 中文網記者：〈香港政改遭否決：多名議員「錯過」投票〉，《BBC news 中文網》，2015 年 6 月 18 日，www.bbc.com/zhongwen/trad/china/2015/06/150618_hk_legco_reform；甄樹基：〈香港立法會 28 票反對 8 票贊成否決政改建制派杯葛表決弄巧反拙〉，《Radio France Internationale 法國國際廣播電台》，2015 年 6 月 18 日，www.rfi.fr/tw/ 中國 /20150618- 香港立法會 28 票反對 8 票贊成否決政改建制派杯葛表決弄巧反拙。

28. 海彥：〈香港建制派政改表決烏籠政治後果嚴重〉，《美國之音》，2015 年 6 月 21 日，www.voachinese.com/a/hk-legco-election-20150621/2831292.html；戴耀庭：〈「等埋發叔」事件的深層意義〉，《Radio France Internationale 法國國際廣播電台》，2015 年 6 月 25 日，www.rfi.fr/tw/ 首頁 /20150625- 戴耀庭：「等埋發叔」事件的深層意義；獨媒報道：〈田北俊：自由黨今次政改不是贏家〉，《獨立媒體》，2015 年 6 月 15 日，www.inmediahk.net/ 政經 / 田北俊：自由黨今次政改不是贏家；黃楚琪：〈香港觀察：建制派「蝦碌」鬧劇給北京添煩惱〉，《BBC news 中文網》，2015 年 6 月 23 日，www.bbc.com/zhongwen/trad/china/2015/06/150623_hkreview_hk_beijing_voting_results；灼見名家記者：〈專訪田北俊：政府應檢討對建制派的期望〉，《灼見名家》，2015 年 6 月 23 日，www.master-insight.com/ 專訪田北俊：政府應檢討對建制派的期望 /；邱翔鐘：〈點評中國：政改議案不獲通過，香港出路何在？〉，《BBC news 中文網》，2015 年 6 月 22 日，www.bbc.com/zhongwen/trad/focus_on_china/2015/06/150622_cr_hongkong_political_reform。

29. 閻小駿：《香港治與亂 2047 的政治想像》，三聯書店，2015。

加，對比之下民主派增加了 3 個席位（表 7.2 和表 7.3）。[30]但大批新上任議員在立法會讀宣誓詞加入不同片段，行為激化，全國人大常委會釋法後，導致 6 名民主派立法會議員被褫奪資格。[31]社會上的港人自決運動成為民主派陣型的激烈爭議焦點，本土自決運動挑動了中央設定的一國兩制的核心價值。但是，市民大眾的社會動員因為佔領運動未能成功而下降了，隨後 4 年的七一遊行人數大幅度下跌，連番的激烈行動促使社會熱情不再。

在 2018 年 3 月 25 日，戴耀廷出席由台灣青年反共救國團舉辦的「港澳中、各民族及台灣自由人權論壇」，發言時認為香港民主運動應定位為「反專制運動」，中國目前的專制政權終會結束，中國「必會成為一個民主的國家」，屆時中國大陸不同族群包括上海、香港可實現民主普選及「人民自決」，各族群可以決定用何關係連繫在一起，「我們可以考慮是否成為獨立國家，或與中國其他地區的族群組成聯邦或歐盟式邦聯」。這個轉向中央認為是危險的，挑戰一國兩制的基本方針，而本土自決運動亦帶動了民主派對自身政治立場的疑惑，即是否跟隨走上更激進的路線。[32]

2019 年 6 月逃犯條例修訂的爭議及市民對政府的不滿發酵，形成相繼不絕的大遊行及警民衝突。反對逃犯條例修訂草案運動到 2019 年

---

30. 香港 01 記者：〈功能組別：建制 24 vs 泛民 11　姚松炎爆冷矚目〉，《香港 01》，2016 年 9 月 5 日，www.hk01.com/article/41358?utm_source=01articlecopy&utm_medium=referral

31. 《基本法》第 104 條規定：香港特別行政區行政長官、主要官員、行政會議成員、立法會議員、各級法院法官和其他司法人員在就職時必須依法宣誓擁護中華人民共和國香港特別行政區基本法，效忠中華人民共和國香港特別行政區。

32. 東網記者：〈「五獨」聯手台北播獨　戴耀廷：港人要思考「建國」〉，《on.cc 東網》，2018 年 3 月 25 日，https://hk.on.cc/hk/bkn/cnt/news/20180325/bkn-20180325162356629-0325_00822_001.html；甄樹基：〈港府譴責戴耀庭在台倡議「港獨」戴反駁是斷章取義〉，《法國國際廣播電台》，2018 年 3 月 31 日，www.rfi.fr/tw/港澳台/20180331-港府譴責戴耀廷在台倡議港獨戴反駁是斷章取義；羅家晴：〈戴耀廷提「港獨」言論　台灣主辦方：這是煽風點火對他蓄意報復〉，《香港 01》，2018 年 4 月 2 日，www.hk01.com/article/174151?utm_source=01articlecopy&utm_medium=referral。

10 月仍然未有平息跡象，政府對局勢火上加油，在 10 月 4 日動用《緊急情況規例條例》於 10 月 5 日零時起推行《禁止蒙面規例》，無視社會強烈反對，強行禁止參與遊行、集會及非法集結的人士以任何形式蒙面，事件促使各區的破壞行動作發烈回應。選舉政治上更多新選民登記，和外界將來關注新增選民能為選情添多少變數。同時大量政治素人落區，積極進行地區工作，阻止區議會建制派自動當選。表 7.4 列出歷屆區議會選舉結果親政府派系都佔據了區議會的主導權，民主派很難挑戰。2019 年香港區議會選舉市民投票激烈增加，民主派和本土派合作，壓倒性在多個選區大獲全勝，在 452 個競議席中取得 388 席，拿下 17 個區議會的控制權，全港只有離島區是例外，有 8 個鄉事委員會的當然議席保證了親政府陣型佔有大多數。無論如何，親政府派系完全失控，區議會變成了反對派控制的場所。

表7.4　歷界區議會選舉結果的力量比較，1994-2019年

年份	1994	1999	2003	2007	2011	2015	2019
選民	2,450,372	2,832,524	2,973,612	3,295,826	3,560,535	3,693,942	4,132,977
要投票	2.093,603	2,279,504	2,418,078	2,958,953	2,898,180	3,121,238	4,132,977
投票人數	693,215	816,503	1,066,373	1,148,815	1,202,544	1,467,229	2,943,842
投票率	33.13%	35.82%	44.10%	38.83%	41.49%	47.01%	71.2%
候選人	747	798	837	907	915	935	1,090
席位數	346	390	400	405	412	431	452
自動當選	50	76	76	41	76	66	0
民主建港聯盟（Democratic Alliance for the Betterment and Progress of Hong Kong）							
候選人 *	83 (7)	184 (8)	200 (3)	177 (24)	182 (24)	171 (3)	181(19)
當選人	37	83	62	115	136	119	21 (0)
得票數	81,126	192,115	241,202	292,916	282,119	309,262	492,042
得票率	11.82%	23.5%	22.9%	25.7%	23.5%	21.1%	16.8%

（續表7.4）

年份	1994	1999	2003	2007	2011	2015	2019
親北京力量（Pro-Beijing force, 包括民建聯）							
候選人 **	442	435	417	430	436	486	498
當選人	196	233	201	298	299	298	62
席數比率	56.65%	59.74%	50.25%	73.58%	72.57%	69.14%	13.72%
得票數	371,455	442,286	491,067	614,621	652,840	788,389	1,233,030
得票率	54.12%	54.5%	46.7%	54.0%	54.3%	53.7%	42.1%
民主黨（Democratic Party）							
候選人	133	173	120	110	132	95	99
當選人	75	86	95	59	47	43	91
得票數	157,929	201,461	223,675	175,054	205,716	196,068	362,275
得票率	23.01%	24.85%	21.27%	15.38%	17.42%	13.56%	12.4%
泛民主派（包括民主黨）							
候選人	249	283	288	335	369	335	515
當選人	146	157	198	127	103	126	388
得票數	280,707	325,829	477,596	445,781	464,512	581,058	1,674,083
得票率	40.89%	40.18%	45.54%	39.15%	39.34%	40.20%	57.1%

註：上表統計總和不是 100% 是由於有少部分獨立而未歸類人士沒有計算在內。* 括號內所示的數字是表示代表民建聯參與人同時有工聯會的身份，但獨立以工聯會身份參選者不計算在內。** 所表示的親北京力量歸 為建制派，包括了民建聯、工聯會、自由民主聯盟、香港協進聯盟，以及一些地方團體如鄉議局、公民力量、香港島各界聯合會、九龍社團聯會和新界社團聯會及其屬會等。

七、特區統治上意識形態的衝突

香港特區政府管治不斷受到民主派的挑戰，最嚴重的是 2019 年的區議會選舉。從結果來看，親政府派系在選舉的大敗，同樣顯示了政府管治上的失敗。民主派或反對派抱着「自由多元主義」（liberal pluralism）的意識形態，任何政治社會議題都是從自由主義角度看。而

特區政府的管治是以「積極不干預」（positive non-intervention）主義看問題，不少政策推行的時候，有關部門不懂解釋政策之方法，不懂動員社會支持，缺少民意的政策面臨極大的反對聲音。比如說 2003 年《基本法》23 條立法，2012 年國民教育政策推行失敗，2015 年政改方案被推倒，和 2019 年逃犯條例引起之社會反彈，社會反對派有足夠的動員能力，是由於政府官員不知道推銷政策之技巧。

政府的「積極不干預」主義產生部門與部門之間推卸責任，缺乏領導能力，推銷政策沒有說服能力。在弱政府、強社會的情況下，政府的權威受到不斷的衝擊，政府的忍受性（legitimacy）亦往往給民意調查及媒體所反映而愈來愈低。加上選舉制度容許反對派滲透政治體制，弱政府弱領導的情況充分反映「積極不干預」主義的失敗。其他政策，比如房屋、醫療、稅務改革和福利改革一樣，政府的管治文化是最好少改動，結果特區貧富懸殊，有錢的資產階級愈來愈有錢，窮的無產階級和工人階級愈來愈貧窮，階級矛盾在特區成立開始後愈來愈明顯。

但是政府管治方法是「緩步主義」（incrementation），什麼都慢慢改革。結果管治思維與社會現實脫節，弱政府不斷在反對派利用強大公民社會，包括媒體攻擊下節節敗退。再加上愛國派的統戰圈子太過狹窄，統戰目標是自己新近朋友和支持者，沒有好好在廣大年輕人、中產階級和中間派做工作。特區管治混亂，政府心態是少作為、少改革，依賴地產商推動的資本主義經濟來維持社會穩定，祈望經濟繁榮。可是，特區的資本主義是封建式的，剝削性的（exploitation），土地政策一面倒對地產商支持，而未有對地產商徵收重稅，結果是不少年青人認為特區縱容「地產霸權」，不斷以示威、遊行和在媒體攻擊政府。

2019 年的逃犯條例其實是一個觸發暴動的催化劑（incentive）。另一方面，自由多元主義（liberal pluralism）和本地管治精英和內地管治香港的官員意識形態也有衝突。本地愛國精英分子和內地管治香港的威權人士抱着父權主義（paternalism）的心態，以穩定為中心，以嚴厲的父親對待不聽話的本土分子，特別是所謂「本土派」（localists），只會挑起衝突。

八、中央調整對香港政策

面對社會控制的危機和區議會選舉的失敗事件，引致中央駐港官員被撤換，中央政府籌劃改變香港政策。[33] 早於 2019 年 12 月 16 日，《關於建立健全香港特別行政區維護國家安全的法律制度和執行機制的決定》列入全國人大常委會 2020 年度立法工作計劃。2020 年 6 月 30 日由全國人民代表大會常務委員會通過《中華人民共和國香港特別行政區維護國家安全法》以全國性法律形式納入《香港特別行政區基本法》附件三中，在香港特別行政區公布實施。

《港區國安法》通過後，國務院港澳辦、香港中聯辦外交部駐港公署、外交部駐澳公署和社會上不同群體發表聲明支持港區國安法，指出法律「確保一國兩制行穩致遠，為一國兩制在香港實踐步入新里程」，「是香港恢復秩序、由亂及治的治本之策」。7 月 1 日社會上仍有零散的示威，警方迅速控制了局面，而民主派對應將舉行的立法會選舉，增加政府壓力。2020 年香港立法會選舉民主派透過初選（2020 Hong Kong pro-democracy primaries），希望決定由誰人出選相關立法會選舉議席，協調在立法會選舉中取得過半數席位，從而向特區政府施加更大壓力，逼使政府回應社會運動的五大訴求。香港政府的抨擊初選違反《港版（區）國安法》，中國官媒《人民日報》多次發表文章攻擊初選。[34]

---

33. Am730 記者：〈區選後首露面 王志民：中聯辦續忠實履行職能〉，《Am730》，2019 年 12 月 3 日，www.am730.com.hk/ 本地 / 區選後首露面 - 王志民 - 中聯辦續忠實履行職能 /44819；Am730 記者：〈張曉明王志民先後被免職〉，《Am730》，2020 年 2 月 14 日，www.am730.com.hk/ 本地 / 張曉明王志民先後被免職 /40152；中國瞭望記者：〈王志民為什麼下台 ？可能是因為兩個誤判〉，《中國瞭望》，2020 年 1 月 4 日，https://news.creaders.net/china/2020/01/04/2175424.html。

34. 美國之音記者：〈香港民主派初選逾 60 萬人投票 市民表達對港版國安法不滿〉，《美國之音》，2021 年 7 月 12 日，www.voacantonese.com/a/hk-democratic-primary-elections/5499677.html；BBC news 中文網記者：〈香港選舉：本土陣營立法會民主派初選大勝，北京譴責初選違《國安法》〉，《BBC news 中文網》，2021 年 7 月 14 日，www.bbc.com/zhongwen/trad/chinese-news-53401325。

表7.5　民主派初選參與議席數量內容

選區界別	議席數目	有效報名數	派出數目	目標議席數
香港島	6	7	4	4
九龍西	6	9	4	4
九龍東	5	6	5	3
新界西	9	8	6	6
新界東	9	12	7	6–7
區議會	5	5	4	3–4
衛生服務界	1	4	1	1
總數	41	51	31	27–29

　　在大多數市民支持民主派的情況下，這個初選應該如何評估其效果實在是問題的焦點，即是在當時的選舉制度下民主派可否在選舉中真正獲得 35 席或以上，而達到控制立法會。在政府反對的情況下，參與初選的市民仍超過了 60 萬，2019 年新增選民 36 萬，2020 年再增加 40 萬，對應 2019 年區議會選舉 290 多萬人投票，估算立法會投票率會直指七成半，投票人數可達 330 萬以上，而民主派仍佔多數票，在比例代表制度下民主派可以在地區直選中爭取 22 至 24 個席位，而在功能組別對民主派不利的情況下仍有希望爭取 11 至 14 個席位，而在情況不明的席位中民主派全體協調選舉就能有希望達到有關目標。表 7.5 列出民主派初選的席位分配，以求席位確保落入民主派中的計劃，再加上其他的功能組別民主派研究有可能另外增加 7 至 10 席，即是當時立法會選舉如果能夠保持高投票率，民主派確實有機會獲得 35 席的決定性結果，這是任何方面都能做到有關估算的。

　　選舉提名已經啟動之下，香港立法會正預備 2020 年 9 月進行選舉。但在提名期過後，行政長官林鄭月娥於 7 月 31 日宣布因 2019 冠狀病毒病疫情肆虐影響公眾安全，援引《香港法例》第 241 章《緊急情況規例條例》訂立附屬法例第 241L 章《緊急情況（換屆選舉日期）（第七屆

立法會）規例》，押後舉行立法會選舉，向中央人民政府尋求支持，並提呈全國人民代表大會常務委員會決定立法會真空期問題。[35]政府確實體會到民主派有可能再如區議會選舉中獲得勝利，停止了原訂的立法會選舉，而等待中央政府改變治港方式才可能解救危機。及後香港律政司指控籌備立法會選舉參與了非官方初選，以港版國安法中的「顛覆國家政權罪」起訴大部分初選的參與者。[36]

九、訂立新的選舉制度

2021 年 1 月 27 日，中共中央總書記習近平在聽取香港行政長官林鄭月娥工作匯報時，提出「愛國者治港」是一國兩制的根本原則。隨後，國務院港澳辦主任夏寶龍於 2021 年 2 月表示完善香港選舉制度以配合中央由習近平總書記定義的「愛國者」治港，是次選舉的制度或將會被修改。2021 年 3 月 11 日第十三屆全國人民代表大會第四次會議通過〈全國人民代表大會關於完善香港特別行政區選舉制度的決定〉，指

---

35. 東方日報記者：〈國務院提請人大常委　決定香港立會繼續運作方案〉，《on.cc 東網》，2020 年 8 月 8 日。網址：https://hk.on.cc/hk/bkn/cnt/news/20200808/bkn-20200808114700348-0808_00822_001.html

36. Alvin and Alex：〈47 名初選參與者被控國安法「顛覆政權」，民陣呼籲港人明日到法院聲援〉，《關鍵評論網》，2021 年 2 月 18 日，www.thenewslens.com/article/147876；美國之音粵語網記者：〈47 名香港民主派人士被控串謀顛覆罪提堂　逾千市民庭外聲援〉，《美國之音粵語網》，2021 年 3 月 1 日，www.voacantonese.com/a/cantonese-it-47-hk-pro-democracy-activists-charged-under-nsl-first-court-mention-20210301-ry/5796864.html；BBC News 中文記者：〈香港《國安法》最大規模搜捕行動：47 名被捕人首次提訊　不獲保釋〉，《BBC News 中文》，2021 年 3 月 1 日，www.bbc.com/zhongwen/trad/chinese-news-56235763；邢博泓：〈【港版美麗島】初選案一年後「社會性死亡」的他們和公民社會一同陷入死寂〉，《自由亞洲電台》，2021 年 3 月 2 日，www.rfa.org/cantonese/features/hottopic/election-03022022071804.html；高鋒：〈未審已定罪？認罪減刑恐成港版國安法常態〉，《美國之音粵語網》，2022 年 9 月 6 日，www.voacantonese.com/a/gf-plea-of-guilty-to-become-norm-for-hong-kong-national-security-law-cases-20220906-ry/6733059.html

表7.6　完善選舉制度以下的立法會選舉產生辦法

競選組別	組別提名	選委會提名	投票選民基礎	投票方式
選舉委員會界別（40 席）	10–20 人	五個界別每個界別 2–4 人	1500 名選舉委員會委員	全票制（即每名選委須投票選 40 人）候選人當中得票最多的 40 人當選
功能界別（30 席）	10–20 人	五個界別每個界別 2–4 人	合資格的個人或團體選民	除勞工界選出三人外，其他界別每名選民選一人得票最多者勝出
地區直選（20 席）	100–200 人	五個界別每個界別 2–4 人	全港選民	雙議席單票制（即每區兩席，每名選民選一名候選人）得票最多的兩名候選人當選

出全面準確貫徹落實「一國兩制」、「港人治港」、高度自治的方針，維護《中華人民共和國憲法》和《中華人民共和國香港特別行政區基本法》確定的香港特別行政區憲制秩序，確保以愛國者為主體的「港人治港」，切實提高香港特別行政區治理效能，要確保「一國兩制」在香港得到全面準確貫徹落實，管治者必須是堅定的愛國者。香港特別行政區實行的選舉制度，應當符合「一國兩制」方針，符合香港特別行政區實際情況，確保愛國愛港者治港，有利於維護國家主權、安全、發展利益，保持香港長期繁榮穩定。[37]

37. 田飛龍：〈愛國者治港：香港民主的新生〉，《明報》，2021 年 3 月 3 日，https://news.mingpao.com/ins/ 文摘 /article/20210303/s00022/1614528449160/ 愛國者治港 - 香港民主的新生；全國人民代表大會：〈全國人民代表大會關於完善香港特別行政區選舉制度的決定〉，2021 年 3 月 11 日，www.npc.gov.cn/npc/kgfb/202103/e546427083c944d484fef5482c56f9fb.shtml。

表7.7 2016年和2021年各個功能界組別的登記投票選民數量分布

功能界別名稱 Name of Functional Constituencies	2016 選舉		2021 選舉	
	團體	個人	團體	個人
鄉議局 Heung Yee Kuk	–	147	–	161
漁農界 Agriculture and Fisheries	154	–	176	–
保險界 Insurance	134	–	126	–
航運交通界 Transport	195	–	223	–
教育界 Education	–	88,185	–	85,117
法律界 Legal	–	6,773	–	7,549
會計界 Accountancy	–	26,008	–	27,778
醫療界 Medical 衛生界 Health Services	– –	11,191 37,423	–	55,523
工程界 Engineering	–	9,406	–	10,772
建築、測量、都市規劃及園境界 Architectural, Surveying, Planning and Landscape	–	7,371	–	9,123
勞工界 Labour	668	–	697	–
社會福利界 Social Welfare	–	13,824	–	13,974
地產及建造界 Real Estate and Construction	484	230	463	–
旅遊界 Tourism	1,426	–	192	–
商界 [第一] Commercial (First) 商界 [第二] Commercial (Second) 商界 [第三] Commercial (Third)	1,086 618	– 873	1,041 421 288	–
工業界 [第一] Industrial (First) 工業界 [第二] Industrial (Second)	544 769	– –	421 592	–
金融界 Finance	125	–	114	–
金融服務界 Financial Services	622	–	760	–
體育、演藝、文化及出版界 Sports, Performing Arts, Culture and Publication	2,525	395	257	–

（續表7.7）

功能界別名稱 Name of Functional Constituencies	2016 選舉		2021 選舉	
	團體	個人	團體	個人
進出口界 Import and Export	865	535	231	–
紡織及製衣界 Textiles and Garment	2,276	56	348	–
批發及零售界 Wholesale and Retail	1,853	4,874	2,015	–
科技創新界 Information Technology	404	11,711	73	–
飲食界 Catering	1,004	4,539	141	–
香港特別行政區全國人大代表香港特別行政區全國政協委員及有關全國性團體代表界 District Council / Organizations	–	431	–	678
總數 TOTAL	15,752	223,972	8,579	210,675

資料來源：功能界別選民登記統計，選舉事務處，www.voterregistration.gov.hk/eng/statistic20163.html 和 www.voterregistration.gov.hk/eng/statistic20213.html。

　　立法會議員總數由 70 人增至 90 人，通過選委會選舉、功能團體選舉、分區直接選舉等三種方式選舉產生，其中選委會選舉的議員佔據較大比例（表 7.6）。功能界別作了些微修改，而直接選舉由 35 席減至 20 席，另外取消了區議會提名由全港市民選舉產生的 5 個議席（表 7.6 和 表 7.7）。制度上這個修改是控制數量和比例上減少了民主普選的成分產生的立法會議員，反而增加了原先應成為制度性安排和已經在 2004 年取消的選舉委員會選舉產生的立法會議席。而程序上亦增加了不同的限制反對派別有可能參選的機會，具中國特色社會主義民主。

　　這次修改完善香港選舉制度的主要內容重新構建香港特別行政區選舉委員會並增加賦權。選舉委員會規模由 1,200 人增加至 1,500 人，界別構成由原來的四大界別增加至五大界別，新增第五界別即香港特別行政區全國人大代表和香港特別行政區全國政協委員、有關全

表7.8　選舉委員會的選民數量

第一界別			
1	飲食界	135	–	135
2	商界 [第一]	22	–	22
3	商界 [第二]	71	–	71
4	商界 [第三]	93	–	93
5	香港僱主聯合會	18	–	18
6	金融界	55	–	55
7	金融服務界	195	–	195
8	酒店界	57	–	57
9	進出口界	45	–	45
10	工業界 [第一]	35	–	35
11	工業界 [第二]	97	–	97
12	保險界	88	–	88
13	地產及建造界	91	–	91
14	中小企業界	194	–	194
15	紡織及製衣界	57	–	57
16	旅遊界	131	–	131
17	航運交通界	199	–	199
18	批發及零售界	63	–	63
小計		1,646	–	1,646
第二界別			
1	會計界	39	–	39
2	建築、測量、都市規劃及園境界	55	–	55
3	中醫界	51	–	51

（續表7.8）

4	教育界	1,750	–	1,750
5	工程界	60	–	60
6	法律界	30	–	30
7	醫學及衛生服務界	82	–	82
8	社會福利界	144	–	144
9	體育、演藝、文化及出版界	223	–	223
10	科技創新界	54	–	54
小計		2,488	–	2,488
第三界別				
1	漁農界	151	–	151
2	同鄉社團	324	–	324
3	基層社團	404	–	404
4	勞工界	407	–	407
小計		1,286	–	1,286
第四界別				
1	鄉議局	–	160	160
2	港九分區委員會、地區撲滅罪行委員會及地區防火委員會委員的代表	–	1,083	1,083
3	新界分區委員會、地區撲滅罪行委員會及地區防火委員會委員的代表	–	857	857
小計		–	2,100	2,100
第五界別				
1	有關全國性團體香港成員的代表	–	451	451
小計		–	451	451

資料來源：www.voterregistration.gov.hk/chi/statistic20213.html

國性團體香港成員的代表界。選舉產生的選舉委員會的選民人數大量縮減，由以往以功能組別為基礎的選舉辦法縮減以團體為基礎（表7.8），有關委員會登記和選舉在 2021 年 9 月進行，產生了近 1500 名委員，其中有不少是當然成員和在沒有對手下自動當選的成員。[38] 設立候選人資格審查委員會，負責審查並確認選舉委員會委員候選人、立法會議員候選人和行政長官候選人的資格，完善有關審查機制，對有關人士從參選、競選到當選後的表現進行全流程監督審查。

中央港澳工作領導小組辦公室和國務院港澳事務辦公室於 2021 年 5 月 13 日發表了〈完善香港選舉制度 落實愛國者治港確保一國兩制實踐行穩致遠〉，表示：2019 年修例風波期間，港獨猖獗、黑暴肆虐、攬炒橫行，各種激進破壞活動肆無忌憚，外國勢力指手畫腳、深度干預，導致香港陷入曠日持久的動亂，法治被嚴重踐踏，社會被嚴重撕裂，經濟受到嚴重衝擊，國際形象受到嚴重損害。修例風波實質上是一場港版顏色革命，反中亂港勢力及其背後支持的外部勢力不僅是要奪取香港管治權，搞亂香港，而且企圖搞亂內地，顛覆中國共產黨的領導和中國特色社會主義制度，阻撓中華民族偉大復興的進程。[39] 在「一國兩制」下，完善香港特別行政區選舉制度，中央政府不派人直接參與香港特別行政區政府日常管理，香港特別行政區享有高度自治權，包括行政權、立法權、獨立的司法權和終審權，保障香港特別行政區永久性居民的選舉權和被選舉權。

香港特別行政區第七屆立法會的換屆選舉，主題為「完善選舉制度，落實愛國者治港」。香港泛民主派稱立法會已淪為橡皮圖章，並呼

---

38. 鄭寶生，周禮希：〈選委會選舉｜近 14 小時點票結束　改制後首場選舉 40 界別全名單出爐〉，《香港 01》，2021 年 9 月 20 日，www.hk01.com/article/678585?utm_source=01articlecopy&utm_medium=referral。

39. 中央港澳工作領導小組辦公室 國務院港澳事務辦公室：〈完善香港選舉制度 落實「愛國者治港」確保「一國兩制」實踐行穩致遠〉，全國人民代表大會，2021 年 05 月 13 日，www.npc.gov.cn/npc/c30834/202105/e1e7b3a70c334ee29fed4935bb93978b.shtml。

表7.9　歷年香港地區直接選舉的累計投票率

投票時間	1998	2000	2004	2008	2012	2016	2021
07:30–08:30	1.18%	0.91%	1.33%	1.04%	1.32%	1.31%	–
08:30–09:30	3.59%	3.03%	4.03%	3.07%	3.90%	3.73%	3.18%
09:30–10:30	7.14%	6.19%	7.86%	5.66%	7.48%	7.12%	6.36%
10:30–11:30	11.14%	9.61%	12.17%	8.83%	11.34%	11.05%	9.35%
11:30–12:30	15.33%	12.75%	16.39%	11.76%	15.14%	14.99%	12.08%
12:30–13:30	18.62%	15.48%	20.26%	14.42%	18.49%	18.88%	14.39%
13:30–14:30	21.70%	18.34%	24.36%	17.46%	22.06%	22.90%	16.66%
14:30–15:30	25.32%	21.12%	28.21%	20.23%	25.46%	26.93%	18.77%
16:30–16:30	29.89%	23.87%	32.15%	23.52%	29.04%	31.16%	21.02%
16:30–17:30	34.25%	26.56%	35.87%	26.78%	32.64%	35.30%	23.12%
17:30–18:30	38.20%	29.41%	39.67%	30.03%	36.24%	39.55%	24.99%
18:30–19:30	41.93%	32.30%	43.50%	33.30%	39.96%	43.60%	26.49%
19:30–20:30	45.46%	35.25%	47.39%	36.66%	43.85%	47.83%	27.92%
20:30–21:30	49.30%	38.85%	50.94%	40.43%	48.19%	52.57%	29.28%
21:30–22:30	53.29%	43.57%	55.64%	45.20%	53.05%	58.28%	30.20%

資料來源：歷屆選舉報告 (1998–2021)

籲採取公民抗命和不合作運動，為當局阻止。[40]結果，地區直選投票率為 30.2%（表 7.9），功能界別選舉之投票率為 32.22%（表 7.10），是香港

---

40. 林嘉成：〈立法會選舉｜英報批騙局：杯葛羞辱　經貿辦致函：境外煽惑同犯法〉，《香港 01》，2021 年 12 月 11 日，www.hk01.com/article/711165?utm_source=01articlecopy&utm_medium=referral；Chris Lau, "Hong Kong is holding its Legislative Council election in two months and campaigning has begun – very quietly, behind the scenes", *South China Morning Post*, 23 October 2021, www.scmp.com/news/hong-kong/politics/article/3153458/hong-kong-holding-its-legislative-council-election-two。

表7.10　各年所有須投票的功能界別累計投票率
（即組別中有無競爭對手自動當選的不計算在內）

投票時間	1998	2000	2004	2008	2012	2016	2021
07:30–08:30	1.48%	1.04%	1.62%	1.35%	1.86%	1.87%	–
08:30–09:30	4.31%	3.56%	4.62%	3.68%	4.89%	4.68%	3.03%
09:30–10:30	8.51%	7.33%	8.97%	6.61%	9.16%	8.52%	5.94%
10:30–11:30	13.33%	11.54%	14.11%	10.71%	13.84%	13.04%	8.87%
11:30–12:30	18.44%	15.60%	19.23%	14.65%	18.81%	17.96%	11.72%
12:30–13:30	22.96%	19.64%	24.34%	18.36%	23.42%	22.78%	14.14%
13:30–14:30	26.86%	23.66%	29.53%	22.40%	28.26%	27.53%	16.64%
14:30–15:30	31.87%	27.69%	34.73%	26.46%	33.29%	32.73%	19.11%
16:30–16:30	37.10%	31.43%	39.71%	30.54%	38.19%	38.16%	21.63%
16:30–17:30	41.89%	34.70%	44.30%	34.39%	42.55%	43.28%	24.00%
17:30–18:30	46.43%	38.30%	49.07%	38.55%	47.18%	48.78%	26.18%
18:30–19:30	51.01%	42.35%	54.02%	42.99%	52.23%	54.23%	27.83%
19:30–20:30	55.06%	46.15%	58.99%	46.53%	57.34%	59.56%	29.28%
20:30–21:30	59.17%	50.42%	63.81%	52.66%	63.03%	65.95%	30.92%
21:30–22:30	63.50%	56.50%	70.10%	59.76%	69.65%	74.33%	32.22%

資料來源：歷屆選舉報告

立法會選舉以來最低，[41]但支持政府建制派的得票高於 2016 年所有泛民主派得票總和（表 7.2）。

多個西方國家發表聯合聲明，稱對香港選舉制度民主成分遭侵蝕深表嚴重關注。雖然香港選舉減少了直選議席、設置新審查程序、限制選民選擇、排拒有意義的政治反對聲音，不少反對派人士仍被收押候審或流亡海外，[42]但這沒有對香港的選舉構成實際上的影響。中國外

---

41. Matthew Brooker, "Hong Kong's Stage-Managed Election Is Fooling Nobody", Bloomberg, 8 November 2021. www.bloomberg.com/opinion/articles/2021-11-07/hong-kong-s-stage-managed-election-process-will-be-tested-by-turnout; Candice Chau, "Hong Kong 'patriots' election: Chief Exec. Lam predicts 'new chapter for good governance' despite poor turnout", Hong Kong Free Press, 20 December 2021, https://hongkongfp.com/2021/12/20/hong-kong-patriots-election-chief-exec-lam-predicts-new-chapter-for-good-governance-despite-poor-turnout/; Selina Cheng, "Hong Kong 'patriots' poll results: Lowest election turnout yet, as pro-govt candidates sweep into legislature", Hong Kong Free Press, 20 December 2021, https://hongkongfp.com/2021/12/20/hong-kong-patriots-poll-results-lowest-election-turnout-yet-as-pro-govt-candidates-sweep-into-legislature/.

42. Robert Delaney, "G7, EU, Five Eyes condemn Hong Kong elections while US sanctions five Chinese officials", *South China Morning Post*, 21 December 2021, www.scmp.com/news/china/politics/article/3160478/us-sanctions-five-chinese-officials-saying-hong-kong-elections; Antony J. Blinken, "Joint Statement on Hong Kong Legislative Council Elections", U. S. Department of State, 20 December 2021, www.state.gov/joint-statement-on-hong-kong-legislative-council-elections/; Foreign, Commonwealth & Development Office and the Rt Hon Elizabeth Truss MP, "Hong Kong elections, December 2021; G7 foreign ministers joint statement", The Government of United Kingdom, 20 December 2021, www.gov.uk/government/news/g7-foreign-ministers-issue-joint-statement-on-hong-kong-elections；"Hong Kong: Statement by HR/VP Josep Borrell on the Legislative Council Election held on 19 December 2021", European Union, 20 December 2022, www.eeas.europa.eu/eeas/hong-kong-statement-hrvp-josep-borrell-legislative-council-election-held-19-december-2021_en；王松蓮：〈香港立法會選舉實為騙局〉，*Human Rights Watch*，2021 年 12 月 17 日，www.hrw.org/zh-hant/news/2021/12/17/hong-kong-imposes-sham-election；SBS 中文記者：〈五眼聯盟發表聯合聲明譴責香港立法會選舉欠民主〉，《SBS 中文》，2021 年 12 月 21 日，www.sbs.com.au/language/chinese/zh-hant/article/australia-joins-four-other-nations-in-condemning-hong-kongs-patriots-only-election/mxps4cy73；黃啟霖：〈西方 5 國聯合聲明 嚴重關切香港立法會選舉〉，《中央廣播電台》，2021 年 12 月 20 日，www.rti.org.tw/news/view/id/2119988；王忠會，成依華：〈立法會選舉｜ G7 歐盟發聯合聲明 稱對民主受侵蝕表示嚴重關切〉，《香港 01》，2021 年 12 月 21 日，www.hk01.com/article/714977?utm_source=01articlecopy&utm_medium=referral；U. S.- China Economic Security Review Commission, "2022 Annual Report to Congress", 2022, www.uscc.gov/annual-report/2022-annual-report-congress。

交部發言人趙立堅發言時批評西方國家對香港選舉說三道四、指手畫腳，粗暴干涉中國內政，表明中國堅決反對和強烈譴責。[43]他說：「剛剛結束的香港特區第七屆立法會選舉是落實新選舉制度的一次成功實踐，是發展符合香港實際情況、具有香港特色民主制度的重要跨越。選舉過程公平、公正、公開、安全、廉潔，選民各項民主權利得到了充分尊重和保障。」

實際上，只有真正建制派參戰的立法會選舉並不是完全沒有值得注意的地方（表7.11），在地區直接選舉方面，民建聯派出10人出選，工聯會3人和新民黨及公民力量3人，算是比較高比例的參選團體；競選的力量十分分散，其中只有新民黨1人落選，其他全部參選者都能夠佔高比例的票數當選。曾經當過立法會議員的當作是民主派參選的有馮檢基、譚香文和黃成智，在民主派選民的杯葛下他們得票很低而落選。而民建聯對着工聯會的三個選區，九龍東和新界西南的票源分配算是較為平均，但奇怪的是香港東新民黨的廖添誠威脅住民建聯梁熙，同出一源的工聯會吳秋北却完全沒有讓票的現象，而且同屬民建聯的重量級人馬曾鈺成和譚惠珠都為吳秋北拉票，梁熙領先廖添誠的票數不太多。而九龍中的李慧琼同樣，完全沒有讓票予楊永杰而大比數拋離對手。而在新界北，明顯的是不讓機會予鄉事委員會背境的沈

43. 新華社記者：〈快評：香港民主繁榮不可阻擋，西方「例行公事」抹黑註定徒勞〉，《新華網》，2021年12月21日，www.news.cn/gangao/2021-12/21/c_1128185274.htm；于丁糸：〈「七國集團」干港選舉　中國使館連聲譴責〉，《文匯報》，2021年12月21日，www.wenweipo.com/a/202112/22/AP61c2670be4b07b4059d9c482.html；凌德、倪浩、白雲怡，陳青青：〈抹黑特區立法會換屆選舉，西方粗暴干涉香港事務被中方痛斥！〉，《北京週報》，2021年12月21日，www.beijingreview.com.cn/shishi/202112/t20211222_800270717.html；SBS中文記者：〈趙立堅：港英時期沒有民主可言 卻無所謂民主國家表達關切〉，《SBS中文》，2021年12月22日，www.sbs.com.au/language/chinese/zh-hant/article/china-reacts-to-five-nations-joint-statement-on-hong-kong-legislative-council-elections/n72uzst62；Peter Lee, "Hong Kong gov't slams US congressional panel report for 'ill-intentioned political attacks'", *Hong Kong Free Press*, 16 November 2022, https://hongkongfp.com/2022/11/16/hong-kong-govt-slams-us-congressional-panel-report-as-ill-intentioned-political-attacks/。

表7.11　2021年立法會地區直接選舉的結果

選區	候選人背景及政治聯繫	姓名	選舉結果
香港島東	民建聯中委	梁熙	26,799 當選
	新民黨，前新思維副主席	廖添誠	23,171
	港區全國人大代表，工聯會會長	吳秋北	64,509 當選
	前希望聯盟成員	潘焯鴻	14,435
香港島西	新民黨主席，前保安局局長	葉劉淑儀	65,694 當選
	民建聯副主席	陳學鋒	36,628 當選
	離島區議會議員	方龍飛	8,058
九龍東	工聯會勞工顧問委員會僱員代表	鄧家彪	65,036 當選
	民建聯中委，觀塘區議會議員	顏汶羽	64,275 當選
	民主思路	陳進雄	2,999
	獨立	胡健華	3,090
	創建力量，香港註冊中醫師	李嘉欣	12,049
九龍西	西九新動力副主席	梁文廣	36,840 當選
	前立法會議員，前民協成員	馮檢基	15,961
	民建聯中委	鄭泳舜	64,353 當選
九龍中	港區全國政協委員，民建聯主席	李慧琼	95,976 當選
	九龍城區議會主席，前西九新動力成員	楊永杰	35,702 當選
	前公民黨、前線成員，黃大仙區議會議員	譚香文	8,028
新界東南	西貢區議會副主席	蔡明禧	6,718
	民建聯中委，獲工聯會及新界社團聯會支持	李世榮	82,595 當選
	專業動力，獲方國珊、公民力量支持	林素蔚	38,214 當選
新界北	香港新方向，工程師	張欣宇	28,986 當選
	民建聯中委	劉國勳	70,584 當選
	元朗區議會主席，香港執業律師	沈豪傑	17,839
	家庭主婦	曾麗文	3,498

（續表7.11）

選區	候選人背景及政治聯繫	姓名	選舉結果
新界西北	民建聯副主席	周浩鼎	93,195 當選
	港區全國人大代表，實政圓桌召集人	田北辰	40,009 當選
	新思維副主席	黃俊瑯	4,066
新界西南	荃灣區議會議員	劉卓裕	12,828
	民建聯中委	陳恒鑌	83,303 當選
	工聯會	陳穎欣	62,690 當選
新界東北	新民黨／公民力量	李梓敬	61,253 當選
	民主黨創黨成員，前新思維成員	黃成智	5,789
	民建聯副主席	陳克勤	62,855 當選
	民主思路	黃頴灝	5,160

資料來源：2021 年立法會換屆選舉地方選區結果，選舉管理委員會，www.elections. gov.hk/legco2021/chi/rs_gc.html。

豪傑有當選的機會，張欣宇並不具有太大的知名度而勝出，[44]足見建制派在沒有民主派在選舉的威脅下完全成功協調的情況並沒有出現。

選舉委員會界別共 51 份提名，競逐 40 個議席。由於採用全票制，近 1,500 個選委被要求投票時，一定要選足 40 人才算是有效票，明顯不過的是選擇不支持的 11 人比選擇 40 人容易，看點是落選的獲得多少票，如盧維思和刁勝洪得票特別的低，而馮偉光作為梁振英重用的香港政府新聞統籌專員，得票竟然不及一名九巴車長蔡永強，作為蘭桂坊集團主席的盛智文沒有當選也令人感到意外。而新選舉制度以選舉

---

44. 明報記者：〈「港漂」張欣宇沒從政經驗 稱以香港利益出發〉，《明報》，日期：2021 年 12 月 16 日，https://news.mingpao.com/pns/ 要聞 /article/20211216/s00001/1639591559388/「港漂」張欣宇沒從政經驗 - 稱以香港利益出發；獨媒報道：〈港漂張欣宇獲前建制區議員站台 - 截停訪問稱要繼續拉票〉，《獨立媒體》，2021 年 12 月 19 日，www.inmediahk.net/node/ 政經 /【立會選戰】港漂張欣宇獲前建制區議員站台 - 截停訪問稱要繼續拉票。

表7.12　2021年立法會選舉委員會界別選舉結果

姓名	結果	參選人政治聯繫及背景
梁美芬	1,348	經民聯副主席，香港執業大律師，香港城市大學法律學院副教授
張國鈞	1,342	民建聯副主席，香港執業律師
鄧飛	1,339	重慶市政協委員，香島中學校長，香港教育工作者聯會副主席
陳曼琪	1,331	港區全國人大代表，全國婦聯執委，香港執業律師
麥美娟	1,326	工聯會副會長
葛珮帆	1,322	民建聯中委
容海恩	1,313	新民黨副主席，香港執業大律師
李浩然	1,308	華潤集團粵港澳大灣區辦公室主任，華潤資本董事總經理
黃元山	1,305	團結香港基金副總幹事
陳仲尼	1,297	港區全國政協委員，香港中華總商會副會長，金鷹控股主席
陳凱欣	1,292	前食物及衛生局政治助理
簡慧敏	1,291	中銀香港總法律顧問，香港執業律師
陳家珮	1,284	新民黨中委
謝偉俊	1,283	創建力量，香港執業律師
何君堯	1,263	新界關注大聯盟，香港執業律師
譚岳衡	1,245	甘肅省政協委員，交銀國際董事長，中資證券業協會名譽會長
吳傑莊	1,239	港區全國政協委員，高鋒集團主席，青年專業聯盟創會召集人
陳紹雄	1,239	中華電力中國區總裁，專業工程師
黎棟國	1,237	港區全國政協委員，新民黨常務副主席，前保安局局長
馬逢國	1,234	新論壇，港區全國人大代表
劉智鵬	1,214	嶺南大學協理副校長（學術及對外關係），歷史系教授
陳沛良	1,205	中國太平保險（香港）有限公司總經理
黃國	1,192	港區全國政協委員，工聯會理事長
陳月明	1,187	打鼓嶺鄉事委員會主席
林琳	1,181	民建聯荃灣支部社區幹事
陸頌雄	1,178	工聯會元朗綜合服務中心助理主任
梁毓偉	1,160	香港青年聯會主席

（續表7.12）

姓名	結果	參選人政治聯繫及背景
林順潮	1,157	港區全國人大代表，希瑪眼科集團主席，香港註冊眼科專科醫生
洪雯	1,142	新世界發展有限公司研究主管
孫東	1,124	香港城市大學生物醫學工程學系講座教授
郭玲麗	1,122	民建聯葵青支部社區主任
管浩鳴	1,102	聖公會教省秘書長
周文港	1,060	嶺南大學中國經濟研究部副總監，全國港澳研究會理事
李鎮強	1,060	自由黨副主席
陸瀚民	1,059	麗新集團主席辦公室首席策略官，香港菁英會理事
江玉歡	1,032	香港律師會理事，香港執業律師，前新民黨成員
林筱魯	1,026	古物諮詢委員會主席，西九文化區管理局董事
蘇長荣	1,013	港區全國政協委員，香港島各界聯合會理事長
林振昇	1,002	勞聯主席
林智遠	970	香港執業資深會計師
吳宏偉	958	香港科技大學（廣州）副校長
黃梓謙	956	香港再出發大聯盟共同發起人，前民主思路成員
盛智文	955	大紫荊勳賢，蘭桂坊集團主席
陳凱榮	941	香港青年會主席，民建聯東區支部社區主任
曾瀞漪	919	鳳凰衛視節目主持人
孫偉勇	891	億田智能董事長，中華海外聯誼會理事，孫中山玄侄孫
屠海鳴	834	港區全國政協委員，豪都國際有限公司董事長
蔡永強	818	九巴車長
馮煒光	708	前香港政府新聞統籌專員，前民主黨、匯點成員
盧維思	454	前投資推廣署署長
刁勝洪	342	電氣技工

註：當選者有 970 票或以上。
資料來源：2021 年立法會換屆選舉選舉委員會界別結果，選舉管理委員會，網址：www.elections.gov.hk/legco2021/chi/rs_ecc.html。

委員會為主體足見整體協調的效果，政府要增加立法會席位而足見統一戰線上要擴大社會層面的工作，所以好些現任直選議員都轉戰選委而全部都能當選。（表 7.12）

在功能組別上對以往泛民主化的席位有所收緊，控制在愛國者的範圍內。基本上大多數席位都有穩定的當選人，但為了促使是次選舉具競爭性，往往在有篤定當選人的情況下仍要協調一參選人陪伴競選，當選人都以大比例得票勝出對手。而在社會爭議過程中立場不夠堅定的，如鍾國斌和張華峯，成為現任議員參選而落敗。（表 7.13）

表 7.14 列出新屆立法會所有 90 位議員的組成。民建聯仍然是最大政黨，佔有 19 席，比 2016 年選舉後獲得的 13 席多了 6 席，而工聯會和經民聯都有 7 席，新民黨 5 席，自由黨 4 席，都比以往席位增加了少許，但獨立議員特別多，很多團體都分一杯羹的佔有 1 個席位，眾人單打獨鬥，權力分散，但構成新的社會關係網絡，為愛國者治港之下的政治社群網絡。

十、新選舉制度下的行政長官選舉

同樣，新的選舉制度改變了行政長官的選舉辦法。選舉委員人數由 1,200 人增加到 1,500 人，所新增的 300 人主要來自新增組別「香港特別行政區全國人大代表香港特別行政區全國政協委員及有關全國性團體代表界」，大多數成員都由委任產生，再由獲委任的成員選舉產生新的成員，被批評制度不民主，其中取消了區議員推選的 117 個委員成分。表 7.15 列出歷來行政長官選舉的情況，最初投票的傾向較為明顯，絕大多的選舉委員都指向同一候選人使其當選，更有無對手競爭自動當選的情況，連希望挑戰的對手在爭取提名時提名人數不足，無法獲得參與資格。隨後選舉委員會增加了多些少的民主成分，民主派開始獲得更多的選舉委員席位，就如公民黨的梁家傑在 2007 年可獲得 132 個提名，到了選舉委員數目由 800 增加到 1,200 時，2012 年民主黨的何俊仁可以獲得 188 個提名，而 2017 年曾俊華雖然不是代表民主

表7.13　2021年立法會功能界別選舉結果

界別	參選人	政治聯繫及背景	結果
鄉議局	劉業強	經民聯，港區全國政協委員，鄉議局主席，屯門鄉事委員會主席，經民聯副主席	119 當選
	莫錦貴	經民聯，鄉議局副主席，沙田鄉事委員會主席	35
漁農界	何俊賢	民建聯	117 當選
	楊上進	獨立	24
保險界	陳照男	獨立	24
	陳健波	獨立	65 當選
航運交通界	陳宗彝	中港通集團董事總經理	56
	易志明	自由黨，港區全國政協委員	147 當選
教育界	文詩詠	保良局林文燦英文小學校長	2,054
	林日豐	教評會，獅子會中學退休校長	4,544
	丁健華	香港幼教會，香港幼稚園教育專業交流協會主席、奧福兒童國際教育機構總監	2,533
	林泳施	瑪利灣學校校長	3,280
	朱國強	教聯會，北區小學校長會主席，香港教育工作者聯會副主席	10,641 當選
法律界	林新強	前香港律師會會長，香港執業律師	1,637 當選
	陳曉鋒	香港法學交流基金會秘書長	674
會計界	黃宏泰	香港島各界聯合會，香港非執業會計師，灣仔區議會主席	1,981
	翁健	獨立	1,065
	潘文思怡	香港執業會計師	1,734
	黃俊碩	民建聯，香港執業會計師，前香港華人會計師公會會長	3,175 當選
醫療衛生界	陳子中	民建聯，屯門醫院急症科部門運作經理	2,585
	陳永光	香港註冊中醫學會會長	3,446
	何崇漢	香港護士協會中委，愛護理服務集團董事	1,631
	龐愛蘭	新論壇，香港藥學會會長	2,719
	林哲玄	醫護誠信同行主席	5,511 當選
工程界	黃偉信	獨立	1,243
	盧偉國	經民聯主席，港區全國政協委員	3,849 當選
建築測量都市規劃及園境界	謝偉銓	經民聯，思籌知路，港區全國政協委員	2,266 當選
	陳澤斌	前建築署助理署長，現建築師註冊管理局主席	1,063
勞工界	梁子穎	工聯會	373 當選
	周小松	勞聯秘書長	371 當選
	李廣宇	香港公共事業工會聯合會副主席	116
	郭偉強	工聯會	398 當選

（續表7.13）

界別	參選人	政治聯繫及背景	結果
社會福利界	朱麗玲	民建聯葵青支部主席	872
	葉湛溪	香港復康力量會長	196
	狄志遠	新思維主席	1,400 當選
地產及建造界	趙式浩	獨立	138
	龍漢標	地產建設商會秘書長	242 當選
旅遊界	馬軼超	九龍社團聯會	13
	姚柏良	創建力量，香港中旅社副社長	160 當選
商界（第一）	姚逸明	獨立	101
	林健鋒	經民聯副主席，港區全國政協委員	628 當選
商界（第二）	廖長江	港區全國人大代表	176 當選
	葉永成	香港島各界聯合會，香港中華總商會選任會董，香港道教聯合會副主席	71
商界（第三）	嚴　剛	招商局港口董事總經理	174 當選
	游偉光	中國海外地產董事總經理	110
工業界（第一）	梁君彥	大紫荊勳賢，港區全國政協委員，經民聯榮譽主席	235 當選
	梁日昌	自由黨	67
工業界（第二）	吳永嘉	經民聯副主席	306 當選
	羅程剛	獨立	65
金融界	陳振英	獨立	51 當選
	陳志輝	獨立	17
金融服務界	李惟宏	香港證券業協會副主席，香港中華總商會常務會董	314 當選
	張華峰	港區全國政協委員，經民聯副主席	169
體育演藝文化及出版界	蘇惠良	明報出版社總經理	29
	霍啟剛	港區全國政協委員，港協暨奧委會副會長	195 當選
進出口界	李志峰	香港中華出入口商會副秘書長	48
	黃英豪	民建聯，港區全國政協委員	108 當選
紡織及製衣界	陳祖恆	聯泰控股執行副總裁	172 當選
	鍾國斌	自由黨黨魁	82
批發及零售界	林至穎	廣東省政協委員	112
	邵家輝	自由黨副主席	1,116 當選
科技創新界	吳池力	獨立	12
	邱達根	香港資訊科技聯會會長，創科未來召集人，香港數碼港管理有限公司董事	59 當選

界別	參選人	政治聯繫及背景	結果
飲食界	徐汶緯	金記冰室老闆	27
	張宇人	自由黨主席	101 當選
港區人大政協及團體代表界	陳　勇	港區全國人大代表，民建聯副主席，新界社團聯會	432 當選
	謝曉虹	西九新動力	177

資料來源：2021 年立法會換屆選舉功能界別結果，選舉管理委員會，www.elections. gov.hk/legco2021/chi/rs_fc.html。

表7.14　2021年立法會選舉結果各方獲得議席數量

地區直選	功能界別	選舉委員會界別
民建聯（10 席）——林哲玄、龍漢標、嚴剛、李惟宏、霍啟剛、陳祖恆、邱達根、謝偉銓梁熙、陳學鋒、陳克勤、陳恆鑌、周浩鼎、劉國勳、李世榮、李慧琼、鄭泳舜、顏汶羽	民建聯（4 席）——何俊賢、黃英豪、黃俊碩、陳勇	民建聯（5 席）——林琳、陳仲尼、郭玲麗、葛珮帆、張國鈞
工聯會（3 席）——吳秋北、鄧家彪、陳穎欣	工聯會（2 席）——郭偉強、梁子穎	工聯會（3 席）——陸頌雄、麥美娟、黃國
新民黨（2 席）——葉劉淑儀、李梓敬		新民黨（3 席）——容海恩、陳家珮、黎棟國
西九新動力（1 席）——梁文廣	自由黨（3 席）——易志明、邵家輝、張宇人	自由黨（1 席）——李鎮強
香港新方向（1 席）——張欣宇	勞聯（1 席）——周小松	勞聯（1 席）——林振昇
專業動力（1 席）——林素蔚	經民聯（5 席）——劉業強、盧偉國、林健鋒、梁君彥、吳永嘉	經民聯（2 席）——陸瀚民、梁美芬
九龍社團聯會（1 席）——楊永杰	創建力量（1 席）——姚柏良	香港島各界聯合會（1 席）——蘇長榮
實政圓桌（1 席）——田北辰	教聯會（1 席）——朱國強	新界關注大聯盟（1 席）——何君堯

（續表7.14）

地區直選	功能界別	選舉委員會界別
	新思維（1 席）—— 狄志遠	創建力量（1 席）—— 謝偉俊
		新論壇（1 席）—— 馬逢國
		教聯會（1 席）—— 鄧飛
	獨立（12 席）—— 陳健波、林新強、廖長江、陳振英、林哲玄、龍漢標、嚴剛、李惟宏、霍啟剛、陳祖恆、邱達根、謝偉銓	獨立（20 席）—— 劉智鵬、陳沛良、陳曼琪、陳月明、陳凱欣、陳紹雄、梁毓偉、李浩然、黃元山、洪雯、孫東、簡慧敏、管浩鳴、周文港、譚岳衡、江玉歡、吳傑莊、林順潮、林筱魯、林智遠

表7.15　歷屆香港特別行政區行政長官選舉提名及獲得票數情況

選舉年份	提名票		獲得選票	
1996	董建華 楊鐵樑 吳光正 李福善	206 82 54 43	董建華 楊鐵樑 吳光正	320 42 36
2002	董建華	762	自動當選	
2005	曾蔭權 李永達 詹培忠	714 52 21	自動當選	
2007	曾蔭權 梁家傑	641 132	曾蔭權 梁家傑	649 123
2012	梁振英 唐英年 何俊仁	305 390 188	梁振英 唐英年 何俊仁	689 285 78
2017	林鄭月娥 曾俊華 胡國興	580 165 180	林鄭月娥 曾俊華 胡國興	777 365 21
2022	李家超	786	李家超	1,416

派，但在民主派選舉委員普遍支持下得票去到 365，加上 2019 年的反抗運動影響下，民主派有機會獲得更多選舉委員的席位，所以有關當局不但停止了立法會的選舉，連選舉委員會選舉也一同停止了，據估計當時民主派系可以爭取的票源已經極度接近 600 名而足以挑戰向來受親政府陣型穩勝的行政長官選舉。基本上説完善選舉制度是確保了親北京派能夠當選的方法，就是改變了原先的選舉方法，層級的機制確保民主派不容易進佔議席，造成不必要的挑戰；情況同時控制了親北京派系的不和，同系內會有激烈的競爭可免則免。

2022 年新制度下選舉產生了新一任行政長官，當選的李家超可以説是為他度身訂度，先是原任政務司的張建忠被撤換，由李家超來擔任政務司長一職，然後參選行政長官，而競選日期一再延後，在香港疫情開始穩定下來時才舉辦競選，選舉機制亦改變了無對手自動當選的辦法，結果在毫無意外的情況下李家超獲得高提名和絕大多數確認票當選。同樣，西方國家再次發表聲明選舉改革後違反民主原則和政治多元化，有組織更敦促「世界各地的民主國家」不承認這場競選。[45]當然，這些聲明都不會對香港新制度構成任何的影響。

---

45. 有關不同的英語媒體報道李家超當選新任特首的新聞可參考下列報道：SCMP Reporters," As it happened: John Lee confirmed as Hong Kong's next leader with 1,416 votes, vows to recruit talent", *South China Morning Post*, 8 May 2022, www.scmp.com/news/hong-kong/politics/article/3176886/hong-kong-chief-executive-election-sole-candidate-john-lee; Hillary Leung, Tom Grundy, Kelly Ho and Almond Li, "1,416 elite voters select sole candidate John Lee as Hong Kong's next leader", *Hong Kong Free Press*, 8 May 2022, https://hongkongfp.com/2022/05/08/breaking-sole-candidate-john-lee-selected-as-hong-kongs-next-leader/; Kin Cheung, "Beijing loyalist John Lee elected as Hong Kong's next leader", *National Public Radio*, 8 May 2022, www.npr.org/2022/05/08/1097452402/beijing-loyalist-john-lee-elected-as-hong-kongs-next-leader; Austin Ramzy and Alexandra Stevenson, "Beijing's Man in Hong Kong Inherits a Tamed City", *New York Times*, 8 May 2022, www.nytimes.com/2022/05/08/world/asia/hong-kong-john-lee.html; and Le Monde with AP, "Beijing loyalist John Lee elected as Hong Kong's next leader", *Le Monde*, 8 May 2022. www.lemonde.fr/en/international/article/2022/05/08/john-lee-sole-candidate-widely-expected-to-become-hong-kong-s-next-chief-executive_5982763_4.html.

十一、特區新選舉制度的討論

可以總結的新選舉制度具有明顯而重要的七個主要的特徵（seven main features），即：

威權化（authoritarianization）、安全化（securitization）、合法認受化（legitimization）、大陸化（mainlandisation）、確定化（certainization – making elections results certain）、非政治化（depoliticization）、和非民主化（de-democratisation）。

首先，威權化（authoritarianization）對主權的控制 政府要求民眾絕對服從「政治上的權威」，並限制個人的思想、言論和行為自由，將權力集中於單一領袖或小團體。公民也通常無法透過自由競爭的選舉來參與，或有限的選舉但政府有很大的權力控制選舉。其次，「安全化」理論（securitization theory）學派提出安全是社會建構出來的概念。具體的操作是安全化行為者（securitizing actors），一般指國家和政府透過言語—行為（speech-act）指涉某一對象或群體具有存在性威脅，因此政權得以利用特權去任意動用社會資源解決這「安全問題」，如清算異己。第三，在這過程中鞏固了一群支持者，能給予國家膨脹而具認受性的權力，有效刻意剝奪或限制其他人（反對派）的自由與權利。[46] 第四，確定化（certainization – making elections results certain）能確保立法會議員透過新選舉制度（2021 年 3 月改革之制度）產生，在「愛國者」治港的原則下發展忠誠的反對派（loyal opposition）。第五，行政長官選舉體現了國內政治特色大陸化（mainlandisation），亦糅合港式政治多元化之特點，動員 1,500 人的選舉委員會成員投票，選出行政長官。第六，非民主化（de-democratisation）亦採取「民主集中」的原則，即候選人李家超先生獲得中央之首肯參與選舉。最重要的是李家超先生高票當選後，

---

46. Glocal 編輯：〈自圓其說的反恐戰爭：探討「安全化」理論〉，*The Glocal*，2017，https://theglocalhk.com/securitization_theory/。

中央政府給予他任命狀，體現特首選舉後，當選人需要中央的實質任命（substantial appointment）。最後，非政治化（depoliticization）港式民主仍有空間在未來十年至二十甚至三十年改善。2023年11月區議會選舉如期舉行，小部分民主派人士亦有響應參選，惟未能獲得合法提名而被拒絕，亦有建制派團體未有獲得足夠提名人提名不能參選。同樣，2025年的立法會選舉應鼓勵各方，包括民主派的參與。屆時特區政治氣候勢可以回復多元化現象。從新立法會在2021年12月選舉後的議會辯論及文化來看，不少新立法會議員能做到「有建設性」的批評者，即不是完全支持政府，另外一方面亦表現制衡及批評政府政策。

回歸以來，香港特別行政區之政治發展受到兩大問題困擾：意識形態之衝突及階級矛盾愈來愈嚴重。雖然中央政府和特區政府在2020年6月底頒布國安法，把社會穩定下來，而且在2021年3月改革選舉制度，確保愛國者治港，香港特別行政區還存在不少不穩定的因素。香港特別行政區的新選舉制度建立新香港式民主發展路向，第一階段是首先鞏固立法會選舉以愛國者為主導的政治體制，然後在立法會內加強處理民生事務的能力，特別解決房屋需求及供應不足問題，將香港房屋供應不足情況改革改變。[47]第二階段是在國安法對付了社會運動分子之同一時間爭取民心，加強統戰工作，鼓勵及推動中間派人士參與將來的選舉。現時應考慮將來在適當時間推行行政長官由普選產生。

整體來說，港式民主發展仍有頗大空間繼續改善及優化。首先是在下屆立法會選舉中，政府及建制派應鼓勵民主派溫和人士積極參與。然後在將舉行之各級議會選舉重建市民信心，加強草根階層的民

---

47. 近期有關房屋問題的爭議，可以參考：凌嘉勤：〈「簡約公屋」實是「速成公屋」急民所急物有所值〉，《文匯報》，2022年12月6日，www.wenweipo.com/a/202212/06/AP638e5715e4b0e80f81189b8f.html；Now新聞記者：〈何永賢：簡約公屋造價與過渡性房屋或公屋相若〉《Now新聞台》，2022年12月5日，https://news.now.com/home/local/player?newsId=499822；洪雯：〈房屋事務委員會：難以令人支持的「簡約公屋」〉，《獨立媒體》，2022年12月5日，www.inmediahk.net/node/ 政經 / 房屋事務委員會：難以令人支持的「簡約公屋」?fbclid=IwAR0X2XNzwZtQ5CGIWaAOgdr4XAyYpvdsnTKKvQaOE3TBDpm2qnBXaFMAZa0

主參與及投票。最重要的是各界（包括民主派及建制派）在 2025 年積極參與立法會選舉，我們可以預計民主派將會有更多人公開支持及要求在 2027 年或 2032 年行政長官應由普選產生。

　　不幸的是委任議席重回區議會，委任議席的比例應該限制在四分之一至三分之一。而委任人士應該包括社會不同階層的人，特別是年青人、婦女及少數族裔人士。地區性之撲滅罪行委員會及防火委員會成員應有部分成員可以被委任入區議會，加強區議會與地區性委員會之聯繫及溝通。港式民主化應該保持草根階層的民主成分，即 18 個區議會應有大部分（2/3 至 3/4）議員由直選產生。但可以考慮把 18 個區議會合併為 9 個區議會或更少，加強區議會之職責，處理衛生、環境甚至是體育文化政策發展。特區政府成立的文化體育及旅遊局，區議會改革可以考慮包括文化、體育及旅遊發展職權，在不影響區議會諮詢作用原則下適度進行改革及民主化，對特區文化及體育政策發展有莫大幫助。當然，另外一個改革模式是特區政府可以在 18 個區議會上成立一個新的文化體育議會，此文體會可以好像香港以往的市政局及區域市政局。但文體議會財政上是否像市政局或區域市政局般，分享到政府徵收差餉的一部分，則有商榷的餘地。這樣，香港特別行政區的民主發展將仍以循序漸進的方式繼續發展下去，成為獨特的「港式民主」體制。

　　當然，國安法的推出對穩定特區有很大的貢獻。可是穩定主義（statism）和父權主義（paternalism）壓倒本土主義（localism），也壓倒「民主的民粹主義」（democratic populism）。現在的政治和社會穩定仍有隱憂。首先，所有不滿意政府的分子差不多被排除在政治體制之外，他們在政體外雖然不敢以激烈的行動衝擊政府的管治，但是他們反對反抗政府的政策是地下性（underground）的，比如在 2021 年底立法會投票當天，看到很多市民不投票，有少部分在公共汽車上塗鴉來表達政治不滿的態度。假如特區政府有一些突發性事件，比如是有醜聞發生的話，我們也不排除不滿意政府的人突然動員力量。雖然反政府力量不可能回到 2019 年的情況，亨庭頓（Samuel Huntington）教授說過，假

如政治體制不能夠吸納反政府的人，這些人可能在體制外生事，以行動來反對政府。在香港，國安法能否長時間穩定社會，這問題還需一段時間小心觀察。

特區的資本主義沒有好好改革稅制，加強社會福利，特區的窮人仍然很貧窮，那些所謂「劏房」還沒有嚴厲監管，政府的管治心態是「選擇性的干預」主義（selective interventionism），比如在房屋土地供應加強干預。興建公共房屋的速度應加快，稅制未有任何改革，社會福利依然很少。老年貧窮愈來愈多，老年人只能當保安員情況普遍。另一方面，人口老化，政府每年沒有像澳門一樣大膽派錢（派糖）給市民。

其實，稅制改革是必要的。雖然累進稅（progressive tax）一定受到中產階級反對，但是資產階級的有錢人應該交多點稅，比如房地產稅等。當特區政府財赤愈來愈大的時候，稅制改革將會具有更大爭議性，最好解決方法是儘快提出稅制改革之文件，諮詢市民，然後以「干預」主義的方式推行稅制改革，財赤帶來的稅制改革問題是爆炸性的（time bomb），特區管治思維要改變為干預主義，把資本主義的矛盾徹底解決。

雖然特區以國安法穩定社會，以「法家」治港，長遠來說，特區政府的管治思維最好是加強「干預主義」加強「社會主義」（socialism）的思想去解決階級矛盾的深層次問題。否則，社會穩定可能是短暫性（temporary）的現象。

第八章

新選舉制度下香港特區行政與立法的關係重塑

❀❀❀❀❀❀❀❀❀❀❀❀

鄒平學

深圳大學法學院教授

姚夏軍

浙江工業大學法學院助理研究員

一、問題的提出

　　回歸後香港特別行政區實行的是行政主導的政治體制，其中行政佔主導地位，行政與立法相互制衡，相互配合，司法獨立。在這個體制中，行政和立法的關係是關鍵和焦點，司法由於中立的特性而相對獨立。在《基本法》起草過程中，政治體制專題小組的委員們認為應該是司法獨立，行政機關和立法機關既互相制衡、又互相配合的原則。[1]這一原則後來具體落實和體現在《基本法》的相關條文規定之中，一方面《基本法》堅持權力分立的原則，設計了行政與立法相互制衡的諸多環節，另一方面又非常重視兩者的互相配合，將兩者之間的配合作為制定條文的重要出發點。但在實際的運行過程中，行政與立法之間的矛盾不斷，關係緊張，立法對於行政的制約大於配合，遠超過正常的

---

1. 蕭蔚雲：《論香港基本法》，北京大學出版社，2003年，第18頁。

制衡關係，導致行政主導並沒有真正落到實處，進而出現治理效能低下，浪費社會治理資源，沒法實現善政良治的目標。

2021 年 3 月，全國人大常委會根據全國人大決定的授權，對《香港基本法》附件一和附件二涉及特區行政長官和立法會的兩個選舉產生辦法進行了系統性修訂，進一步完善優化了香港選舉制度。全國人大常務委員會副委員長王晨在草案說明中提到，要在完善選舉制度中堅持提高香港特別行政區治理效能的原則，要維護行政主導的香港特區治理架構和運行機制，支持行政長官和行政機關、立法機關、司法機關依法行使職權、履行職責，確保香港特區政治體制和治理體制機制順暢、有效運行。[2] 全國人大常委會法制工作委員會副主任張勇表示，通過完善香港特區的選舉制度以期改變香港特區行政機關與立法機關長期對立、立法會內鬥無為、社會管治效能下降、民主發展停滯不前的境況，改善香港特區的治理體制，提升特區整體管治水平，集中精力發展經濟、改善民生，提高香港特區的管治效能。[3]

從 2021 年下半年到現在，香港特區在選舉制度得到相關完善之後已經順利進行了選舉委員會、立法會和行政長官的三場選舉，選舉過程平穩順利，選舉結果基本符合預期。那麼，香港特區此次選舉制度的修訂是否能夠真正改善特區政治體制中的行政與立法關係，消除體系內的各種對立與內耗，保障落實行政主導的政治體制，從而實現良政善治呢？本文結合過往行政與立法緊張關係的原因和選舉制度改革所產生的影響作一初步審視。

---

2. 王晨：《關於〈全國人民代表大會關於建立健全香港特別行政區維護國家安全的法律制度和執行機制的決定（草案）〉的說明》，中華人民共和國中央人民政府，www.gov.cn/xinwen/2020-05/28/content_5515771.htm。最後訪問日期：2022 年 4 月 26 日。

3. 張勇：〈「修訂香港基本法附件一附件二具有十分重要深遠的意義」——專訪全國人大常委會法制工作委員會副主任張勇〉，《新華網》，www.xinhuanet.com/gangao/2021-03/30/c_1127273159.htm。最後訪問日期：2022 年 4 月 26 日。

二、回歸以來香港行政與立法關係的問題表現

（一）行政與立法關係的理論分析

一般的來説，行政與立法的關係在分權的前提下可以粗略的分為兩大類別，第一類是行政與立法處於高度一致甚至相互融合的關係，其理論來源於英國學者洛克，其雖主張行政權與立法權是分立的，但兩者關係並不平等，行政權從屬於立法權，同時兩者之間不存在相互制約的關係；第二類是行政與立法分立且相互制約的關係，其理論來源孟德斯鳩的三權分立學説，其主張行政、立法和司法三種權力相互分立，相互制約，後來美國的聯邦黨人進一步提出三權之間要實現相互制約和相互平衡。

這兩種學説分別在英國和美國得到了代表性的實踐。英國採取了第一類學説，其實行的是典型的議會內閣制，行使行政權的內閣由執掌立法權的議會產生，內閣的領導首相由在議會中佔據執政黨地位的政黨領袖擔任，內閣需向議會負責同時也能得到來自議會的全力支持，兩者的立場高度一致，甚至有學者認為兩者是處於權力融合的狀態。[4]同時因為內閣領導人及組成因素的影響，行政權在行政立法關係中處於天然強勢地位。美國的政治體制建立在三權分立學説的基礎上，實行的是總統制，總統和國會由不同的選舉程序產生，總統行使行政權，國會行使立法權，總統不由國會產生，也不必向國會負責，行政權與立法權之間相互分立，相互制約，但隨着社會時代的發展，行政權佔據了主導地位，這種體制下，行政與立法之間容易產生過多的制約，也可能出現行政專權的現象，兩者之間的平衡較難把握。

香港特別行政區是我國一個享有高度自治權的地方行政區域，不是一個主權國家，不可能直接照搬套用前述的體制，而只能根據香港

---

4. 秦前紅、付婧：《香港特區立法權與行政關係研究》，香港城市大學出版社，2018年，第2頁。

特區的歷史傳統與現實情況，制定適合自身的地方行政體制，香港特區的行政立法關係由《香港基本法》予以規定。

(二)《基本法》中的行政與立法關係

從《香港基本法》的立法原意與條文體系出發，可以推導出香港特區實行的是行政主導，行政與立法相互制衡相互配合，司法獨立的政治體制。對於香港特區到底應該實行什麼樣的一種政治體制，這個問題從《基本法》制定開始就爭論不休。在《基本法》制定過程中就有立法主導、三權分立、行政主導的三種意見，後來立法主導和三權分立先後被加以否定，[5] 只留下行政主導，但同樣也沒有在《基本法》條文中加以明文規定，後來亦有學者認為香港特區的政治體制是結合了三權分立的行政主導制，三權分立與行政主導是可以共存的。[6] 但總的來說行政權、立法權和司法權三權分權以及行政據主導地位也已慢慢成為共識。在這樣的體制下，行政與立法的關係問題可以歸結到三個方面：第一是行政權在三權中處於主導的地位，其地位優於立法，第二是行政與立法是相互制衡的關係，第三行政與立法還有相互配合的關係。

（1）**行政主導**。行政為主導就是在行政與立法的關係中，行政長官的法律地位比立法機關的法律地位要高一些，行政長官的職權廣泛而大一些，行政長官在香港特別行政區政治生活中起主要作用。[7]

第一，行政長官的法律地位尊崇。根據《基本法》的規定，行政長官既是香港特區的首長，也是特區政府的最高行政長官，對內代表了行政機關，對外又代表了整個香港特區，具有雙重法律身份，地位尊

---

5. 秦前紅、付婧：《香港特區立法權與行政關係研究》，香港城市大學出版社，2018年，第263頁；陳弘毅：《香港特別行政區的法治軌迹》，中國民主法制出版，2010年，第33頁。

6. 朱國斌：《香港特區政治體制研究》，香港城市大學出版社，2017年，第4頁。

7. 蕭蔚雲：《論香港基本法》，北京大學出版社，2003年，第829頁。

崇。行政長官代表香港特區既向中央負責也向特區人民負責，是中央落實全面管治權與特區行使高度自治權的關鍵節點和聯接樞紐。

第二，行政長官擁有完整與廣泛的權力。行政長官享有廣泛的政治權力，行政長官是特區的首長，負責執行《基本法》和其他在特區適用的法律，執行中央政府相關指令，代表特區處理中央授權的對外事務和其他事務，擁有主要官員的人事提名建議權，處理赦免、請願和申訴事宜等。行政長官擁有完整的行政權，全面領導特區政府，決定政府政策和發布行政命令，任免公職人員，批准提出有關財政收支的動議，決定政府人員是否作證和提供證據等。行政長官擁有部分立法權，簽署立法通過的法案，公布法律，簽署通過立法會通過的財政預算，並報中央備案，同時政府提出的法案表決難度要遠小於立法會議員提出的個人議案。行政長官參與司法程序，依照規定程序任免各級法院法官。行政長官還領導行政會議，而廉政公署和審計署也正接對行政長官負責。

第三，《基本法》為行政主導設計了輔助機構行政會議。行政會議作為行政長官的決策協助機構，其設立一方面是加強立法與行政的相互配合，另一方面也是起到加強和體現行政主導的作用。蕭蔚雲教授就指出行政會議的成立，增加了行政的作用，提高了行政工作的效率，起到了行政主導的作用。[8]

第四，從《基本法》條文體系的設計安排上也可以看出行政主導的意圖。《基本法》第四章政治體制部分共有六節，第一節即為行政長官，第二節是行政機關，第三節和第四節分別是立法機關和司法機關。在法律規定中一般最重要的事項往往放在前面加以規定，如《憲法》和《基本法》均把涉及公民基本權利的章節置於國家機構安排章節之前，從《基本法》這樣的體列安排上也可以看出當時的立法原意是以行政為主導的。

8.　蕭蔚雲：《論香港基本法》，北京大學出版，2003年，第834頁。

（2）**行政與立法之間相互制約**。《基本法》為了體現行政主導的地位，為行政長官設計了不少制約立法機關的措施，同時為了要防止行政專權的出現，也規定了一些立法對行政的反制措施。筆者認為制約措施可以分為根本性制約措施和一般性制約措施。

行政對立法的根本性制約措施為行政長官有權依法宣布解散立法會，但是其在任內只能解散一次且需經行政會議討論。行政長官對立法的一般性制約措施則主要有：立法會通過的法律、預算需行政長官簽署公布才能生效；行政長官可以對立法會通過的法案進行發回重議；立法會議員在提出涉及政府政策相關的法案時須得到行政長官的書面同意。

立法對行政的根本性制約措施是立法會可以發起對行政長官的彈劾程序和有條件迫使行政長官辭職，彈劾案須經立法會三分之二表決通過才能報中央政府決定；而只有被行政長官解散後重選的立法會以三分之二通過被拒簽的法案而行政長官仍拒絕簽署，或者否決通過財政預算及其他重要法案的情況下才可以使行政長官辭職。立法對行政的一般性制約措施主要有：特區政府必須在明確的範圍內向立法會負責，主要有行政須執行立法會通過並生效的法律，立法會聽取施政報告並進行辯論，批准稅收及公共開支，對政府的工作提出質詢；同時立法會還審核通過政府的財政預算；就任何有關公共利益的問題進行辯論；接受香港居民申訴並作出處理。

（3）**行政與立法的相互配合**。《基本法》「強調行政與立法兩者之間的互相配合，這也是香港特別行政區的行政與立法關係的一個特點，它與三權分立的觀點只講制約與平衡不同，《基本法》非常重視行政與立法的互相配合」[9]。《基本法》中行政會議的設立就是行政與立法互相配合的制度設計，行政會議是協助行政長官決策的機構，其成員主要由政府主要官員和立法會議員組成，也可以吸納社會人士參加，但數量較少。行政長官在解散立法會，做出重要決策，提出法案、規定和

---

9. 蕭蔚雲：《論香港基本法》，北京大學出版社，2003 年，第 41-42 頁。

附屬法規等之前都要徵詢行政會議的意見。行政長官「重大的決策和事項都要先經過行政與立法的協調以求得互相配合」[10]。同時行政長官親自向立法會作施政報告，以及政府主要官員回復立法會的相關諮詢，列席立法會並作相關的發言和解釋都一定程度上反映了行政與立法的相互配合。同時學者郝建臻還提出《基本法》中所規定的諸多行政與立法的相互制約條款其背後的間接目的還是要促進兩者的相互配合。[11]

（三）回歸後行政與立法間的矛盾不斷

《基本法》確立的行政主導，行政與立法相互制衡、相互配合的政治體制並沒有如《基本法》制定者以及多數內地學者所期望的那樣得到順利實現，反而在 1997 年香港回歸後的特區政制實踐過程中充滿曲折，舉步維艱。學者劉兆佳就指出，「自從 1998 年第一屆立法會按照《基本法》規定的辦法選舉產生之後，行政立法關係便出現了質變。行政機關與立法會內反對政府的勢力摩擦不斷，傾向支持政府的黨派或獨立議員也礙於民意與輿論的壓力而不敢全力支持政府。」[12]香港特區的行政之地位日益趨於弱勢，其主導地位得不到有效彰顯，相反立法會則不斷主動地擴張自身權力，同時嚴重制約行政權力的行使，甚至和政府進行對立，大大削弱了行政的主導地位，呈現出制約有餘，配合不足的情況。

第一，政府所提的部分涉及民生、政制改革以及落實《基本法》相關法案遭到立法會無理拖延與反對。部分反對派甚至利用拉布等程序漏洞，惡意拖延相關法案表決。一些涉及社會民生的議案長期得不到解決通過，對社會與經濟的發展產生了不利影響。如取消強積金對沖的議案、新增法定產假薪酬的議案、職業安全及健康法例的相關罰則議題等，都已是 10 年左右的議題，遲遲得不到解決。而一些涉及政治

10. 蕭蔚雲：《論香港基本法》，北京大學出版社，2003 年，第 42 頁。

11. 郝建臻：《香港特別行政區行政與立法的關係》，法律出版社，2011 年，第 58 頁。

12. 劉兆佳：《香港二十一世紀藍圖》，香港中文大學出版社，2000 年，第 28 頁。

體制改革的議案，更是受到立法會部分泛民派議員甚至包括部分建制派議員在內的反對。如 2003 年落實《基本法》第 23 條立法的國家安全法議案被迫撤回，2005 年涉及 2007/2008 年的政改方案被立法會否決，2019 年逃犯條例修訂被撤回，國歌條例立法被不當延擱。這樣的困局不僅使香港特區錯失了政改的良好機會，也使得香港的行政效率受到較大影響。

第二，立法權不斷自我擴權，衝擊影響行政主導體制。立法機構被英國視為日後干涉影響香港的重要棋子，自上個世紀 80 年代香港政制改革開始，其地位和作用迅速突顯出來，《基本法》又將立法權賦予了在特區政治體制中佔據重要地位的立法會，並授予了其對行政權的一定制約權。回歸後，一方面出於黨派的政治特性與議會制度本身的影響，立法會天然具有自我賦權的衝動，另一方面，部分反對派議員利用立法會相關職權與程序，不斷打壓行政權的信用與權威，嚴重影響了行政主導的落實，使得行政與立法的關係一直處於緊張和惡化狀態。如要求行政機關向立法會承擔遠超《基本法》規定的負責義務，制定內部議事規則將議員議案的相關判斷權收歸立法會，對特區政府的主要官員發起多起不信任動議，單獨成立相關調查委員會，甚至傳召行政長官到立法會聆訊，利用申訴處理和辯論程序製造不利於政府的各種議題等。

第三，立法會中的反對派利用媒體輿論與街頭政治，造成巨大管治壓力，損害了正常的法治秩序。反對派利用部分媒體工具，肆意編造歪曲真相，抹黑醜化政府主要官員、特區政府和中央政府，營造放大立法與行政、特區與中央的對立。部分反對派日益激進和極端化，同時裹挾民意，不斷發動大規模遊行示威甚至暴力集會，製造、誇大、利用所謂的民意，形成對特區政府治理的巨大壓力，逼迫特區政府和中央政府給予各種讓步，扭曲了正常的行政和立法關係，衝擊香港固有的法治社會秩序，損害了香港特區的法治形象，造成了諸多難以彌補的不良影響。例如 2003 年的「七一」大遊行，2012 年的反國民

教育大遊行，2014 年的「佔中」運動，直至 2019 年出現的反修例風波事件。

總之，自香港特區回歸後不久至今，行政與立法的關係就一直處於相對緊張的狀態並持續惡化，立法對行政的制衡已經越來越偏離正常的制約軌道，走向對立甚至敵視的狀態，到了 2019 年反修例風波之時，行政與立法的關係已陷入冰點並將持續積累的諸多問題一齊暴發出來。同時政制體制改革的相關議題成為兩者關係的焦點所在，幾乎佔據了香港特區政治生活的全部，使得香港特區政府經濟和社會管治能力的有所下降。

三、行政與立法關係緊張對立的原因分析

對於香港特區現行政制下行政主導地位不顯，行政與立法關係緊張失衡的原因，諸多學者從各個方面嘗試加以說明，大致可以歸納分類為政治體制內部原因和政治體制外部原因兩大類，但相關的討論卻有意無意回避忽略了一個重要的根本性原因，即非愛國者的反向作用與負面影響。《基本法》規定的香港特區政治體制從根本上來說，雖然並不能算是一個強行政主導制，但未必就會必然導致行政主導地位嚴重弱化，行政與立法關係對立的情況，在這過程中非愛國者所起的反向作用與負面影響可以說是根本性的原因。

（一）香港特區的政治體制從設計上看是一個中度偏弱的行政主導制

陳弘毅教授曾以政府實際得到立法會中支持的多少與穩固與否區分成最強勢政府、最弱勢政府、中度弱勢政府與中度強勢政府四種類型，並指出 2003 年後的香港特區政府從處於中度弱勢與中度強勢之間開始偏向最弱勢政府轉變。[13]

---

13. 陳弘毅：《香港特別行政區的法治軌迹》，中國民主法制出版社，2010 年，第 246–248 頁。

　　與陳弘毅教授略微不同的是，我們認為在政制的設計過程中亦存在着強弱政府的制度安排。其判斷的指標體系主要包括三個方面，行政對立法的正向影響、行政對立法制約的有效性、行政與立法的配合機制是否完善。行政對立法的正向影響主要指行政能否對立法人員的產生施加一定的決定性影響；行政對立法制約的有效性，是指行政權對立法權的制約是否切實可能；行政與立法的配合機制是指行政與立法是否有穩固的配合制度設計，能否得到立法的穩定有效支持。從前文的《基本法》相關設計與規定來看，香港特區的行政主導體制在這三個方面都並不具有相當的優勢。

　　第一，《基本法》比較注重行政權與立法權的分權，行政長官已沒有任何立法會議員的決定權，兩者產生的機制存在較大差異，採用不同的選舉方式與途徑，也不存在相互決定的機制。行政長官不像回歸前的港督能對大部分議員的去留可以有決定性的影響，行政長官也不能是立法會中任何黨派的成員或某個政黨領袖，不能像英國內閣首相一樣既是黨魁能對有政黨歸屬的議員產生黨內影響。甚至行政長官的受認性被有意宣傳的認為不如普選議員，影響了其威信與權威。

　　第二，行政對立法的制約分為根本性制約和一般性制約，根本性制約措施如解散立法會只能被視為近似核威懾性質的力量，一旦動用即是憲制性危機，動用本身就是對行政長官執政威信的重大打擊；同時行政長官所具有的一般性制約多為程序性的權力，對議案亦沒有直接的否決權，只有發回權；議員議案的提案審查同意權也因立法會議事規則而被掏空。對立法根本沒有行之有效的制約手段。

　　第三，《基本法》雖然規定了行政會議作為行政與立法之間配合的橋樑與途徑，但行政會議僅是協助行政長官決策的機構，不是決策形成機構，並不能很好地起到吸收整合立法會多數政黨和議員的意見並取得相應支持。

　　因此一方面《基本法》形成了確立行政主導的立法意圖，另一方面又對落實行政主導的配套制度規定不足，並且對行政權加以一定的制

約，從制度設計上來說其實質是一個中度偏弱的行政主導制或者說「弱行政長官制」。[14]

（二）《香港基本法》在特區政治體制設計中關於政府對立法會負責的規定蘊含着內在的矛盾衝突

我們知道，《基本法》第 64 條規定了政府對立法會負責，而行政長官要領導特區政府（第 48 條），是政府的首長（第 60 條）。這意味着特首及其領導的政府需要向立法會負責，所以《基本法》也設計了立法會對行政長官的制約條款，如第 52 條有關行政長官辭職的規定，第 73 條有關立法會有權對政府提出質詢和彈劾行政長官的規定。結合行政長官及其政府和立法會的產生方式看，行政和立法在產生方式上存在互不隸屬的關係。但問題就來了，「按照政治體制基本原理，『負責』只應出現在議會內閣制或者人民代表大會制政體中。『負責』這種政治關係實際上是與行政與立法機關的產生方式直接相關的。在議會制下，內閣由議會產生，議會中的多數黨黨魁組織內閣班子，這種產生方式決定了內閣對議會負責的義務，內閣的統治合法性來源於議會，所以議會可以對內閣進行全方位的監督，包括對其政策進行監督。當議會認為內閣政策失誤時，議會多數議員表示內閣違背了他們的意志，內閣存在的合法性基礎便動搖了。此時，議會可以通過不信任的方式使內閣去職。在我國內地實行的人民代表大會制下，政府由人大選舉產生，政府自應對人大負責。總之，『負責』只存在於一種機關由另一種機關產生的情況下，失去這個基礎，兩個機構互不隸屬，『負責』將變得不倫不類，亦無法找到其合法和合理性基礎。」[15] 既然香港政治體制中行政與立法的產生方式是互不隸屬，但卻規定行政要向立法機關負責，其衝突就在所難免。

---

14. 王磊：〈香港政治體制應當表述為「行政長官制」〉，《政治與法律》，2016 年第 12 期，第 53–61 頁。

15. 鄒平學等著：《香港基本法實踐問題研究》，社科文獻出版社，2014 年，第 626 頁。

（三）香港特區政治體制中行政與立法關係的現實發展

《基本法》雖然規定了這樣的一種中度偏弱的行政主導制，行政與立法也存在制度上的內在矛盾，但是這一制度的實際實踐效果受多層因素影響，制度具體的落實者、其他權力分享者，所處的具體社會政治環境等諸多因素共同作用於結果，並不必然導向單一的固定結果，正如陳弘毅教授曾經指出的那樣，《基本法》所設計的行政主導政體，在實踐中既可成為一個強勢的政府，也可成為弱勢的政府。[16] 劉兆佳教授也提到，《基本法》所設計的行政主導政治體制不會必然成為事實。[17]

第一，中度偏弱的行政主導制設計並不會必然導致弱行政主導政府的實際結果。也有一定可能出現形勢的反轉，而變成強勢行政主導的實際情況，如美國就從建國之初所設計的議會主導制轉而變成了以總統為代表的行政主導制。[18] 而香港特別行政區在第　次立法會正式選舉產生前，特區政府與臨時立法會的關係融洽，至少體現出一種中度強勢的行政主導制。在實踐中，這樣的制度設計當然有可能演化出實際處於弱勢地位的政府，如香港特區政府。自 1998 年第一屆立法會產生後，行政的主導地位不斷受到衝擊，此時的政府不斷向弱行政主導政府轉變，行政與立法的關係也日趨緊張甚至對立。這樣的狀況直至到修改完善後的選舉制度執行落實之後才產生改觀。

第二，即使出現弱行政主導政府的情形下，行政與立法的關係也並不會必然走向兩者關係的嚴重失衡，甚至超過一般意義的相互制約範圍，出現完全對立，無法調和的情況。在分權的現代政治制度下，即使是出現最強勢的政府或最弱勢的政府，行政與立法之間也不太可能出現一方成為另外一方完全附屬存在的情形。而在一般的具有較為成熟政治文化與制度的情況下，行政與立法的緊張與矛盾會被限制在一定範圍與框架內，兩者應該能有一定的共同認識前提與合作基礎，

---

16. 陳弘毅：《香港特別行政區的法治軌跡》，中國民主法制出版社，2010 年，第 246–248 頁。

17. 劉兆佳：《香港二十一世紀藍圖》，香港中文大學出版社，2000 年，第 13 頁。

18. 朱世海：《香港行政主導制研究》，法律出版社，2016 年，第 63 頁。

行政與立法的矛盾與衝突應該在政治體系內憑藉體系自身的力量進行調和。在香港特區的政治體制中，「愛國者治港」應該是這種共識的重要組成部分，維護國家安全、保持香港的繁榮與穩定是調適行政與立法關係的外在框架限制。

（四）逾越底線的「反對派」（非忠誠反對派）進入管治隊伍造成行政與立法關係對立，衝擊行政主導體制

忠誠反對派依然屬於愛國者範疇，只有那些非忠誠反對派才是非愛國者。一般的說，在政治制度與政治文化成熟的情況下，作為國家權力代行者的產生過程能自動將非愛國者排除在外，這不應該成為一個普遍性的問題。特區的管治權必須掌握在愛國愛港者手中，參與選舉的基本前提就是對國家的認同，這是一個政治常識。[19]雖然國家權力會有排除危害自身的非愛國者的天然傾向，但仍然必須要有一定的外部制度與文化等相關保障，如果這種保障措施不完善，則有可能出現非愛國者進入管治體系的情況，從而嚴重危害國家的主權與國家安全，損害國家權力的正常行使。回歸後香港特區的政治體制發展歷程充分說明瞭這一點。

第一，香港特區國家權力管治體系中不應該有非愛國者的存在空間。香港特區作為我國的一個地方政治單位，其國家權力全部來源於中央，來自於我國最高國家權力機關全國人民代表大會的授權。被授權者不能轉而對國家安全與國家主權產生損害。地方選舉制不論是直接選舉還是間接選舉都只是產生代理行使國家權力的代表，不應該產生損害國家權力的代表。鄧小平就曾說過，「這些管理香港事務的人應該是愛祖國、愛香港的香港人」[20]，也即要堅持愛國者治港的原則。《基本法》雖然沒有在條文中明確寫到愛國者治港的原則，但從《基本法》相關的條文體系中可以推導出這一原則，《基本法》序言中提到設立香

---

19. 鄧平學：〈香港政改諮詢中的公民提名主張述評〉，《港澳研究》，2014 年第 1 期，第 32-42 頁。
20. 鄧小平：《鄧小平文選》第三卷，人民出版社，1993 年，第 220 頁。

港特區的初衷是要維護國家的統一和領土完整，保持香港的繁榮與穩定，同時《基本法》對於擔任行政、立法、司法等公職人員、普通公職人員與主要官員的國籍要求作了區別的體系規定，從這兩方面結合可以推出愛國者治港原則。愛國者並非只是贊美者，並非不包括批評者，但任何批評和反對是有底線的，只有忠誠反對派，也就是遵守愛國底線的才是忠誠反對派。

第二，由於香港特區原有的選舉制度存在缺陷，使得非愛國者進入管治體系，使得各種反中亂港勢力有機會破壞香港的憲制制度和正常的社會法治秩序。劉兆佳教授總結了五種因此形成的亂象，主要有不斷策動挑戰國家主權、不斷損害香港法治價值、不斷衝擊行政主導、以政改議題邊緣化經濟民生問題、發動政治鬥爭製造社會分化、對抗和撕裂。[21]而衝擊行政主導，製造行政與立法的對立可見前文所述的三類現象，甚至更進一步，反中亂港者借助外部勢力，鼓吹香港獨立分離，走上民粹主義，發展港獨分裂主義，實踐暴亂運動，意圖奪取特區行政和立法的管治權，改變特區現有的管治秩序，危及香港繁榮穩定和國家主權及安全。

（五）香港反對派長期以來炮製的「民主話語陷阱」在實踐中進一步加劇了行政與立法的衝突

長期以來，香港反對派及其控制的媒體，不斷地營造和渲染着「民主」、「合法性」、「認受性」之類的話語，把民主簡單等同為選舉民主，把選舉民主限定於直接選舉、一人一票，不是直接選舉、不是一人一票的選舉就是非民主的、小圈子的選舉。經年累月的渲染，以致於在香港社會形成了一種「民主」的迷思：因為立法會是民主選舉產生的，而行政長官是「小圈子」選舉產生的，民主性程度低，故行政長官的合法性、認受性不如立法會。因為立法會分區直選的民主性程度高，功能界別選舉的民主性程度低，所以分區直選的議員合法性、認受性高

---

21. 劉兆佳：〈完善選舉制度確保愛國者治港〉，《港澳研究》，2021 年第 2 期，第 3-9 頁。

於功能界別選舉的議員，2012 年政改成功後產生的「超級議員」又被認為選舉民主性程度最高，故合法性、認受性也最高。這種人為塑造的民主合法性的「三六九等」，給社會大眾形成了立法和行政合法性、認受性來源具有二元化、甚至多元化的差序格局的錯誤認知，不僅消解了《基本法》規定的特別行政區制度所賦予的特別行政區政權架構中的行政、立法二者合法性來源的制度正當性、統一性和完整性，嚴重傷害了制度權威性，加劇了行政與立法衝突矛盾乃至走向關係的惡化。

　　政治的基礎是共同利益，政治的前提是互相信任，政治的發展靠妥協與合作。國家主權及安全、香港的繁榮穩定是前提性基礎利益，而非愛國的反中亂港者則無原則無約束，無視了這些基礎利益，破壞了香港特區政制中的行政與立法之間的互信，也破壞了中央與特區的原有互信。國家認同所代表的身份政治是討論香港政治信任離不開的支點，[22] 而國家認同所代表的身份政治即為「愛國者治港」。

四、新選舉制度奠定了行政立法關係正常化的制度基礎

（一）全面保證和實現「愛國者治港」

　　此次香港特區選舉制度的修訂最關鍵的是要全面保證和實現「愛國者治港」。所設立的香港特別行政區候選人資格審查委員會，統一負責審查並確認選舉委員會委員候選人、行政長官候選人和立法會議員候選人的資格。這就使得政權架構組成人員產生的政治基礎均遵循愛國者治港這一原則，不容有例外。全國人大常委會法制工作委員會副主任張勇曾提到，完善香港選舉制度就是要有效彌補香港特區選舉制度中存在的漏洞和缺陷，確保行政長官必須由中央信任的堅定愛國者擔任，確保愛國愛港力量在選舉委員會和立法會中穩定地佔據壓倒性優

22.　王衡：〈國家認同、民主觀念與政治信任——基於香港的實證研究〉，《經濟社會體制比較》，2015 年第 3 期，第 147–161 頁。

勢，確保反中亂港勢力在任何情況下都無法進入香港特區政權機關。[23]
2022 年 5 月 8 日，李家超當選香港特區的新一任行政長官人選，5 月 20 日獲國務院任命，至此香港特區選舉制度修訂後的三個層次的選舉全部順利結束，圓滿實現了中央修訂選舉制度所要達成的目標，將非愛國者這一影響行政主導，造成行政與立法關係撕裂和對立的最大不穩定因素排除在了管治體制之外，為後續行政與立法的關係回復到《基本法》所規定的相互制衡相互配合狀態創造了良好基礎和條件。

保證「愛國者治港」為在香港特區政治生活中實現共識民主提供了更好的前提。共識民主是指由美國阿倫·利普哈特所提出的一種民主理論，其主要強調民主政治的包容性、協商性和妥協性，陳弘毅[24]、朱世海[25]和王博聞[26]等多位學者都提及共識民主對香港政制具有重要的借鑒作用，其能較好的促進改善行政與立法之間的關係，通過談判協商，求同存異，部分實現政治權力的共用，前特首曾蔭權主政時期曾提倡的「共識政治」就與共識民主的論點類似。在愛國愛港這一基礎共識或前提共識之上，將共識民主的機制注入行政會議之中，各黨派參與行政會議這一機構形式，特首通過與各黨派談判協商形成管治共識，實現黨派參與共用一定程度的管治權力，使得行政獲得立法會持續、穩固、廣泛的支持，從而實現中度偏強的行政主導制。

(二) 形成行政長官管治聯盟

選舉制度的修訂有助於形成行政長官管治聯盟。行政主導地位不顯、行政與立法關係緊張的另外一個重要原因是行政長官缺少一個堅實的管治聯盟。劉兆佳教授很早就指出，要使行政主導政體成為事

23. 張勇：〈修訂香港基本法附件一附件二具有十分重要深遠的意義 —— 專訪全國人大常委會法制工作委員會副主任張勇〉，《新華網》，www.xinhuanet.com/gangao/2021-03/30/c_1127273159.htm。最後訪問日期：2022 年 4 月 26 日。

24. 陳弘毅：〈香港特別行政區的法治軌跡〉，中國民主法制出版社，2010 年，第 249 頁。

25. 朱世海：〈香港行政主導制研究〉，法律出版社，2016 年，第 143 頁。

26. 王博聞：〈論香港特別行政區選舉制度的特色〉，《港澳研究》，2021 年第 4 期，第 34-45 頁。

實，行政長官和他所領導的特區政府必須同時具備憲制以外的政治權力與威望，他和他的政府須要得到一個強而有力的管治者同盟的可靠與穩定的支持。[27]同時因為行政長官自身的無政黨背景要求以及立法會政黨制度的不完善，立法會中的政黨容易天然成為政府的監察者而不是合作者，所有的黨派一定程度上都扮演着反對黨的角色，同時由於立法會中非愛國者的存在，其將反對政府和反對中央捆綁在一起作為一切的核心議題，迫使原本親政府親中央的建制派亦刻意保持與政府的距離。這次選舉制度的修訂與完善，重新申明了「愛國者治港」的原則，堅持維護國家統一和領土完整，維護國家安全與香港的繁榮穩定，消除了立法會中各黨派的政治包袱，為行政長官管治者聯盟的形成提供了可能空間與必要支援。

（三）重置行政長官和立法會選舉產生辦法

設置了行政長官和立法會選舉產生辦法的新原點，是一次選舉制度上的系統重置。此次香港特區選舉制度的修訂完成後，原附件一和附件二及相關修正案同時被廢止，不再施行，往後如果再需修改行政長官和立法會的選舉辦法，也不會再採用原來的「五步曲」程序，可以説這次修訂是一次系統重置，重新設置了行政長官和立法會選舉產生辦法的新原點，兩者最終要達至普選的目標依然存在，但以後的任何修訂將在此次修訂的基礎上進行，可以看作是一次選舉制度上的系統重置。此次重置也在客觀上拉近了行政長官和立法會議員兩者的認受性差距，選舉委員會的大幅擴容、功能界別的改革、立法會議員各選舉方式名額的調整使得原本備受爭議的行政長官認受性得到相對改善和提高，一定程度上提高了行政長官的權威性。

27.　劉兆佳：《香港二十一世紀藍圖》，香港中文大學出版社，2000 年，第 13 頁。

（四）中央全面管治權定紛止爭

　　香港特區選舉制度的修訂是中央行使全面管治權的體現，起到了定紛止爭的作用。 此次香港特區的選舉制度的修訂由全國人大及常委會依據憲法權力，在國家層面採用「決定＋修法」的方式完成，是中央基於對香港特別行政區政治體制的決定權，運用憲法權力，在國家層面針對地方政制進行的專門立法活動，是中央全面管治權的重要體現。中央通過行使對香港特區政制的決定權，確定了香港特區政治體制和後續相關問題，明確授予全國人大常委會對於後續選舉制度的全面修改權，從而將相關的政制改革問題排除出香港特區內部行政與立法的爭執焦點，消除了行政與立法在這一問題上的持續爭拗，使得特區政府和立法會可以重新將重心轉移到特區的經濟民生問題上來，有利於實現特區管治的良政善治。

（五）利於行政與立法的配合

　　選舉制度的修訂有利於行政與立法的配合，不會影響兩者根本性的相互制衡。 此次選舉制度的修訂主要是通過修改《基本法》的附件一和附件二實現的，對於《基本法》的正文內容並沒有修改，行政與立法的關係仍然是行政佔主導地位，行政與立法既相互制衡又相互配合；行政與立法仍然需要在《基本法》規定的範圍內行使被授予的權力，盡到應該承擔的職責。立法會也不會自然的轉變為政府的全力和全面支持者，立法會仍然承擔對行政權的制衡角色，仍會起到利益代表和利益平衡角色的作用，從而不必過於擔心行政專權的出現。民主政治文化的存在與利益的分化，使得立法會不可能對政府的議案均進行無條件、無差別的支持，回歸後立法會中很多政府議案的不獲通過，另外一個重要原因亦在於建制派本身。[28]

---

28. 陳麗君：《香港民主制度發展研究》，中華書局（香港），2015 年，第 152 頁。

五、新選舉制度可能帶來的不利影響

香港特區在新選制實施完善後已順利舉行了包括選舉委員會、立法會和行政長官的三次選舉，從選舉的過程與結果來看，新選舉制度初步實現了既有的目標，但任何制度都不可能是完美無缺的，新選舉制度的長遠影響與作用有待進一步的觀察，僅從目前運行情況來看，新選舉制度仍存在着一些副作用。

（一）短期內影響了對中間人士的團結與爭取

雖然中央明確表示歡迎符合愛國前提條件的所有人士包括原來的反對派人士參加立法會選舉，但最終實際參與並勝出的非建制派人士並不多。在此次舉行的第七屆立法會選舉中，非建制派人士只有「新思維」的狄志遠一人勝出，其他所謂的「泛民主派」反對派人士不是沒有參加就是沒有能夠當選，由於選舉制度的新政效應，同時原有的反對派沒有思考清楚自身的發展方向並及時調整，部分的中間人士處於觀望狀態，導致愛國愛港統一戰線有趨收窄的短期表現，影響了廣泛的治港聯盟的形成。我們必須要充分認識到，反中亂港的反對派畢竟是極少數，絕大部分港人都可以視為愛國愛港者，至少都是愛國愛港者的群眾基礎。他們所處的各個階層、派別只有愛國愛港的政治傾向、立場堅定、顏色深淺上有程度上的差別，但沒有本質的對立性差別，都應該成為可以團結的對象，應該盡可能的團結和爭取這部分力量，擴大愛國愛港人士隊伍和統一陣線。

（二）不利於愛國愛港人士中的人才選拔和培養

新選舉制度的實施保證了大量愛國愛港人士走進特區的治理框架，新的選舉制度所形成的新政治架構和新政治形勢，使得「愛國者治港」原則真正成為特區政府治理人才的底線要求，但是為了一味追求政治的平穩並減少不安定事件的出現，容易走向過於求穩求平的極端，使得對治港人才的愛國表現要求大於對人才真實能力與專業素質的要

求，可能會影響一些具有真才實學的人才的選拔。其次在新選舉制度所締造的新政治環境中，由於缺少強有力的政治對手，容易出現缺乏競爭的局面，沒有合適的對手盤磨礪，政治人才的成長會比較緩慢，同時在平穩的政治環境中，相對而言遇到的挑戰與機遇也會少很多，這使得愛國治港人才缺少更多的歷練機會，影響政治人才綜合能力的提升與培養。同時，自香港特區回歸以來就一直缺乏系統全面的愛國治港人才培養體系，總體規劃性不夠。新選舉制度實施以後，由於外在壓力的減輕，針對性培養的中長期目標缺失，更容易導致忽視對治港人才特別是青年骨幹政治人才的長久與持續培養，造成愛國治港人才識別、吸納、培養、鍛煉和運用的斷續，形成張炳良教授所形容的愛國者未必有較強管治能力的不良局面。

（三）一定程度上降低了對政府監督的力度與效度

雖然選舉制度的修訂沒有改變行政與立法相互關係的總體框架，不會從根本上影響兩者相互制衡的局面，但相較以往，現階段立法會對於政府的監督力度與效度都是有所下降的，借記者屈穎妍的話來說，立法會現在基本上都是建制派，因此大家認為香港的由亂及治，由治及興就是自然而然的事，但實際上立法會監督政府以及為民發聲的聲音忽然趨於寂靜了。國安法出台，新選舉制度修訂的餘波尚存，香港特區政府正借勢努力確立主導地位，而立法會則不願主動打破目前面上的和諧局面，同時對其在新形勢下的功能以及與政府的關係定位還在探尋過程中，導致對政府的監督力度不足。另一方面，大部分立法會議員的政治光譜已漸趨同，在選舉過程中體現出來的政綱區分度亦不夠明顯，同時議員數量的擴容也在一定程度上導致內部更難形成較為一致的對外意見與統一行動，這一定程度上也弱化了對政府的監督功能。

六、結語

　　雖然新選舉制度在短期內暴露出了一些問題，但完善的制度並不是一蹴而就的，需要不斷的改革與發展。《基本法》的原初制度設計體現了一種「中度偏弱的行政主導制」，政治生活中又沒有形成愛國者治港，維護國家安全和香港繁榮穩定的政治基礎共識，同時由於選舉制度存在着缺陷，不能有效阻止非愛國者進入特區的政治管治體系，非愛國者利用體制內外的各種手段衝擊行政主導地位，破壞行政與立法的正常關係，使得回歸之後兩者關係持續惡化並漸趨對立，形成制約對立有餘，而配合接近於無的狀況，僅靠特區體制內部的自我調整已無法修復回到到正常狀態。

　　良好的行政立法關係必須建基於「一國」原則，而要徹底改善行政立法關係，則必須確保「愛國者治港」。[29]此次中央運用全面管治權，通過行使對香港特區政制的決定權，運用憲法權力，在國家層面以「決定＋修法」的形式，針對地方政制進行的專門立法活動，修訂了香港特區的行政長官和立法會的選舉制度，確保了「愛國者治港」的原則落實，將非愛國的反中亂港分子排除出了特區的管治體系，為行政與立法關係的重塑打下了良好的基礎。制度固然重要，人也同樣重要，除了要在制度上打好補丁，也要關注人和人心的因素，要進一步注重加強國家認同教育，培養市民的愛國情懷，使愛國者在政治社會中佔據主導地位，從而為行政與立法關係的正常化，為香港特區的良政善治提供良好的社會環境。

---

29. 林鄭月娥：〈愛國者治港徹底改善行政立法關係〉，《香港政府新聞網》，www.news.gov.hk/chi/2022/06/20220609/20220609_125203_916.html?type=category&name=admin&tl=t。最後訪問日期：2022 年 6 月 12 日。

第九章

新選舉制度對特區管治的影響
── 新制度主義視角

楊曉楠

中山大學法學院教授

2022 年是香港特別行政區回歸 25 周年，也是「一國兩制」方針成功實踐 25 周年。25 年來，「一國兩制」從一個史無前例、極具創造力的構想，發展成一整套國家制度體系，為特別行政區治理提供了制度依據，推動國家治理能力和治理體系現代化。回顧「一國兩制」25 周年實踐的經驗，很重要的一點是「一國兩制」理論和實踐需要同步發展的，從實踐中總結理論，以理論助推實踐。另一特點是「一國兩制」是中央和地方兩種管治體系同步發展的過程，既有互動互促，又有磨合碰撞，而不是一個單向治理的問題。香港特區選舉制度就是這樣兩種制度的交融點，它不是一個地方政治制度改革的問題。從中央與地方關係視角來看，新選制改革是一種自上而下的治理形式，選舉制度是中央對特區行使全面管治權的抓手之一。2014 年《「一國兩制」在香港特別行政區的實踐》白皮書對中央依法直接行使的管治權進行梳理，明確中央有組建特別行政區政權機關以及行使《憲法》和《基本法》賦予全國人大常委會職權中涉及選舉制度的權力。[1] 2021 年《「一國兩制」下香港的民主發展》白皮書再次強調，「香港特別行政區實行什麼樣的民

---

1. 《「一國兩制」在香港特別行政區的實踐》，國務院新聞辦公室，2014 年 6 月。

主制度，事關國家主權安全，事關中央和特別行政區的關係，事關香港的長治久安和長期繁榮穩定，中央對此具有主導權和決定權」[2]。概言之，特區選舉制度的決定權是一項中央事權。與此同時，選舉制度也是特別行政區本地政治制度的一部分，直接關係到《香港基本法》規定的本地機關產生，是政治體制的核心內容。本次選舉制度的改革涉及特區行政機關和立法機關關係的重新定位和調整，以及對特別行政區行政主導制的重新認識。

由於這一問題的複雜性，不能僅從文本上的變化來對這一問題進行簡單處理，而需要對選舉制度改革的國際背景、歷史背景，包括中央曾經對選舉制度改革作出的努力、香港特別行政區本地政改方案的發展歷程，以及近年來香港政權架構內部的矛盾關係，本地政治機構與民主政治發展的互動等不同方面和因素進行綜合考量，才能對新選制實施對特區治理的影響得出更科學的分析。香港選舉制度和本地治理方式改革本質上是一個機制歷史變遷的結果，其效能主要並不由具體出任行政長官和主要官員的人選來決定。因此，通過理論框架將這些相互交錯關聯的因素融合起來，是必要且有益的，西方政治學中的新制度主義理論或許能夠提供這樣一種思路。習近平主席在慶祝香港回歸祖國 25 周年大會暨香港特別行政區第六屆政府就職典禮上的講話中指出，新一屆政府未來的工作中，「完善治理體系、提高治理能力、增強治理效能，是把香港特別行政區建設好、發展好的迫切需要。」對新選制研究的落腳點也是如何能夠讓特區政府的效能更高，改善特區政府管治，提高治理水準。這些構成了本文的問題意識。

一、新制度主義視角下特區行政機關的角色認知

新制度主義是在美國上世紀 80 年代興起的理論派別，在政治學、社會學等學科產生廣泛的影響。首先，新制度主義是對行為主義研究

---

2. 《「一國兩制」下香港的民主發展》，國務院新聞辦公室，2021 年 12 月。

的突破和反思，以 March 和 Olsen 在 1983 年發表的《新制度主義：政治生活中的組織因素》一文，開啟新制度主義研究的序幕，[3] 關注宏觀制度對行為者決策的影響。其次，新制度主義與傳統制度主義研究不同，其對「制度」本身的詮釋更為寬泛，不僅包括形式、正式的制度因素，也包括動態、非正式的制度因素，以更具有包容性的範疇討論制度對決策者的影響以及決策者與制度的互動。不過，新制度主義是一種較廣義的方法論，新制度主義者對於制度研究的方法也並非統一，大抵可以分為理性選擇制度主義、歷史制度主義、社會學制度主義等一些學派。[4] 新制度主義逐漸在美國法學研究中產生影響，[5] 部分法學家從現實主義法學和司法行為主義研究轉向分析制度對司法決策者──特別是法官──的影響，進而為司法決策提供更全面的研究樣本。本文重點並非方法論的探討，因此不再贅述，僅説明本文闡述的新制度主義主要是以理性選擇制度主義與歷史制度主義融合為基礎分析在新選制對行為者的影響。

（一）行政長官領導下行政機關的主體角色

本文研究要點首先將新制度的參與對象限於行政長官領導下的行政機關，因為在行政主導制下，行政長官為首的行政機關是決定整個政府施政效能的最關鍵要素。行政長官，既是選舉制度的參與者，也是施政主體和管治香港特區的主體，其制度身份的明顯且獨立的。

分析其制度角色還應釐清幾個問題：第一，新制度主義框架下，主體行為不可避免地受到制度影響，這並不是說主觀因素不起作用，

3. See March and Olsen, "The New Institutionalism: Organizational Factors in Political Life", *American Political Science Review*, 1983, vol. 78, pp. 734–747. 參見朱德米：〈新制度主義政治學的興起〉，《復旦學報（社會科學版）》，2001 年第 3 期，第 107–108 頁。

4. See Thomas A. Koelble, "The New Institutionalism in Political Science and Sociology", *Comparative Politics*, 1997, vol. 27 p. 233; 參見彼得‧豪爾，羅斯瑪麗‧泰勒：〈政治科學與三個新制度主義〉，《經濟社會體制比較》，2003 年第 5 期。

5. See Roger M. Smith, "The 'New Institutionalism' and the Future of Public Law", *American Political Science Review*, 1988, vol. 82 p. 96.

但與行為主義研究不同，主體在制度限制下不是完全自由裁量的，制度設計的框架為主體行為選擇提供一種可能性。因此，如果一個制度設計整體是良好的，那麼主體的效能就會受到極大的激發；而相反制度設計的缺陷比較大的話，那即使主體能動性很強，也會使得制度效能變得極低或不穩定。第二，行政長官作為一個制度角色，並不是指某個個人，而是《香港基本法》第43條和第60條規定「雙首長」式的本地機關，行政長官既是香港特區的首長，又是特別行政區政府的首長，其角色與政府其他官員相比也會有所不同。第三，特區政府角色非個體化的。第六屆政府管治團隊行政長官下有21名問責制（三司十五局）、5名非問責制主要官員，他們其實在各自的制度安排下會有不同職責和角色。而且，在政治委任制下，還有一些副局長和政治助理，他們與傳統文官制度的角色，以及與問責官員的角色可能也是不同的。由於篇幅問題，這裏不作過細化的區分。在問責制官員體系之外，是特區公務員事務局局長（問責制官員）領導下的非問責制文官體系——公務員，他們有逾17萬人，既構成了行政機關的主體參與者，也約佔香港整個勞動力市場的4.6%，[6]規模非常龐大，其中包括了紀律部隊。這些參與者共同參與特區政權建設和政府管治，在行政長官領導下構成特區政府的主體，所以在制度上進行分析，設計這一制度的整體角色，才有利於產生更高的制度效能。

（二）制度因素對行政效能的影響

制度因素對參與者的影響在本文主要從三個方面加以討論。

第一，作為正式制度的法律制度，不過這裏的法律制度不僅是法律條文的規定，也包括了與此相關的規範體系。第二，作為政府運行不可或缺的政治管理。與正式的制度體系不同，慣例屬於政府行為的

---

6. 香港特區政府公務員事務局，Factsheet_CS_2022_CH.pdf (csb.gov.hk)。最後訪問日期：2022年9月27日。

潤滑劑，一方面是在地方憲制層面意義上的慣例，如行政主導下立法和行政的關係，還有一方面是行政機關內部運行層面的，不是在選舉意義上的民主政治，而是為了組織能正常運作的非正式規則，可以算是一種政治慣例。如果缺乏對這些非正式制度的研究，實際上也很難理解正式制度變遷後管治行為實際運行的情況和效果。第三，作為環境背景的社會要素。換言之，選舉制度是在何種更為寬泛的政治制度中運行的，這個社會要素既包括了國際性的視角，因為選舉制度改革的過程中，英國殖民管治帶來的影響也是不能忽略的，國際公約的影響對《基本法》的理解也是比較重要的，以及中美在香港國安法和選舉議題上的分歧性觀點。另一方面，中央與地方關係的發展在過去 25 年也有一些變化。當然，還有本地民主政治的發展，這些都會對行政長官為核心的行政主導下管治效能產生影響。

（三）新選制下制度變數與參與者的角色調整

　　本文將選舉制度視為一個變數的框架，選舉制度依據的法律變化是新選制的基礎，構成了一種制度變數，但這一變數不止是正式制度的變化，隨之而來的是政治慣例以及社會環境要素的一些改變，使得整個制度在改變。這個制度的目標效能是產生特區良好的管治效果。一方面是特區內部的管治效能，「把握政府和市場的關係，把有為政府同高效市場更好結合起來」，主動有位，而不是「消極不作為」；要「切實排解民生憂難」，呼應香港 700 萬居民對美好生活的嚮往。另外一方面是特區在國家治理體系下的效能，首先是保障「一國兩制」不走樣、不變形，維護香港特別行政區的繁榮穩定。其次是要提升國家認同、國家觀念，通過特區治理讓民眾感受到國家治理現代化的成果，本地居民的國家認同直接要通過本地政府的作為來實現。再者是要發揮特區的優勢，以特區所長解國家所需，鼓勵香港融入國家發展大局，實現香港進一步的繁榮穩定。所以，要在這些制度變數和制度目標下討論新選制對參與者的影響。

二、原有選舉制度的制度要素分析

（一）法律制度及相關制度體系

在本次選舉制度改革之前，香港選舉制度改革一直是回歸後本地討論的熱點問題。產生這一問題的原因之一是由法律制度規定造成的。《憲法》和《香港基本法》構成了香港特別行政區的憲制基礎，《憲法》第 31 條規定「國家在必要時得設立特別行政區。在特別行政區實行的制度按照具體情況由全國人民代表大會以法律規定」。《憲法》沒有對具體制度作出規定。《中英聯合聲明》規定「行政長官在當地通過選舉或協商產生」對於立法會的產生方式並無涉及。《香港基本法》第 45 條規定，「行政長官的產生辦法根據香港特別行政區的實際情況和循序漸進的原則而規定。最終達至由一個有廣泛代表性的提名委員會按民主程序提名後普選產生的目標。行政長官產生的具體辦法由附件一《香港特別行政區行政長官的產生辦法》規定。」第 68 條規定，「立法會的產生辦法根據香港特別行政區的實際情況和循序漸進的原則而規定。最終達至全部議員由普選產生的目標。立法會產生的具體辦法和法案、議案的表決程序由附件二《香港特別行政區立法會的產生辦法和表決程序》規定。「《香港基本法》在 1990 年制定時附件一和附件二只對回歸後前十年的行政長官和立法會選舉作出規定，希望根據香港的實際情況和循序漸進的原則對選舉制度逐步進行調整。2004 年的全國人大常委會作出的《基本法》解釋以及相關決定，2007 年 12 月作出的關於行政長官和立法會選舉的決定，以及 2014 年的 8・31 決定逐步為選舉制度的發展繪製路線圖。[7] 但上述努力並未解決未來行政長官和立法會選舉的問題。香港本地也有相關立法實施《基本法》相關條文，如《行政長官選舉條例》、《立法會條例》等。

---

7. 《「一國兩制」下香港的民主發展》，國務院新聞辦公室，2021 年 12 月。

除了對選舉制度的直接規定外,《香港基本法》第四章政治體制中對行政機關與立法機關職能的規定也構成選舉制度的制度因素。《香港基本法》規定以行政長官為首長的行政機關在處理公共問題上的權力是相當廣泛的,其中,行政機關在公共政策方面的主導權是最重要的方面。首先,在公共政策和立法草案制定方面,行政機關享有主要的內容決定權。《香港基本法》第 62 條規定,香港特別行政區政府負責「制定並執行政策」,「擬定並提出法案、議案、附屬立法」。《香港基本法》第 74 條規定,「香港特別行政區立法會議員根據本法規定並按照法定程序提出法律草案,凡不涉及公共開支或政治體制或政府運作者,可由立法會議員個別或聯名提出。凡涉及政府政策者,在提出前必須得到行政長官的書面同意」。立法會議員提出的私人草案不能涉及公共財政、政治結構和政府運作這些方面。如果議員的提案與公共政策相關,那麼必須事先得到行政長官的書面同意。其次,《香港基本法》第 76 條規定,立法會通過的法案只有在行政長官簽署後方能生效。而《香港基本法》第 49 條進一步規定,如果行政長官認為立法會通過的法案不符合特區的整體利益,他／她可以在三個月內將法案發回立法會重議。根據《香港基本法》第 50 條,如果行政長官拒絕簽署立法會第二次通過的法案,並且在協商後始終不能達成合意,行政長官可以解散立法會。

《香港基本法》並未直接規定行政長官或是政府公務人員的政治屬性,這種規定其實說明一種「無政治性」的立場。《香港特別行政區籌委會關於第一任行政長官小組工作情況的報告》中指出,「公務人員保持政治中立,是香港公務員制度的基本原則之一」。[8] 香港特區籌委會於 1996 年 10 月 5 日通過的《香港特別行政區第一任行政長官人選的產生辦法》第 3 條明確規定,「現職公務人員如願意參選第一任行政長官,在表明參選意願前,必須辭去公務人員職務,並離開工作崗位」;

8.《關於第一任行政長官小組工作情況的報告》,香港特區籌委會第五次全體會議,1996 年 10 月 4 日。

第 4 條規定，「有意參選第一任行政長官的人應以個人身份接受提名。具有政黨或政治團體身份的人在表明參選意願前必須退出政黨或政治團體」。香港特別行政區立法會制定的《行政長官選舉條例》第 31 條也規定，行政長官在獲宣布當選 7 日內，要公開作出一項法定聲明，表明他不是任何政黨的成員，及在任期內不會作為任何政黨的成員或作出具有使他受到任何政黨的黨紀約束效果的行為。這也在本地立法上切割了行政長官與本地政治團體（包括政黨）的直接或間接聯繫。特別行政區《公務員守則》中明確規定，公務員需恪守一系列基本信念，其中第四項就是政治中立，不論公務員本身信念如何，必須對行政長官及政府完全忠誠；在履行公職時，不得受本身的黨派政治聯繫或黨派政治信念所影響；不得以公職身份參與黨派的政治活動，不得將公共資源運用在黨派的政治目的上。[9]根據《公務員敘用委員會條例》第 4 條的規定，立法會議員或由香港政府收入繳付退休金職位的人都不可以擔任為該委員會的委員。可見，特別行政區公務員的政治中立原則是公務員制度的核心原則。

（二）相關的政治慣例

在這裏主要討論一下從慣例的視角審視行政問責的制度。首先，先討論行政長官的負責制度。《香港基本法》規定下的「雙首長」制實際上帶來一種雙負責制：行政長官是作為特別行政區的首長，中央向地方來負責，這裏面包括它的任免述職和報告制度，以及執行中央就《基本法》規定的事項發出的指令。[10]還有就是對特別行政區負責，這需要對特別行政區整體負責，就是維護繁榮穩定和政府的效能，需要在政策的制定和實施方面有責任制的指向；還需要對選民負責，這是

---

9. 《公務員守則》，載公務員事務管理局網站，CSCode_c.pdf（csb.gov.hk）。最後訪問日期：2022 年 5 月 11 日。

10. 參見楊曉楠：〈中央在特別行政區發出行政指令權：理論基礎與制度建構〉，《社會科學》，2018 年 第 9 期。

現代民主制度的核心要求，在《基本法》第 45 條規定最終達至普選的情況下，選民與行政長官的互動關係可以更好的通過投票率來體現，在現有選舉制度的規定下則通過選舉委員會間接實現。根據《基本法》的規定，行政長官領導的特區政府還得對立法會負責。對立法會負責從《基本法》的制度安排上來看一是間接對立法會選民負責的方式，二是實現科學性的權力分配與安排，達至有效的監督和制約，三是行政機關負責法律的執行，根據《基本法》第 64 條必須「執行立法會通過並已生效的法律」，即需要受到法律制定者的監督。從《基本法》的規定來看，《基本法》設計了部分讓行政長官問責的方式，但如彈劾、解散立法會等較強制性的手段在現實中使用的可能性極低，立法會主要通過質詢、調查委員會、公布報告等方式實現對行政機關的問責。在一定程度上，司法機關的程序，特別是司法覆核（judicial review）程序，也是行政機關負責的方式：通過司法程序一方面解決個體糾紛，使權利受損者可以獲得法律上的救濟，二是間接公開政府行為及其依據，間接獲得社會（特別是選民）的公信力。香港普通法制度是一種法治社會所必須的核心內容，所以，通過這種方式，行政機關對社會負責，並不是對法官負責，這也是問責體系中很重要的一部分，在政治慣例中較少被論及。當然，新制度主義理論中的歷史制度主義流派經常會談及「路徑依賴」原則，主要指歷史制度對現有制度的影響，導致制度參與者會習慣性選擇之前的路徑。就選舉制度而言，在港英統治時期選舉制度是長期缺位的，回歸前港英政府「倉促」的選舉制度改革很難對回歸後正式的制度變化產生較為明顯的影響，「直通車計畫」的破產實際上給回歸後選舉制度改革帶來很大的阻礙。不過，港英統治時期的其他制度也會對選舉制度有間接的影響，例如，港英時期的總督制下總督和布政司的關係是比較複雜的，布政司實際上是行政機關運轉的核心人物。在回歸後這種體制轉化為行政長官為核心的行政主導制之後，其實在一段時間，依然保持一定程度行政長官作為地方首長和公務員體制之間的歷史撕裂，這也是後來董建華在任期上推行主要官員問責制的一個主要原因。《香港基本法》只規定了特別行政區政府向

立法會負責，並未就公務員個人納入任何政治問責的概念。根據《香港基本法》第99條的規定，公務員僅對香港特別行政區政府問責，而非直接對公眾或民意機構負責。他們在行政意義上對其上級負責，必須遵守公務員制度，但他們在政治上不負責任，他們只能間接通過立法會向公眾負責。在董建華的第一個任期內，立法會政制事務委員會曾在2000年6月建議，政府應「探討可否發展憲制慣例，主要官員如在制訂或推行政府政策上嚴重犯錯，須按照慣例自動辭職；研究實行更具彈性的合約制的建議，使主要官員或須為他們所作的決定承擔政治責任」。[11]在2000年的施政報告中，行政長官指出，特別行政區政府的司局級主要官員在制訂和執行政策中擔任重要角色，需要研究加強主要官員在不同政策範疇內需要承擔的責任。[12]在行政長官承諾檢討主要官員問責性且在一年內設計新制度時，立法會及公眾的反應整體上是正面的。隨後，行政長官董建華在競選連任時宣布，將在2002年7月1日之前正式引入主要官員問責制。問責制下聘任的官員包括時任3名司長和11名局長，他們需要對政策成敗承擔全部責任，在其所負責事宜嚴重失誤的情況下甚至會下台，他們也可能因為個人操守問題而辭職。問責官員被委任為行政會議成員，直接向行政長官負責，直接參與政府資源配置的決定，需要就政策、公共開支等事宜，爭取公眾和立法會的支持。立法會的財委會通過預算批准這個架構，不決定到底由誰組成問責制官員，而是將決定權交由行政長官。時任行政長官曾蔭權在2006年首份施政報告中指出，需要進一步改善新的管治制度，「當前最迫切需要的是加強對主要官員的支援，以應付日益繁重的政治工作」[13]，將該制度擴大為政治委任制，每個決策局（公務員事務局除

---

11. 立法會政制事務委員會，《香港特別行政區政制發展報告》(2000年6月)，Microsoft Word - CA-CRE~1.DOC (legco.gov.hk)。最後訪問日期：2022年5月11日。

12. 《香港特別行政區行政長官2000年施政報告》第112段，載香港行政長官施政報告資料庫網站，www.policyaddress.gov.hk/pa00/pa00_c.htm。最後訪問日期：2022年5月11日。

13. 《香港特別行政區行政長官2006年施政報告》第25段，載香港行政長官施政報告資料庫網站，www.policyaddress.gov.hk/05-06/sim/index.htm。最後訪問日期：2022年5月11日。

外）增設一名政治委任的副局長和一名局長助理。副局長的職責主要是在局長的指示下協助局長的工作，從政治角度為局長提供意見等。局長助理的主要職責是安排適當的活動，協助局長和副局長接觸民眾、為局長和副局長準備政治性發言等。副局長和局長助理在通常情況下都不享有行政職權。

除此之外，在本地的政治慣例中還包括行政會議和行政長官的關係。港英統治時期，行政局是總督制關係下的一種諮詢機構。根據《香港基本法》第 54 條的規定，行政會議是協助行政長官決策的機構。[14]行政會議不是行政機關的一部分，其成員由行政長官從主要官員、立法會議員和社會人士中委任，其任免由行政長官決定。行政會議無需向立法會負責，其作為行政長官的智囊，最終決策權在行政長官手中。行政會議成員的任期不能超過委任他的行政長官的任期。行政會議成員由外國無居留權的香港特別行政區永久性居民中的中國公民擔任。行政會議的主要功能是在行政長官作出重要決策、向立法會提交法案、制定附屬立法和解散立法會之前，向行政長官提出諮詢意見。行政長官如果不採納行政會議多數意見的觀點，應當載明具體理由。行政會議的人選選任以及行政會議和行政長官的關係，也會是影響特區政府效能的一個制度因素。

（三）社會環境因素的影響

與選舉制度最相關的首要社會環境因素就是政黨政治，曹旭東將香港的政黨政治描述為「半政黨政治」社會，[15]主要原因是長期的港英統治抑制了香港政治的發展。從原有選舉制度設計的立法原意來看，由於行政長官是特別行政區的「雙首長」，理應代表特別行政區的整體

---

14. 蔡樂渭：〈論我國行政決策模式的改革——與香港地區行政會議制度的比較研究〉，載《領導科學》，2010 年 10 月下期。

15. 參見曹旭東：《香港政黨與良性政治》，三聯書店（香港），2016 年。

利益，而不是某一（些）政治集團的利益，如果行政長官保持某種政治聯繫會對行政主導制發展帶來破壞。[16]

此外，港英統治時期有三層政制架構：首層是區議會，也是最低的一層；第二層是市政局及區域市政局；第三層是立法局。不過，三層議會架構未過渡到回歸後的政權架構內。《香港基本法》第 97 條規定，香港特別行政區可設立非政權性的區域組織，接受香港特別行政區政府就有關地區管理和其他事務的諮詢，或負責提供文化、康樂、環境衛生等服務。回歸後，市政局和區議會就成為非政權性區域組織，承擔相應法定職能。回歸後，兩個市政局由首任行政長官董建華委任議員，任期在 1999 年 12 月 31 日屆滿。但是，兩個市政局權力過大，在其職權範圍內有獨立的決策權，而且長期由泛民主派議員佔多數，對特別行政區政府施政構成一定阻礙。而且，市政局的不少工作與衛生署、漁農處的職能有所交叉，降低了政府的運行效率。與之相比，區議會則更多向政府部門提供諮詢性意見。因此，董建華在 1998 年的施政報告中提出要取消兩個市政局，[17]1999 年立法會通過《提供市政服務（重組）條例》，取消兩個市政局，成立環境食物局、康樂及文化事務處取代其相關職能。《香港基本法》第 97 條的起草雖然基於港英統治時期的三層政權結構，但在條文中並無直接寫出「市政局」的字眼，而是以「區域組織」代之。非政權架構的民主制度也會影響正式選舉制度的社會環境因素，由於其非政權性的特徵，本文將其歸為社會環境，而不是正式的制度環境。

除此之外，大眾傳媒和教育等等相比而言更為非正式的制度環境，對選舉制度的發展也非常重要；現在是資訊化、網路化、電子化時代，大眾傳媒對於社會輿論的引導經常也起到決定性作用。

---

16. 《關於第一任行政長官小組工作情況的報告》，香港特區籌委會第五次全體會議，1996 年 10 月 4 日。

17. 《香港特別行政區行政長官 1998 年施政報告》第 150 段，載香港行政長官施政報告資料庫網站，www.policyaddress.gov.hk/pa98/chinese/speechc.htm。最後訪問日期：2022 年 5 月 11 日。

三、新選制實施帶來的制度變數分析

　　當我們把影響行政長官為核心的行政機關施政效能的制度因素進行劃分之後，就可以更清楚地看出選舉制度改革對這些制度因素帶來的變數，以及為了提高施政效能，參與主體所需要進行的應對或者改善。

（一）法律制度的變數

　　新選制的改革本身就是法律制度的改革，法律是正式、核心的制度變數。2021 年 3 月 11 日，十三屆人大四次會議通過《全國人民代表大會關於完善香港特別行政區選舉制度的決定》，明確選舉制度改革所要遵守的基本原則，其中主要內容是：

> 二、香港特別行政區設立一個具有廣泛代表性、符合香港特別行政區實際情況、體現社會整體利益的選舉委員會。選舉委員會負責選舉行政長官候任人、立法會部分議員，以及提名行政長官候選人、立法會議員候選人等事宜。選舉委員會由工商、金融界，專業界，基層、勞工和宗教等界，立法會議員、地區組織代表等界，香港特別行政區全國人大代表、香港特別行政區全國政協委員和有關全國性團體香港成員的代表界等五個界別共1,500名委員組成。

> 三、香港特別行政區行政長官由選舉委員會選出，由中央人民政府任命。行政長官候選人須獲得選舉委員會不少於188名委員聯合提名，且上述五個界別中每個界別參與提名的委員不少於15名。選舉委員會以一人一票無記名投票選出行政長官候任人，行政長官候任人須獲得選舉委員會全體委員過半數支持。

> 四、香港特別行政區立法會議員每屆90人。通過選舉委員會選舉、功能團體選舉、分區直接選舉三種方式分別選舉產生。

　　2021 年 3 月 30 日，十三屆人大常委會二十七次會議通過新的《基本法》附件一和《基本法》附件二，對《決定》規定的選委會組成人數和選委會界別的劃分及名額分配、選委會的產生方式等作出進一步的規定。

　　2021 年 1 月 27 日，習近平主席在聽取香港特別行政區行政長官述職報告時強調：「要確保『一國兩制』實踐行穩致遠，必須始終堅持『愛國者治港』」。同年 3 月 30 日，為全面落實「愛國者治港」原則，十三屆全國人大常委會第二十七次會議全票通過了新修訂的《中華人民共和國香港特別行政區〈基本法〉附件一香港特別行政區行政長官的產生辦法》和《中華人民共和國香港特別行政區〈基本法〉附件二香港特別行政區立法會的產生辦法和表決程序》，將「愛國」作為議員選舉和公職人員選任的標準。「愛國」是憲法規定的公民基本義務，也是從政者必須遵循的基本政治倫理，是「一國兩制」原則的本質要求，是香港踐行民主法治的應有之義。《香港基本法》第 104 條和《香港國安法》第 6 條均規定了公職人員宣誓效忠制度。公職人員宣誓效忠本質上是政治忠誠，政治忠誠是國家和政府建立和存續的必要條件，缺少政治忠誠的政府無法穩定運行。

　　新選制改革帶來的制度變數是非常明顯的：第一，是對選委會的改革。在選舉制度改革前，立法會和行政長官選舉基本採取一種平行、分裂式發展，特別是行政長官和公務員體系的「政治中立」導致在制度上人為地造成「孤獨的」執政者狀態。此次選委會改革實際上是從根源上增加了立法和行政之間的紐帶關係，對於原有制度因素有較大的變化。第二是在制度上落實「愛國者治港」原則。《決定》第 5 條規定，「設立香港特別行政區候選人資格審查委員會，負責審查並確認選舉委員會委員候選人、行政長官候選人和立法會議員候選人的資格。」候選人資格審查委員會重設了立法會內部的政治光譜，對於原有「泛民」和「建制派」的二分法是一次系統性重置，有利於議題的去政治化，培養真正的建制派。第三是建立公務員的宣誓制度，實際上也是對公務員本身進行了一種審查。對於特別行政區公務員來說，除

了承擔「愛國」義務之外，還應當比普通市民遵循更加嚴格的忠誠義
務，應以身作則，擁護並全面準確貫徹「一國兩制」方針。公職人員的
愛國義務，既是基本的政治倫理，根本的義務責任，也是確保「愛國者
治港」原則實施的制度保障，有力地促進了香港市民對國家和民族的
認同感，為「一國兩制」原則行穩致遠營造了和諧有序的政治環境，以
及「愛國愛港」的公民政治文化。這些法律制度的變化都是新選制以及
「愛國者治港」原則落實之後帶來的一些制度變數。完善香港選舉制度
以來，特別行政區政府陸續舉辦了有關公職人員宣誓效忠的儀式。

　　隨之而來的挑戰可能變成，當政治撕裂彌合後，可能會產生政治
議題淡化，就是說當反對派在體制內消失的時候，但政權架構外反對
的聲音並沒有真的消失，可能會帶來一種社會環境因素的調整，反而
向正式制度施加外部壓力，構成對行政效能的影響。

（二）政治慣例的變數

　　如上所述，問責制是對行政機關進行監督的重要制度。00 年的立
法會報告也提出，作為主要官員不可以在做出政策之後，無法得到支
援，對社會產生負面影響，所以一定要問責，這是當時提出來的政治
問責制。從政治慣例上來講，立法和行政的關係更多是質詢這種潛在
性的政治壓力調查，但是由於政治光譜的重構導致這種政治壓力其實
在逐漸的變小，在這種情況下，如果保障有效的問責。這是一個良好
的管治主體應該去考慮最重要的問題。如果政府在政權架構內沒有有
效的問責和監督，而政權架構外的壓力沒有消失，會產生決策主體的
認知差異，從而可能產生決策失誤。這是一個制度因素變化後帶來的
體制性問題，認識到新選制帶來了這些制度變數的時候，就需要對這
種消極影響進行調整，避免矛盾逐漸積累或走向極端。

　　首先需要管治團隊內部進行有效的改革，在組建團隊的時候要吸
納更廣泛的政治光譜，盡可能地吸納更多的民意。如果觀察過去五屆
政府，實際上對政治委員官員的任免其實有一個隱性的變化過程。在
董建華任期中，時任保安局局長葉劉淑儀因私人理由、財政司司長梁

錦松因「買車事件」、衛生福利及食物局局長楊永強因處理 SARS 疫情「警覺性不足」分別請辭。也就說，通常會在有外部壓力的情況下才會對主要官員問責。在梁振英任期中，時任發展局局長麥齊光因涉嫌騙取政府租金津貼被廉政公署拘捕而請辭，民政事務局局長曾德成、公務員事務局局長鄧國威被免除職務。在林鄭月娥任期中，時任政務司司長張建宗、公務員事務局局長羅智光、民政事務局局長劉江華、創新及科技局局長楊偉雄及財經事務、庫務局局長劉怡翔被免去職務，民政事務局局長徐英偉因疫情期間參與宴會請辭。在後續這些離職的問責制官員中，部分其實並未被公開問責，也說明瞭行政長官在決定問責制官員去留問題具有較大的權力，不需要向外界解釋為什麼離任。所以，要有個穩定的內部問責結構，還應明確這些問責制官員到底是向誰問責，只是對行政長官問責呢？還是主要對立法會、社會問責？如果在沒有出現問題的情況下，是否有職業保障？

其次，現在第六屆特區政府的主要官員有 21 位，其中 15 位是現任官員，6 位是新任的，新任的裏面有兩位立法會議員，加上審計署長，可以說有三名立法會議員「旋轉」進入政府。此外就是行政會議的組成，行政會議的非官守成員裏面 16 位有 8 位是立法會議員，但與政府官員不同的是，如果進入問責制官員，要從立法會議員辭職，但如果只進入行政會議的話，是不需要辭職的，也就是說從「旋轉門」到「雙軌化」。但行政會議設立的目的實際是要為政府資政提供意見，行政長官可以不採納，雖然需要寫出不採納的理由，但是有權力不采納的。但是，如果把立法會裏面的政黨領袖放在行政會議中，並且有立法會議員 8 人之多的時候，是不是重構了立法和行政的關係？特別是在正式制度未改變的情況下，通過人員兼任重構了立法和行政的慣例，在什麼情況下可以考慮不採納行政會議議員的建議，如果這些意見有明顯的衝突而不被採納，是不是可能轉向為立法會內部與行政機關的矛盾？如果立法會議員在立法會中反對行政機關的時候，那麼行政會議的影響又是什麼，會不會導致問責制在議會制度下的消解？這些問題是新政府在提升問責能力和政府效能的過程中必須考慮的問題。

（三）社會環境的變數考慮

圍繞選舉制度改革的社會環境變數其實很多，在本地層面要警惕一種報復性政治冷淡，直接表現為投票率較低，特別是青年人的投票率低。正如上文所述，任何政府的管治都不會是由政府本身完成的，無論政府的規模如何，效能一定是香港市民公民完成。如果新選制導致的政治冷淡在短期內不能解決的話，會使得政治議題無法得到有效的回饋，需要通過不斷的組織認同、社會教育、社會討論與宣傳鼓勵社會參與，加大新政府的認同性。

更為積極的方面是培養「愛國愛港」的政治青年，香港在宣傳、教育、社會民生方面存在的問題是造成政治人才缺乏原因之一。[18]在過去一些事件中，部分香港特別行政區的青年對國家意識比較單薄，身份認同出現偏差，成為政治糾紛的犧牲品。出現青年發展問題的原因是比較複雜的，本地社會階層分化、青年上升空間受到制約、國家教育不足、去殖民化教育缺乏、社會媒體偏極化影響等因素，將青年對特別行政區政府施政的不滿轉化為對國家認同的反向回饋。內地與香港的交流接觸不足、政治經濟制度與意識形態的不同、香港作為多元開放的國際化大都市存在多種聲音，也是造成這種局面的因素。港英政府在香港統治時間較長，對香港實行了一系列意識形態教育，淡化了港人對中華文化的認同感和對祖國的親近感。回歸後，香港對《憲法》、《香港基本法》的教育普及程度不足以完成「去殖民化」的任務，部分青年建構出錯誤的國家認同、文化認同和價值認同，這就導致其在內心深處和情感認知上對國家和中央政府存有一定疏離和抵觸情緒。在新選舉制度改革的背景下，解決過度政治化問題的政黨政治，可能會給青年政治人才培養帶來新的契機，引導青年政治人才落地基層，更好吸收和回饋社會訴求，在實踐中培養解決政治問題的能力。

---

18. 屈宏，梁閃閃：〈香港青年政治人才培養：意義、挑戰與路徑〉，載《統一戰線學研究》，2020年第6期。

可以考慮進一步的政治委任制改革，對青年政治人才建立與主要官員差別化的「利益衝突申報」、「就業禁止」等機制，鼓勵青年政治人才進入政治場域，同時也完善其退出機制，使其付出與回饋更合理、成比例，增強其進入政府、政權架構內的意願。政治人才不會憑空出現，需要長時間的訓練，積累政治和管治經驗，需要各方面的配合。培育方面，應該發揮聯繫選民、代表民意的積極作用，讓政治人才深入生活，瞭解民眾需求，解決社會痛點，代表人民意願。

四、結語

習近平總書記指出：「香港從回歸之日起，重新納入國家治理體系。」「一國兩制」是中國特色社會主義制度和國家治理體系有機組成部分和重要內容，必須要始終堅持和不斷完善「一國兩制」，以期充分展現這一制度體系的優越性，並把該制度優勢全面轉化為國家治理效能。要堅持全面、客觀地看待香港「一國兩制」實踐，堅持「一國兩制」是解決香港問題的最佳方案和最佳制度安排。「一國兩制」的理論與實踐不能脫節，必須要在實踐中檢驗理論，再對理論進行完善創新，最後，經過實踐檢驗形成經驗，指導新的理論與實踐創新。總之，要支持香港特區政府依法施政、保障和改善民生，貫徹落實「愛國者治港」原則，堅持維護《憲法》和《基本法》確立的憲制秩序，積極支持香港融入國家發展大局，確保香港「一國兩制」實踐行穩致遠，新時代下「一國兩制」理論和實踐發展將會迎來新的機遇。

第十章

新選舉制度下香港選舉委員會委員變動模式研究

❦❦❦❦❦❦❦❦❦❦❦

林丹陽

中山大學粵港澳發展研究院副教授

何俊志

中山大學政治與公共事務管理學院教授

2021 年 3 月，全國人大通過了《全國人民代表大會關於完善香港特別行政區選舉制度的決定》，對香港特別行政區行政長官和立法會選舉制度進行了重大調整，其中最重要的內容是對香港特別行政區選舉委員會進行了重組，同時賦予選舉委員會在行政長官和立法會選舉中更大的權力與職責。在完善後的新選舉制度（下稱「新選制」）下，選舉委員會除了負責提名和選舉產生行政長官候任人之外，還要承擔選舉產生部分立法會議員和參與提名全部立法會議員候選人的職責。在很大程度上，選舉委員會成為了「保證香港管治者充分遵循『一國兩制』方針和『愛國者治港』原則的關鍵」[1]。因此，自 2021 年 9 月 19 日選舉委員會正式組成以來，其基本結構與特徵就一直受到社會各界的廣泛關注。在實際運作的將近一年時間裏，香港選舉委員會的結構已經

---

* 本文是教育部人文社科重點研究基地中山大學港澳珠三角研究中心項目「港區國安法實施以來香港政治生態格局變遷研究」（項目批准號：2022ZDJD001-02）的階段性成果。

1. 趙逸倫：〈香港特區選舉委員會的歷史成因、重構與新制度價值〉，《港澳研究》，2021 年第 3 期。

發生了一系列的變動。其中，部分界別的選舉委員會委員出現了較大幅度的變化，在一定程度上導致了選舉委員會委員人數與具體構成的不穩定性，從而對選舉委員會的功能以及權力行使都產生了重要的影響。由此，本文所關注和研究的問題是：選舉委員會（下稱「選委會」）委員的變動模式對選委會本身的運作產生了怎樣的後果？

一、新選制下選舉委員會的相關研究及其問題

作為香港新選制中的重要組成部分，選委會的組成和運作受到了相對較多的關注。外界普遍注意到選委會委員數量的變化，比如選委會在 2021 年 9 月 19 日組成時有 1448 名委員，到 2022 年 5 月行政長官選舉時為 1,461 人。[2]對於選委會不同界別發生的具體變動，媒體也進行了相關報道，如 2021 年 12 月香港立法會選舉後，選委會委員進行了一次較大幅度的更新，有 57 名當然委員新登記為選委會委員。[3]

由於新選制下的選委會與回歸以來的行政長官選舉委員會存在着較大差異，學術界對以往選委會的研究並不適用於新選委會的情況，而對於新選委會的研究則相對較少。現有研究主要分為兩類：一類是對新選委會的產生方式、功能、職責進行描述與介紹，分析新舊選委會之間的異同，重點關注新選委會在立法會選舉中扮演的重要角色；[4]另一類則是對新選委會的制度價值進行研究，分析新選委會與「愛國者治港」原則、香港民主政治發展以及推動香港良政善治之間的關係。[5]

---

2. 〈選委會 13 界別分組選出 364 席，1448 名新選委全部產生〉，《文匯報》（香港），2021 年 9 月 20 日；〈特首選委維持 1461 人〉，《信報》（香港），2022 年 5 月 6 日。

3. 〈香港資審會裁定 57 名選委會當然委員登記有效〉，《新華網》，2022 年 1 月 26 日，www.news.cn/gangao/2022-01/26/c_1128304157.htm

4. 蔡子強、馬嶽、陳雋文：《特區選舉：制度與投票行為》，香港城市大學出版社，2021 年，第 27–35 頁。

5. 趙逸倫：〈香港特區選舉委員會的歷史成因、重構與新制度價值〉，《港澳研究》，2021 年第 3 期；陳光熙編著：《漫話香港新選舉制度》，開明書店，2021 年，第 51–55 頁。

　　現有研究的主要問題在於：第一，雖然選委會委員的變動已經引起了一定的關注，但由於缺乏對選委會委員結構及其變化相關資料的全面掌握與系統性梳理，現有的媒體報道與學術研究均未能進一步揭示出選委會委員具體的變化模式。第二，現有研究雖然看到了選委會在新選制下的新功能，但是由於對選委會委員的變動情況缺乏深入瞭解，也就忽視了選委會委員的變動可能對選委會發揮其功能所產生的重要影響。

　　基於此，本文在系統梳理選委會委員結構及其變化的基礎上，重點分析選委會委員變動的基本模式，同時考察選委會委員結構的穩定性對選委會乃至新選制實際運作所產生的潛在後果。

二、新選制下選舉委員會委員變動情況概覽

　　本文在研究前期整理了香港選舉委員會委員的基本資料，並根據香港特別行政區政府選舉事務處的通告以及《香港特別行政區政府憲報》中與選舉委員會委員變更相關的公告，梳理出選舉委員會委員自 2021 年 9 月 19 日組成至 2022 年 6 月 30 日之間的變動情況，如表 10.1 所示。

　　從變動次數來看，選委會自組成以來，在 9 個月的時間裏已經發生了 8 次變動，變動頻率相對較高。從變動原因來看，當然委員變更是導致選委會委員變動的主要原因，最常見的情況是擔任指明職位的人員出現變化，進而導致其選委會當然委員的席位發生變化。由此，選委會委員變動主要涉及的界別也通常是那些存在當然委員或是當然委員數量較多的界別。比如說，香港大學校務委員會主席是選委會教育界的當然委員，而王沛詩於 2022 年 1 月起接替李國章出任該職務，因此選委會中的這個當然委員席位也相應地由王沛詩接任。在選委會委員已經發生的 7 次變動中，有 5 次涉及到教育界，可見教育界選委的穩定性在整個選委會中相對較弱。從選委會委員人數看，一方面由於新選

表10.1　香港選舉委員會委員變動情況（2021.9.19-2022.6.30）

時間點	變動原因	涉及界別	變動後選委會委員人數
2021.9.19	選委會組成	全部	1,448
2021.10.22	當然委員變更	教育界、醫療衛生界	1,448
2021.12.6	當然委員變更	教育界	1,448
2022.2.8	立法會選舉、當然委員變更	立法會議員等17個界別	1,462
2022.4.1	當然委員變更	教育界、社會福利界	1,454
2022.4.22	當然委員變更	教育界、社會福利界	1,460
2022.4.27	當然委員變更	社會福利界	1,461
2022.5.6	當然委員變更	建築、測量、都市規劃及園境界	1,461
2022.6.10	當然委員變更	建築、測量、都市規劃及園境界	1,460

制下立法會規模的擴大以及選委會委員的多重界別身份問題，[6] 選委會委員的實際人數自組成以來一直少於法定的 1500 人；另一方面，除了 2021 年立法會選舉給選委會委員人數帶來了較大幅度增加[7]之外，選委會委員人數基本保持穩定，這在很大程度上確保選委會能夠有效運作，新選委會也已經順利完成了立法會的提名和選舉工作以及行政長官的提名和選舉工作。

綜上所述，選委會自組成以來，其規模從總體上看基本保持穩定，委員的變動原因以及涉及的界別相對比較集中，有效保障了新選

---

6. 選委會委員的多重界別身份，是指同一位選委會委員因其職業、職位、專業資格、社會身份的多樣性，而同時在兩個或多個選委會界別中均具備委員資格的現象。由於《香港基本法》附件一規定每位選委會委員在行政長官選舉中只能投一票，選委會委員多重界別身份問題將直接導致選委會實際人數少於法定人數。

7. 因為新選制下的立法會規模由 70 人增加至 90 人，而立法會議員全部都是選委會的當然委員，所以選委會委員人數在新一屆立法會議員產生後出現了一定程度的增加。

制順利落地實施。另一方面，雖然選委會委員的變動原因相對集中，但其具體的變動情況卻相對複雜、多元，甚至一個席位的變動可能會引起其他席位的連鎖變動。選委會委員變動情況的複雜性，也對選委會的有效運作、選委會委員權力的有效行使乃至選舉管理工作都帶來了一定的挑戰。因此，有必要進一步分析選委會委員的變動模式及其重要影響。

三、選舉委員會委員變動的基本模式及其後果

新選制下的選委會委員主要有三種類型：由選舉產生的委員、由提名產生的委員以及當然委員。從上文的分析可以看出，選委會委員的變動基本上都涉及到當然委員的變更，其他兩種類型委員的變動也都是由當然委員變更所引起的。據統計，在選委會組成之日，1500 個席位中有 375 個當然委員席位（法定的 362 個席位加上 15 名在其他界別登記為當然委員的港區全國人大代表和全國政協委員）；截至 2022 年 6 月 30 日，已經有 81 個當然委員席位發生了變動（更換、增補或懸空），變動率超過五分之一。根據新選制的相關規定，不同的當然委員在法律規定、變動程序、遞補規則等方面均存在一定差異，這就導致不同當然委員的變動具有不盡相同的模式與規律，對選委會的實際運作也產生了多元、複雜的影響。

（一）選委會當然委員的變動模式

具體來說，在已經發生的當然委員變動之中，主要可以分為以下四種模式：

1.　由指明職位人員變更引起的變動

這種情況相對而言比較簡單，只需將原任指明職位人員的選委會委員席位交由新任指明職位人員擔任即可，上文所述的香港大學新任校務委員會主席王沛詩接替李國章出任教育界當然委員就屬於這種模

式。但是，這種模式在實際操作中也存在例外情況，比如在 2022 年 4 月 1 日發生的選委會委員變動中，社會福利界的當然委員彭志宏由於已卸任九龍樂善堂常務總理會主席這一指名職位，自動失去當然委員席位，而接任該指明職位的陳健平已經是選委會基層社團界別的選委，因此他無法重複登記為社會福利界當然委員，導致這一席位自動懸空而無法填補。

2. 因由選舉或提名產生的選委會委員獲得當然委員資格引起的變動

在選委會委員已經發生的變動之中，屬於這種模式的變動最多。這種情況主要發生在 2021 年立法會選舉之後，有 27 位新當選的立法會議員已經是選委會其他界別由選舉或提名產生的委員。新修訂的《行政長官選舉條例》中並未明確規定這種情況的處理辦法，因此這些議員可以選擇轉到立法會議員界別登記為當然委員，或是繼續留在原界別。最終，有 19 位議員選擇轉任，他們在原界別的席位則自動懸空，需要重新進行補選或提名。由此可見，這種模式從變動程序上看相對比較簡單，現行法例也給予相關委員較大的自由選擇權。

3. 涉及港區全國人大代表及全國政協委員的當然委員變動

這種情況涉及的委員人數僅次於上一種，同樣發生在 2021 年立法會選舉之後。與此同時，由於部分港區全國人大代表及全國政協委員在這一界別之外的其他界別登記為當然委員，[8] 這就極大地增加了這種變動模式的複雜性。根據《行政長官選舉條例》附表《選舉委員會》第 51 條規定，如果港區全國人大代表或全國政協委員在人大政協這一界別以外的某界別擔任指明職位（如立法會議員），具有該界別的當然委員資格，則該代表或委員只能在這一指明界別登記。因此，新當選的立法會議員中已經在港區人大代表及政協委員界別登記為當然委員的（9 人），或是已經在其他界別登記為當然委員的港區全國人大代表或政

---

8. 有部分香港特別行政區全國人大代表及香港特別行政區全國政協委員，因本界別分組的名額有限，會選擇在其他界別分組登記為當然委員。

協委員（2 人），均轉到立法會議員界別登記為當然委員，其在原界別的當然委員席位自動懸空。此外，還有兩位未連任的上一屆立法會議員，因其同時是港區全國政協委員，在離任立法會議員之後即轉到港區全國人大代表及政協委員界別登記為當然委員。

4. 其他當然委員在不同界別之間的變動

除了上述三種變動模式之外，還有一些當然委員在不同界別之間變動的特殊情況，主要是因為有些委員同時擔任多種公職，所以同時擁有不同界別當然委員的資格。比如說，原任教育界當然委員的李國章，同時擔任全國人大常委會香港基本法委員會委員，擁有法律界當然委員的資格。因此，他在 2021 年 1 月因不再擔任香港大學校務委員會主席而失去教育界當然委員席位後，即轉到法律界登記為當然委員，延續其選委會委員的身份。

（二）選委會委員變動的後果

從整體上看，新選制下的選委會在實際運行過程中，其結構基本保持穩定。據筆者統計，截至 2022 年 6 月 30 日，以選委會席位為單位計算，已經發生人員變動的席位有 98 個，佔選委會總席位的 6.53%，從比例上看相對較小。但是，如果僅考慮當然委員的變動情況以及部分界別的變動情況可以發現，選委會的當然委員尤其是某些界別的當然委員已經發生了較大幅度的變動，部分界別的席位變動比例超過了 50%（如立法會議員界別）。考慮到選委會的任期長達五年以及未來仍然可能發生的持續變動，當前已發生變動的數量和比例仍然需要引起高度重視。事實上，選委會委員的變動，對選委會的穩定性與合法性、選委會委員權力的有效行使乃至選舉管理和選舉品質都產生了直接和潛在影響。

第一，選委會委員的變動，在一定程度上加劇了選委會已經存在的減員情況。截至 2022 年 6 月 30 日，選委會委員人數為 1,460 人，與法定的 1,500 人仍存在一定的差距。除了部分席位因選委會委員的多

重界別身份問題而懸空之外，選委會委員的變動是導致選委會減員的主要原因。雖然這些空缺的席位大部分都屬於由選舉產生和由提名產生的委員，可以通過後續的補選以及重新提名程序加以填補，但是也存在部分議席無法填補的情況。比如說，根據《香港基本法》附件一第四條第（一）款規定，如果港區全國人大代表或全國政協委員登記為選委會其他界別的當然委員，則在該屆選委會任期內，相應界別的當然委員數量維持不變。也就是說，如果這類當然委員在選委會任期內又獲得了其他界別的當然委員資格，根據上一節所述第三種模式下的規定，他們必須轉到新的界別登記，而原有的當然委員席位自然空缺，且無法由他人填補，也無法將空缺的當然委員席位變更為由選舉產生的委員或由提名產生的委員。在 2021 年立法會選舉後，已經有 1 名原屬社會福利界當然委員的新當選議員出現了這種情況，在他轉任立法會議員界別當然委員後，他原有的席位自動懸空，且無法填補。由此可見，選委會委員的變動使選委會的減員現象更加嚴重。如果選委會的實際人數長期與法定人數差距過大，可能會打破各界別之間的均衡關係，使某些界別的影響力遠大於其他界別，這將極大地削弱選委會的代表性，甚至可能在未來削弱由選委會委員參與提名和選舉的立法會選舉和行政長官選舉的合法性，同時也可能背離 2021 年完善香港選舉制度所希望達到的擴大廣泛代表、保障均衡參與的目標。

第二，選委會委員的變動，對其有效行使權力產生了複雜影響，尤其是當然委員的頻繁變動甚至導致有部分選委會委員尚未行使權力即被更換，這就可能打擊這些委員未來政治參與的積極性。從新選委會組成至 2021 年立法會選舉期間，發生了兩次選委會委員的變動，因此在這兩次變動中離任的三位教育界和醫學及衛生服務界委員，實際上並未參與立法會選舉的提名和投票，在尚未真正行使權力前即失去了選委會委員席位，其中在 2021 年 10 月 22 日被更換的兩名委員，其委員任期僅有一個月。可以預期，在本屆選委會委員任期之內，類似的現象可能還會繼續出現，由此產生的一個潛在後果是實質上剝奪了

一部分選委會委員的權力，可能導致這些委員未來不再積極參政或是擔任相關公職。

第三，選委會委員的頻繁變動可能增加選舉管理以及選委會其他管理工作的難度，同時容易使候選人和社會大眾產生困惑，甚至可能引起一些不必要的失誤。由於新選制下選委會當然委員的組成涉及大量的指明職位、指明人士和指定人士，這些人員隨時可能發生變化，在極端情況下可能出現在立法會選舉或行政長官選舉前一天仍有當然委員因不再擔任指明職位而失去選委會委員資格的情況，這就可能給特區政府選舉管理工作帶來極大的挑戰，如果未能及時妥善處理甚至可能造成已經失去選委資格的人士仍然參與提名或投票的情況，使選舉結果的合法性受到質疑。另一方面，在選委會委員已經發生的變動中，出現了個別指定人士因指明職位人員變動而先被從選委會除名隨後又在同一職位重新登記的情況（因為新的指明職位人員繼續指定同一人作為指定人士，成為選委會當然委員），雖然這是法例規定的必要程序，但是客觀上講仍然給選舉管理委員會增加了一定的行政成本。此外，由於新選制加入了候選人資格審查委員會對選委會委員候選人的審查程序，選委會委員的頻繁變動，意味着候選人資格審查委員會也需要頻繁開會，其工作量也大大增加。

第四，可以預期，未來選委會委員的變動仍然會頻繁發生，呈現出常態化小幅變動和周期性大幅變動的特徵，因此選委會委員變動引起的諸多後果可能會長期存在。由於當然委員中的絕大部分指明職位會根據其職位的任期（從 1 年到 4 年不等）週期性發生變動，而指定人士則隨時可能發生變動，選委會委員尤其是當然委員的小幅變動可能會經常發生。諸如立法會選舉、港區全國人大代表和全國政協委員換屆等可能引發當然委員大幅變動的事件儘管不會頻繁出現，但是仍然會周期性存在。因此，上述由選委會委員變動引發的一系列影響可能長期存在，持續給選委會結構的穩定性帶來深刻影響。

（三）當然委員比例上升及其廣泛性是導致選委會委員頻繁變動的主要原因

根據選舉管理委員會的公告顯示，2016 年 12 月組成的上一屆行政長官選委會在其五年的運作時間裏，共發生 9 次選委會委員變動，而新選委會在開始運作的 9 個月時間裏就已經發生了 8 次變動，變動頻率明顯增加。選委會委員的頻繁變動，與選委會規模從 1200 人增加到 1500 人有一定的關係，但是最主要原因之一是當然委員在選委會中所佔比例大幅上升。

從表 10.2 可以看出，回歸以來選委會一直存在當然委員，但是當然委員的比例始終處於較低水準。然而在新選制下，當然委員的數量和比例均大幅上升，佔整個選委會的四分之一。眾所周知，當然委員大多是與特定的指明職位相互依存的，指明職位人員的變動即引起當然委員的連鎖變動，因此當然委員比例的增加必然導致其變動頻率的增加。

另一個導致選委會委員頻繁變動的重要原因是當然委員的廣泛性。在以往的行政長官選委會中，當然委員只存在於立法會議員和港區全國人大代表兩個界別，因此只有當立法會議員和港區全國人大代表發生變更之後，當然委員才會發生變動。但是，當前新選委會中當然委員涉及 16 個界別，[9]並且涉及大量不同類型的指明職位。因此，當然委員的廣泛性大幅增加，各個指明職位的周期性變動也就導致了選委會委員的常態化變動。

事實上，因擔任特定公職而自動獲得議員、委員席位的官守成員（ex official member，又稱官守議員、當然議員）是香港政治制度中的傳統。在港英政府時期，布政司、財政司與律政司都自動成為立法局官守議員。回歸以後，官守成員制度被繼續沿用下來，廣泛存在於特區政府行政會議、諮詢委員會以及區議會等機構之中。比如說，香港特

---

9. 由於港區全國人大代表和全國政協委員可以在其他界別登記為當然委員，理論上當然委員可能涉及選委會的全部界別。

表10.2　回歸以來香港選舉委員會中的當然委員情況

年份	當然委員席位	選委會總席位	當然委員涉及界別	當然委員比例
1998–2011	96	800	2	12%
2011–2016	96	1,200	2	8%
2016–2021	106	1,200	2	8.8%
2021 至今	375	1,500	16	25%

區政府的所有司長和局長都自動成為行政會議的官守議員，而新界各區的鄉事委員會主席，都會自動成為區議會的當然議員。但是，這些機構在納入官守成員時，均會對官守成員可能對機構穩定性產生的影響有所考慮，或是盡可能選擇較少發生職位變動的官守成員（如特區政府的各司局長在行政長官任期之內相對保持穩定），或是限制官守成員在機構中的範圍和比例（如當然議員在香港區議會中僅限於 27 個鄉事委員會主席，所佔比例僅為 5.6%）。官守成員的穩定性，在很大程度上決定了整個機構的穩定性。

四、結論：選舉委員會委員的穩定性與未來發展趨勢

香港新選舉制度的一個重要目標是保障均衡參與和廣泛代表性，擴大當然委員的範圍和比例是這一目標的重要體現之一。從實踐的情況來看，對選委會當然委員的重新設計確實達到了保障均衡參與和擴大代表性的目標。但是，由於當然委員依托特定指明職位存在的性質，加上其在選委會的比例相對較高以及範圍相對較廣，導致選委會委員的變動頻率大幅上升，對選委會的穩定性產生了不利影響。另一方面，在選委會的實際運作中，當然委員產生了多種不同的變動模式，對選委會結構的穩定性、選委會委員有效行使權力以及選舉管理工作和選委會其他管理工作都產生了多元、複雜的影響。

從制度設計的角度看，香港選舉委員會構成的基本原理體現的是功能組別的思想，也就是說，選委會委員的產生尤其是當然委員的產

生主要是基於委員本人的職業和身份。由此所產生的兩個必然結果是：第一，選委會委員是兼職的而非全職的；第二，選委會委員的任職與其本職工作的變動密切相關。因此，選委會從根本上講既不是純粹的為選舉而生的臨時性組織，但又是一個長期處於半穩定狀態的組織。選委會委員尤其是當然委員的變動將成為常態化現象，小幅調整和大幅變動將持續交替出現。雖然 2021 年立法會選舉引發的選委會委員大幅變動已經告一段落，但未來兩年馬上要面臨港區全國人大代表和港區全國政協委員的換屆工作，在換屆之後必然將引發選委會委員的新一輪大幅調整。此外，由於選委會要參與港區全國人大代表的換屆選舉工作，立法會也可能因有部分議員加入新一屆特區政府而需要進行補選，選委會可能也需要在這些選舉到來之前對現有的懸空席位進行填補。由此，選委會委員的穩定性在未來一段時間裏仍然會受到一定的衝擊，本文所揭示的選委會委員變動後果也將繼續存在。

為了避免選委會的這種變動性所帶來的種種後果，一個可能的方向是逐步建立一套常態化的選委會管理體制。比如説，進一步細化本地立法，明確規定選舉產生的委員、提名產生的委員和當然委員的遞補機制，尤其是因應當然委員潛在變動的不同模式，具體規定不同的遞補方式；同時，為了避免因委員持續變動對立法會選舉和行政長官選舉造成干擾，可規定在選舉前的一定期限之前，選委會委員不再進行增補，待選舉結束後再展開增補工作；此外，可以參考立法會議員、區議會議員補選的相關規定，在當屆選委會任期結束前的某一期限之後，不再進行增補工作，盡可能地節約行政成本。

第十一章

憲制框架下的香港新選舉制度
——成效、挑戰與未來

❦❦❦❦❦❦❦❦❦❦❦❦❦❦

韓大元

中國人民大學法學院教授

一、問題的提出

2021年3月5日，全國人大常委會副委員長王晨在《關於〈全國人民代表大會關於完善香港特別行政區選舉制度的決定（草案）〉的說明》中指出：完善香港特別行政區選舉制度的基本思路是「形成一套符合香港特別行政區實際情況、有香港特色的新的民主選舉制度。」2022年5月8日，香港特別行政區第六任行政長官選舉順利結束，7月1日第六屆行政長官和政府管治團隊正式履職，這標誌着一套符合香港實際情況、有香港特色的新的民主選舉制度已經形成並付諸實踐。2022年是香港回歸祖國25周年，是「一國兩制」成功實踐25周年。在世界百年未有之大變局與世紀疫情交織影響下，人們一方面回顧與分享香港回歸25年的成就，另一方面也對「一國兩制」的未來充滿期待。

面對人們的期待，學術界，特別是法學界，需要回到憲法、《基本法》的框架，以客觀、理性、包容與多元的視角回應人們的期待與不安，從學術的視角認真觀察新選舉制度實施一年多的成效、問題，並凝聚共識。我們要充分肯定取得的成效，但不要回避存在的問題，要面向未來，為「一國兩制」發展尋找具有說服力、解釋力的學理與規範依據，為新選舉制度的未來尋找理論支撐，這也是對學界合理期待的

回應。基於上述思考，本文從憲制的框架，討論三個問題，即三點成效、三個問題、三點期待。

二、新選舉制度的成效

現代選舉發軔於民主時代的現實需要。隨着社會現實的變遷，選舉制度也會面臨新的問題，在解決這些問題的過程中，選舉制度得以不斷完善。[1]香港選舉制度的完善就是為了消除原選舉制度機制方面存在的隱患和風險，確保「愛國者治港」原則的落實。香港新選舉制度實施一年多以來取得的進展，可概括為以下三點：

（一）新選制是對政治體制的完善

政治體制（或稱「政治制度」）是指在特定的社會中，統治階級通過組織政權以實現其政治統治的原則和規則的總和。它由一系列規範政治主體活動的準則、體制、慣例等因素構成，包括國家政權的組織形式、國家結構形式、政黨制度、選舉制度等。[2]其中，民主是現代政治制度的基石，而選舉是民主的重要體現，因此，選舉制度是政治體制的重要組成部分。由於香港選舉制度是特別行政區政治體制的重要組成部分，因此，完善新選制本質上是對政治體制的完善。

《香港基本法》對中央和特區關係作出了明確規定，特別是對中央和特區權限進行劃分。中央享有外交、國防以及主要官員任命、《基本法》的解釋和修改等權力，特別行政區享有中央授予的高度自治權，其中包括行政管理權、立法權和獨立的司法權等。特區政治體制改革並不屬於「高度自治權」，它是中央事權，應該由全國人大和常委會基於《憲法》和《基本法》確定。在政治體制上中央行使主導權是《憲法》、《基本法》明確賦予最高國家權力機關的職權，不可能與特區分享。

---

1. 參見何俊志編著：《選舉政治學》，復旦大學出版社，2009 年，第 11 頁、第 35 頁。
2. 《憲法學》編寫組：《憲法學》，高等教育出版社、人民出版社，2011 年，第 144 頁。

2021 年 3 月 11 日頒布的《全國人民代表大會關於完善香港特別行政區選舉制度的決定》是我們分析、思考新選舉制度的基本出發點與法律依據。《決定》明確，香港選舉制度，包括行政長官和立法會的產生辦法，是香港特別行政區政治體制的重要組成部分，要符合「一國兩制」方針，符合香港特別行政區實際，確保愛國愛港者治港，要有利於維護國家主權、安全、發展利益，保持香港長期繁榮穩定。[3]這是全國人大做出決定的核心要義與規範表達。因此，從《決定》作出，到 2021 年 9 月 20 日選委會選舉、12 月 19 日立法會選舉、2022 年 5 月 19 日行政長官選舉的順利進行，實際上是中央在「一國兩制」下對政治體制的完善，[4]以有效落實《基本法》確立的宗旨。

可以説，全國人大基於《憲法》及《基本法》對香港政治體制的核心要素做了改革，是一種政治體制的完善，不限於選舉制度本身。

（二）以法治保障新選制的程序與運行

法治具有固根本、穩預期、利長遠的作用，[5]香港新選舉制度的核心保障就是法治。從 2021 年 2 月 27 日、28 日全國人大常委會第二十六次會議聽取審議《國務院關於修改完善特別行政區選舉制度和有關建議報告》，到 3 月 11 日全國人大做出《關於完善香港特別行政區選舉制度的決定》，再到 3 月 30 日全國人大常委會對附件一、附件二的修訂；5 月 28 日特區立法會通過《完善選舉制度（綜合修訂）條例》，以本地立法的方式，落實全國人大決定以及全國人大常委會修訂的《基本法》附件一和附件二。在這樣大體三個月的時間內，完成如此複雜的選舉工程，其難度是很大的。期間，有關部門也多次聽取香港社會各界的意見與建議，體現修訂法律過程的民主性，力求在法治框架內凝聚社會

---

3. 《全國人民代表大會關於完善香港特別行政區選舉制度的決定》，2021 年 3 月 11 日第十三屆全國人民代表大會第四次會議通過。

4. 不同於香港社會常用的「政改」一詞。

5. 習近平：《論堅持全面依法治國》，中央文獻出版社，2020 年，第 227 頁。

共識，在價值、規範以及安全與自由的平衡中，有目標、有計劃、分步驟地穩步進行選舉制度完善工作。

為了在較短的時間內，順利完成重大、複雜並為社會高度關切的政治體制的選舉制度的改革，唯一的選擇是通過法治。《憲法》和《香港基本法》是香港特別行政區的憲制基礎，[6]也是重疊共識的產物。選舉制度的完善工作始終在《憲法》、《基本法》軌道上進行，因有規範依據，容易尋求共識、減少不必要的分歧，降低成本，同時賦予新選制合法性的依據，並為選舉實踐提供明確、清晰與具體的規則指引。例如，全國人大決定與常委會修法列舉明確的憲法依據（《憲法》第31條、第62條第2項、第14項、第16項的規定以及《基本法》、《國安法》相關規定）；全國人大授權常委會根據本決定修訂附件一、附件二；在修法形式上，創新立法機制，採取「決定＋修法」的方式，既維護《基本法》的穩定性，同時確保與時俱進；《決定》、修法與本地修法相互銜接，創立了兩地法治有效互動於銜接的機制等。

凡是修法中增加的內容，都有法律依據；凡沒有法律依據的，即使有現實必要性，但基於「凡屬重大改革於法有據」的精神，嚴格遵守法律，包括《憲法》、《基本法》與相關法律；國務院報告原來表述有「修改和完善」，正式決定與修法中，刪除「修改」一詞，不對《基本法》正文做任何修改，只對附件進行修改，以維護《基本法》的穩定性。因此，新選制順利落地，最核心的保障是法治，再次證明「法治是香港發展的基石」，也是新選制整體順利落地的根本保障。

（三）新選制塑造了多元政治文化

新選制改變了香港社會的政治生態，塑造了新的政治文化。如果客觀地觀察三場選舉，我們可以看到，最大的成效之一是彷彿看到久違的香港政治文化氛圍，特別是選舉文化的健全。香港是一個多元社

---

6. 國務院新聞辦公室：〈「一國兩制」在香港特別行政區的實踐〉，《人民日報》，2014年6月11日，第5版。

會，對一些具體問題存在不同意見甚至重大分歧並不奇怪，《基本法》下的言論自由、表達自由受到法律保護。自由、市場、包容、正義、平等、安全是「一國兩制」本身所體現的重要價值。新選制出發點就是保持香港繁榮穩定，維護《基本法》權威，保障居民的權利與自由。這一點是中央在選舉改革過程中反覆強調的原則。落實「愛國者治港」原則，讓反中亂港分子出局，並不是把立法會變成「清一色」，更不是扼殺不同的政見。

選舉與愛國上，愛國並不是特定群體的專利，更不是一句口號，更不能庸俗化。選舉本是不同利益的均衡與博弈，需要不同候選人之間的公平競爭。只有充分的競爭，才能提高特區居民參與民主選舉的積極性，使選舉充滿活力，也只有允分的競爭才能使選舉人加深對候選人的瞭解，提高選民對選舉的認同。可以説，無競爭無選舉。

從 2021 年 11 月 12 日結束的立法會選舉提名結果看，154 名候選人報名競逐 90 個立法會議員席位，全部議席均有競爭，自回歸以來首次出現沒有主動當選議席的情況。部分界別，如醫療衛生界的競爭最為激烈，六人爭奪一個議席，教育界五人競逐一個議席等。傳統功能界別自動當選的情況在往屆選舉中都存在，本屆提名沒有再現這一現象。當時，人們對 90 名議員構成的多樣性還是有期待的，包括有可能出現幾名「忠誠的反對派」。

在傳統泛民政黨放棄參選的情況下，泛民主人士能否獲得選委會的提名，也是大家關注的問題。從當時提名情況看，泛民主派人士參選者不在少數，特別是地區直選，幾乎每一選區均有不同政治光譜的人士參選。民主選舉必須體現多元、競爭與理性對話。

當然，新政治文化不能只看立法會的構成，也應綜合考慮新政府管治團隊、行政會成員的多樣性。新一屆特區政府架構中也能看出包容與多樣性，中央政府任命的 26 位主要官員，包括「三司三副司十五局」共 21 位政治問責司局級及五位非政治問責官員，是擁有多元背景的團隊。其中有政治經驗豐富的上屆政府官員，有豐富公共行政履歷的公務員，外界專業人才等。傳遞多樣性的重要標誌就是律政司司長

的人選，新的行政長官提名擔任過香港大律師公會主席的林定國大律師作為律政司司長。香港新一屆行政會議 16 名非官守議員，來自不同領域，代表不同的界別利益，總體上體現了多元化要素。政治多元是一個過程，其政治多元性價值是逐步展現其意義。以上三點是一年多運行的新選制的主要成效。

習近平總書記指出：「新選舉制度對於落實『愛國者治港』、保障香港市民行使當家作主權利、推動形成社會各階層各界別齊心協力建設香港的良好局面都發揮了決定性作用。這是一套符合『一國兩制』方針、符合香港實際、符合香港發展需要的政治制度、民主制度，必須倍加珍惜，長期堅持。」[7] 新選制運行一年來所取得的成效也證明，新選制有利於落實「愛國者治港」，有利於保持香港繁榮穩定。

三、新選舉制度的挑戰

儘管新選舉制度取得了一定成效，但也不能否認，由於香港既往政治生活中存在「建制」與「非建制」的劃分、民眾對新選制缺乏共識等原因，使得新選舉制度的運行中面臨着不少挑戰，主要有：

（一）傳統的「建制」與「非建制」劃分影響選舉多樣性

在傳統資本主義社會，選舉是促使政黨發展的主要動力，政黨的參與是現代選舉活動的推動力。[8] 儘管香港保留了原有的資本主義制度和生活方式，但作為經濟都市的香港不宜於搞過多的黨派鬥爭，因為濃重的政黨政治色彩把經濟都市搞成政治都市，是否有利於穩定、繁榮與發展，這是值得慎重研究的。[9] 可以說，在香港多元背景的人士

---

7. 〈習近平會見李家超〉，載《新華網》，www.news.cn/2022-05/30/c_1128697596.htm。最後訪問日期：2022 年 10 月 1 日。

8. 王穎：〈淺析政黨與選舉的關係〉，載《湖北大學學報（哲學社會科學版）》，2005 年第 1 期，第37 頁。

9. 參見許崇德：〈值得關注的香港立法局選舉〉，載《學習》，1993 年第 3 期。

激烈競爭的情況下，選舉的競爭不能以傳統的政黨或者政見為主要劃分標準，傳統的「建制」與「非建制」的劃分影響了選舉的多樣性與多元性。

　　據查，回歸前後，「建制」一詞被廣泛使用，用來形容親近或者支持政府的政治派系。回歸初期，「建制」並沒有與具體政治團體直接聯繫起來，而是與某些人士立場聯繫，區分為「建制內」人士和「建制外」人士。到了 2005 年前後，「建制派」的表述多了起來，把「建制派」與「民主派」、「泛民主派」相對應，成為流行的詞彙。在當時的歷史條件下，人們使用一些流行的詞彙是可以理解的，但這一表述也帶來很多弊端，比如，無法客觀體現香港社會的多元利益格局，不利於營造多元政治文化氛圍，容易把愛國但持有不同政治觀點的人貼標籤，人為地把愛國力量區分為不同派別，不利於團結社會各界人士，不利於凝聚社會共識等。在「愛國者治港」原則下，廣泛團結社會各界人士，不以政治觀點、背景、主張來分派別，要以真正為香港市民辦事，維護香港繁榮穩定作為凝聚共識的基礎。

　　因此，雖然大家習慣用「建制」與「非建制」的表述，但這種習慣性的表述，應該摒棄。最近流行的「新香港人」等表述，也許出發點是好的，但這種標籤不利於形成多元、包容的政治文化環境。在法治框架內的政治多元、觀點多元是社會健康發展的重要條件，沒有反對聲音，未來治理也會遇到重大挑戰。

（二）民眾對新選制缺乏共識

　　全國人民代表大會《決定》，指明了完善香港選舉制度的目的是確保愛國愛港者治港，維護國家主權、安全、發展利益，保持香港長期繁榮穩定。[10]但整體上新選制的目的、意義以及初衷，未能有效地轉化

10.《全國人民代表大會關於完善香港特別行政區選舉制度的決定》，2021 年 3 月 11 日第十三屆全國人民代表大會第四次會議通過。

為社會共識。民眾對三場選舉的關注度不夠，對選舉與居民切身利益的感受度仍然有一定距離。

此外，政黨在選舉中如何回應民眾期待的問題並沒有得到有效解決。20 世紀 80 年代，香港政黨隨着代議制改革的推進而產生和發展，並成為整合和反映社會各階層利益訴求、影響政府決策的重要力量。但畢竟香港政黨發展時間短、只是「一國兩制」下的特殊的地方性政黨，所以也存在政黨規模較小、組織結構鬆散、價值取向多元化的特點。[11]這使得儘管《基本法》規定了香港居民廣泛的權利和自由，但由於缺乏傳遞不同政治觀點和訴求的通道，不利於充分實現《基本法》規定的權利自由。

新選舉制度減少了地區議席、改變了選舉委員會組成以及加入了候選人的審查機制，這被認為增加了泛民黨派參選的難度，使得一些泛民黨派十分排斥新選舉制度。但一概排斥與躺平並不是成熟政黨的生存之道，其實《基本法》賦予政黨充分發揮其作用的規範空間。

（三）新選制的實效性的不同認識

新選制的成效能否轉化為實際立法會效能以及新政府管治團隊的實際工作效能，是值得期待的問題。比如，1500 名選委會委員、90 名立法會議員、新一屆行政長官及其團隊未來工作中能否實實在在地回應居民的期待？新選制的功效能否轉化為每個居民感受到的獲得感？新一屆政府管治團隊能否真正解決長期積累的深層次問題？這些問題仍有待觀察。

習近平主席在慶祝香港回歸祖國 25 周年大會暨香港特別行政區第六屆政府就職典禮上指出：「人民對美好生活的嚮往，就是我們的奮鬥目標。當前，香港最大的民心，就是盼望生活變得更好，盼望房子住得更寬敞一些、創業的機會更多一些、孩子的教育更好一些、年紀大

---

11. 曾平輝：〈香港政黨特點、功能探析〉，載《學術論壇》，2008 年第 12 期，第 51–57 頁。

了得到的照顧更好一些。」[12]可以說，切實回應民眾的期待和需求是衡量新選制成效的重要指標。

　　為了因應國家「十四五」規劃綱要賦予香港的新定位，建立有良好管治效能的政府，新一屆政府架構進行了重組，增設文化及體育旅遊局，以推進香港發展成為中外文化藝術交流中心，分拆運輸及房屋局後，以鞏固並提升香港國際航運中心和國際航空樞紐地位，房屋局則聚焦土地發展和房屋供應，更好保障香港社會民生。這些是關係香港核心競爭力以及社會深層次矛盾的問題。如果未來立法會和政府治理效能差，不能有效地解決深層次的社會問題，使居民感受不到實在的獲得感，在沒有「反對派」的治理架構下，政府治理將會更加艱鉅，無法重塑社會信任。

四、新選舉制度的未來

　　如前所述，完善香港選舉制度的目的是確保愛國者治港，維護國家主權、安全、發展利益，保持香港長期繁榮穩定。在新選舉制度面臨挑戰之時，我們有義務為新選舉制度的未來提供智識支撐。

（一）改變二元對立思維，允許「和而不同」

　　「一國兩制」本身的創立、發展就體現了最大的政治包容性與最大的政治勇氣。在「一國兩制」下香港的民主發展，包括選舉制度的改革，必然也體現最大的政治包容性。2021 年《「一國兩制」下香港的民主發展》白皮書提出，在愛國愛港旗幟下實現最廣泛的團結，不斷擴大團結面，增強包容性，建構最廣泛的「一國兩制」統一戰線。[13]在「愛國

---

12. 習近平：〈在慶祝香港回歸祖國 25 周年大會暨香港特別行政區第六屆政府就職典禮上的講話〉，載《中國人大網》，www.npc.gov.cn/npc/kgfb/202207/2ae4c66984744ffb8d106b87ab532a20.shtml。最後訪問日期：2022 年 10 月 10 日。

13. 國務院新聞辦公室：〈「一國兩制」下香港的民主發展〉，《人民日報》，2021 年 12 月 21 日，第 12 版。

者治港」原則下，並沒有所謂的「建制」與「非建制」，應改變傳統的二元對立思維，允許政治觀點的「合而不同」，不斷擴大團結面，增強包容性，建立最廣泛的「一國兩制」統一戰線。

在回顧「一國兩制」25 年的經驗時，我們必須面對一個現實問題，即如何使人心真正回歸。香港雖然回歸祖國 25 年，完成了法理上的回歸，但不等於完成人心回歸，這是一項長期、複雜而需要耐心做的系統工程。

我們需要認真思考人心回歸工作的思路與方式，確實做好人心回歸工作。從修例風波、國安法實施、新選制下三場選舉到步入「後疫情時代」，民心是浮動的，只有貼近民心，我們才能讓香港市民以共用「一國兩制」實踐的成果，從內心認同「一國兩制」所體現的價值、規範與制度，使這一史無前例的政治文明貢獻嵌入人們生活，使其成為看得見、摸得着的生活方式。

（二）以《基本法》凝聚新選制的最大共識

新選制下立法會要積極發揮法律賦予的功能，監督政府施政，不能把支持政府工作理解為不監督。到了立法會，無論是哪一個界別，都是中華人民共和國香港特別行政區的議員，既維護國家利益，也維護特別行政區的利益，履行好議員職責。

如香港特區立法會 6 月 15 日通過第六屆特區政府架構重組方案的決議案，確立以「三司十五局」的新架構運作，並增設三個副司長職位以強化統籌和推進政府政策。候任行政長官李家超對此表示歡迎，稱方案的通過展現了行政機關與立法機關的良性互動，立法會有權監察政府，最終該方案獲得 77 票贊成、1 票反對、1 票棄權。反對的主要理由是擔心政府機構疊床架屋，作為議員提出這一異議是有意義的，因為《香港基本法》第 73 條規定，香港特別行政區立法會有權對政府的工作提出質詢、有權就任何有關公共利益問題進行辯論。議員有責任提醒政府行為是否失當。

我們要尊重議員的不同意見，宣導不同觀點的爭辯，使新選制下的立法會始終保持多元適應，既尊重多數人通過的法案，但同時要營造健全的議會文化，允許不同聲音發聲，對提出反對意見人不要人為地貼上「非建制」標籤。

（三）發揮新選制的穩定預期作用

選舉是香港居民參與本地政治的最重要途徑。如何通過新選制的實踐，為關心「一國兩制」的人們，提供穩定的、合理的預期是非常重要的，如果缺乏制度合理預期，會導致社會共識的破壞，讓社會在不信任的氛圍中處於焦慮。

要保持新選制的穩定性、開放性與包容性，避免政治意志的碎片化。「新選舉制度要長期堅持」是從總原則、總方向講的，實踐中已充分體現「愛國者治港」原則的新選制要長期堅持。但不能解讀為「十年不能改」、「放棄了普選目標」等。「一國兩制」不是權宜之計，[14] 是《基本法》明確規定的方針，[15] 同時從香港實際出發，最終實現普選是《基本法》45 條、第 68 條明確規定的目標。因此，完善選舉制度是為實現《基本法》確立的目標，為保持香港長期繁榮穩定的法治基礎。對此，我們應充滿信心、期待與足夠的耐心。

堅持實施好《基本法》，慎言《基本法》修改。《基本法》雖規定有修改制度，但如啟動修改程序，我們要問：為什麼修改，修改哪些內容，修改利弊如何，用《基本法》解釋等其他方式能否解決規範與現實問題等。

---

14. 中共中央文獻研究室編，冷溶、汪作玲主編：《鄧小平年譜 1975–1997》（下），中央文獻出版社，2004 年，第 729 頁。

15. 《香港基本法》序言第二自然段。

五、結語

　　香港新選舉制度是落實「愛國者治港」，推動香港民主發展重回正軌，有利於維護香港繁榮和穩定的制度設計。新選制一年多來取得了有目共睹的成效，當然也存在挑戰與問題。為了香港更好的未來，我們要堅持法治原則，改變二元對立思維，以《基本法》凝聚社會共識。在香港進入由治及興新的階段的今天，我們要充分發揮新選舉制度在「愛國者治港」，維護香港繁榮和穩定的作用，從而確保「一國兩制」行穩致遠。

附錄：新選舉制度法律文件

附錄一

全國人民代表大會
關於完善香港特別行政區選舉制度的決定

❖❖❖❖❖❖❖❖❖❖❖❖❖❖❖❖

2021年3月11日第十三屆全國人民代表大會第四次會議通過

　　第十三屆全國人民代表大會第四次會議審議了全國人民代表大會常務委員會關於提請審議《全國人民代表大會關於完善香港特別行政區選舉制度的決定（草案）》的議案。會議認為，香港回歸祖國後，重新納入國家治理體系，《中華人民共和國憲法》和《中華人民共和國香港特別行政區基本法》共同構成香港特別行政區的憲制基礎。香港特別行政區實行的選舉制度，包括行政長官和立法會的產生辦法，是香港特別行政區政治體制的重要組成部分，應當符合「一國兩制」方針，符合香港特別行政區實際情況，確保愛國愛港者治港，有利於維護國家主權、安全、發展利益，保持香港長期繁榮穩定。為完善香港特別行政區選舉制度，發展適合香港特別行政區實際情況的民主制度，根據《中華人民共和國憲法》第31條和第62條第2項、第14項、第16項的規定，以及《中華人民共和國香港特別行政區基本法》、《中華人民共和國香港特別行政區維護國家安全法》的有關規定，全國人民代表大會作出如下決定：

　　一、完善香港特別行政區選舉制度，必須全面準確貫徹落實「一國兩制」、「港人治港」、高度自治的方針，維護《中華人民共和國憲法》和《中華人民共和國香港特別行政區基本法》確定的香港特別行政區憲制秩序，確保以愛國者為主體的「港人治港」，切實提高香港特別行政區治理效能，保障香港特別行政區永久性居民的選舉權和被選舉權。

二、香港特別行政區設立一個具有廣泛代表性、符合香港特別行政區實際情況、體現社會整體利益的選舉委員會。選舉委員會負責選舉行政長官候任人、立法會部分議員，以及提名行政長官候選人、立法會議員候選人等事宜。

選舉委員會由工商、金融界，專業界，基層、勞工和宗教等界，立法會議員、地區組織代表等界，香港特別行政區全國人大代表、香港特別行政區全國政協委員和有關全國性團體香港成員的代表界等五個界別共 1,500 名委員組成。

三、香港特別行政區行政長官由選舉委員會選出，由中央人民政府任命。

行政長官候選人須獲得選舉委員會不少於 188 名委員聯合提名，且上述五個界別中每個界別參與提名的委員不少於 15 名。選舉委員會以一人一票無記名投票選出行政長官候任人，行政長官候任人須獲得選舉委員會全體委員過半數支持。

四、香港特別行政區立法會議員每屆 90 人。通過選舉委員會選舉、功能團體選舉、分區直接選舉三種方式分別選舉產生。

五、設立香港特別行政區候選人資格審查委員會，負責審查並確認選舉委員會委員候選人、行政長官候選人和立法會議員候選人的資格。香港特別行政區應當健全和完善有關資格審查制度機制，確保候選人資格符合《中華人民共和國香港特別行政區基本法》、《中華人民共和國香港特別行政區維護國家安全法》、全國人民代表大會常務委員會關於《中華人民共和國香港特別行政區基本法》第 104 條的解釋和關於香港特別行政區立法會議員資格問題的決定以及香港特別行政區本地有關法律的規定。

六、授權全國人民代表大會常務委員會根據本決定修改《中華人民共和國香港特別行政區基本法》附件一《香港特別行政區行政長官的產生辦法》和附件二《香港特別行政區立法會的產生辦法和表決程序》。

七、香港特別行政區應當依照本決定和全國人民代表大會常務委員會修改後的《中華人民共和國香港特別行政區基本法》附件一《香港

特別行政區行政長官的產生辦法》和附件二《香港特別行政區立法會的產生辦法和表決程序》，修改香港特別行政區本地有關法律，依法組織、規管相關選舉活動。

八、香港特別行政區行政長官應當就香港特別行政區選舉制度安排和選舉組織等有關重要情況，及時向中央人民政府提交報告。

九、本決定自公布之日起施行。

附錄二

關於《全國人民代表大會關於完善香港特別行政區選舉制度的決定（草案）》的說明
—— 2021年3月5日在第十三屆全國人民代表大會第四次會議上

✧✧✧✧✧✧✧✧✧✧✧✧✧✧✧✧

全國人民代表大會常務委員會副委員長　　王晨

各位代表：

　　我受全國人大常委會的委託，作關於《全國人民代表大會關於完善香港特別行政區選舉制度的決定（草案）》的說明。

　　一、完善香港特別行政區選舉制度的必要性和重要性香港回歸祖國後重新納入國家治理體系，《中華人民共和國憲法》和《中華人民共和國香港特別行政區基本法》共同構成香港特別行政區的憲制基礎。香港特別行政區實行的選舉制度包括行政長官的產生辦法和立法會的產生辦法，是香港特別行政區政治體制的重要組成部分，應當符合「一國兩制」方針，符合香港特別行政區實際情況，確保「愛國者治港」，有利於維護國家主權、安全、發展利益，保持香港長期繁榮穩定。香港回歸以來，國家始終堅持全面準確貫徹落實「一國兩制」、「港人治港」、高度自治的方針，堅持依法治港，維護《憲法》和《香港基本法》確定的香港特別行政區憲制秩序，支持香港特別行政區民主發展，保障香港特別行政區居民依法行使民主權利。同時必須看到，近幾年來，特別是2019年香港發生「修例風波」以來，反中亂港勢力和本土激進分離勢力公然鼓吹「港獨」等主張，通過香港特別行政區選舉平台、立法

會和區議會議事平台或者利用有關公職人員身份，肆無忌憚進行反中亂港活動，極力癱瘓香港特別行政區立法會運作，阻撓香港特別行政區政府依法施政；策劃並實施所謂「預選」，妄圖通過選舉掌控香港立法會主導權，進而奪取香港管治權；一些外國和境外勢力通過立法、行政等方式和駐港領事機構、非政府組織等管道公然干預香港事務，對我國有關人員粗暴進行所謂「制裁」，明目張膽為香港反中亂港勢力撐腰打氣、提供保護傘。這些行為和活動，嚴重損害香港特別行政區的憲制秩序和法治秩序，嚴重挑戰《憲法》、《香港基本法》和《香港國安法》權威，嚴重危害國家主權、安全、發展利益，嚴重破壞香港社會大局穩定，必須予以堅決反對並採取有力措施防範和化解風險。香港社會出現的一些亂象表明，香港特別行政區現行的選舉制度機制存在明顯的漏洞和缺陷，為反中亂港勢力奪取香港特別行政區管治權提供了可乘之機。為此，必須採取必要措施完善香港特別行政區選舉制度，消除制度機制方面存在的隱患和風險，確保以愛國者為主體的「港人治港」，確保在香港特別行政區依法施政和有效治理，確保香港「一國兩制」實踐始終沿着正確方向前進。早在 1984 年 6 月，鄧小平同志就明確指出：「港人治港有個界線和標準，就是必須由以愛國者為主體的港人來治理香港。」「什麼叫愛國者？愛國者的標準是，尊重自己民族，誠心誠意擁護祖國恢復行使對香港的主權，不損害香港的繁榮和穩定。」香港自古以來就是中國的領土，香港特別行政區是中華人民共和國不可分離的部分，是中華人民共和國的一個享有高度自治權的地方行政區域、直轄於中央人民政府。「愛國者治港」是「一國兩制」方針的應有之義。《香港基本法》關於香港特別行政區行政長官以及行政機關、立法機關、司法機關組成人員的規定，貫穿着由以愛國者為主體的港人治港的原則，要求行政長官、主要官員、行政會議成員、立法會議員、各級法院法官和其他司法人員都必須擁護中華人民共和國香港特別行政區基本法，效忠中華人民共和國香港特別行政區。2019 年10 月，黨的十九屆四中全會《決定》提出，堅持和完善「一國兩制」制度體系，完善特別行政區同《憲法》和《基本法》實施相關的制度和機

制，堅持以愛國者為主體的「港人治港」。2021 年 1 月 27 日，習近平主席在聽取香港特別行政區行政長官 2020 年度述職報告時強調，香港由亂及治的重大轉折，再次昭示了一個深刻道理，那就是要確保「一國兩制」實踐行穩致遠，必須始終堅持「愛國者治港」；這是事關國家主權、安全、發展利益，事關香港長期繁榮穩定的根本原則；只有做到「愛國者治港」，中央對特別行政區的全面管治權才能得到有效落實，《憲法》和《基本法》確立的憲制秩序才能得到有效維護，各種深層次問題才能得到有效解決，香港才能實現長治久安，並為實現中華民族偉大復興作出應有的貢獻。香港特別行政區實行的選舉制度，包括行政長官的產生辦法和立法會的產生辦法，必須切實貫徹和全面體現以愛國者為主體的「港人治港」的政治原則和標準並為此提供相應的制度保障。

　　二、完善香港特別行政區選舉制度的總體要求、重要原則、基本思路和推進方式完善香港特別行政區選舉制度的總體要求是，堅持以習近平新時代中國特色社會主義思想為指導，全面貫徹黨的十九大和十九屆二中、三中、四中、五中全會精神，堅持和完善「一國兩制」制度體系，從制度機制上全面貫徹、體現和落實「愛國者治港」的原則，確保管治權牢牢掌握在愛國愛港力量手中，確保香港長治久安和長期繁榮穩定。貫徹上述總體要求，必須遵循和把握好以下重要原則。一是全面準確貫徹「一國兩制」、「港人治港」、高度自治的方針。堅持和完善「一國兩制」制度體系，堅持以愛國者為主體的「港人治港」，把堅持「一國」原則和尊重「兩制」差異、維護中央對特別行政區全面管治權和保障特別行政區高度自治權結合起來，為「愛國者治港」提供健全的制度保障。二是堅定維護國家主權、安全、發展利益。確保國家牢牢掌握完善香港特別行政區選舉制度主導權，全面落實香港國安法，維護香港特別行政區社會大局穩定，堅決防範、制止和懲治外國和境外勢力干預香港事務和利用香港進行分裂、顛覆、滲透、破壞活動。三是堅持依法治港。維護《憲法》和《香港基本法》確定的香港特別行政區憲制秩序，在憲法和《香港基本法》軌道上完善有關選舉制度和相關機制，嚴格依照《香港基本法》、香港國安法、全國人大及其常委會有關決定和香港本地

法律組織有關選舉活動，提高依法治理能力和水準。四是符合香港實際情況。發展符合香港實際情況、體現社會整體利益的民主選舉制度，依法保障香港同胞廣泛的、均衡的政治參與，依法保障香港永久性居民依法享有的選舉權和被選舉權，團結一切可以團結的力量，廣泛凝聚香港社會正能量。五是提高香港特別行政區治理效能。健全行政長官對中央人民政府負責的制度，維護行政主導的香港特別行政區治理架構和運行機制，支持行政長官和行政機關、立法機關、司法機關依法行使職權、履行職責，確保香港特別行政區政治體制和治理體制機制順暢、有效運行。完善香港特別行政區選舉制度的總體思路是：以對香港特別行政區選舉委員會重新構建和增加賦權為核心進行總體制度設計，調整和優化選舉委員會的規模、組成和產生辦法，繼續由選舉委員會選舉產生行政長官，並賦予選舉委員會選舉產生較大比例的立法會議員和直接參與提名全部立法會議員候選人的新職能，通過選舉委員會擴大香港社會均衡有序的政治參與和更加廣泛的代表性，對有關選舉要素作出適當調整，同時建立全流程資格審查機制，進而形成一套符合香港實際情況、有香港特色的新的民主選舉制度。香港特別行政區目前實行的選舉制度，是根據《香港基本法》有關規定、全國人大常委會有關解釋和決定以及香港本地有關法律規定確定的。《香港基本法》第 45 條、第 68 條等作出了原則性規定，《香港基本法》附件一和附件二以及有關修正案作出了具體明確的規定。中央和國家有關部門在綜合分析和全面評估的基礎上，認為有必要從國家層面修改完善香港特別行政區有關選舉制度，主要是修改香港特別行政區行政長官的產生辦法和立法會的產生辦法；同時，考慮到保持香港特別行政區相關制度的連續性和穩定性，本次完善香港特別行政區有關選舉制度，可以只修改《香港基本法》附件一和附件二，不涉及修改《香港基本法》正文。中央和國家有關部門經認真研究並與有關方面溝通後，提出採取「決定＋修法」的方式，分步予以推進和完成。第一步，全國人民代表大會根據憲法和《香港基本法》、香港國安法的有關規定，作出關於完善香港特別行政區選舉制度的決定，明確修改完善香港特別行政區選舉制度應當遵循的基本原則和修改完善的核心

要素內容，並授權全國人民代表大會常務委員會根據本決定修改《香港基本法》附件一和附件二。第二步，全國人大常委會根據憲法、《香港基本法》、香港國安法和全國人大有關決定，修訂《香港基本法》附件一《香港特別行政區行政長官的產生辦法》和附件二《香港特別行政區立法會的產生辦法和表決程序》，修訂後的附件一和附件二將對香港特別行政區實行的新的民主選舉制度作出具體明確的規定。在國家層面完成對附件一和附件二的修訂後，香港特別行政區將據此對本地有關法律作出相應修改。2021 年 2 月 27 日至 28 日，第十三屆全國人民代表大會常務委員會第二十六次會議聽取和審議了《國務院關於修改完善香港特別行政區選舉制度和有關建議的報告》。會議同意國務院這個報告提出的關於修改完善香港特別行政區選舉制度的建議。在此基礎上，根據憲法、《香港基本法》、香港國安法的有關規定和全國人大及其常委會的有關決定，結合香港特別行政區具體情況，全國人大常委會法制工作委員會擬訂了《全國人民代表大會關於完善香港特別行政區選舉制度的決定（草案）》，經全國人大常委會審議後決定提請十三屆全國人大四次會議審議。

　　三、關於決定草案的內容《全國人民代表大會關於完善香港特別行政區選舉制度的決定（草案）》分為導語和正文兩部分。導語部分扼要說明作出這一決定的目的和法律依據。全國人民代表大會擬作出的相關決定，是根據《中華人民共和國憲法》第 31 條和第 62 條第 2 項、第 14 項、第 16 項的規定，以及《中華人民共和國香港特別行政區基本法》、《中華人民共和國香港特別行政區維護國家安全法》的有關規定，充分考慮了完善香港特別行政區有關選舉制度的現實需要和香港特別行政區的具體情況，就完善香港特別行政區選舉制度，推動適合香港實際的民主政治制度發展，作出新的憲制性制度安排。這一制度安排，符合憲法規定和憲法原則，符合《香港基本法》，具有堅實的政治基礎和法治基礎，將確保實現以愛國者為主體的「港人治港」，有力保障香港「一國兩制」實踐行穩致遠。決定草案正文部分規定了修改完善香港特別行政區選舉制度應當遵循的基本原則和修改完善的核心要

素內容，同時授權全國人民代表大會常務委員會根據本決定修改《香港基本法》附件一和附件二。中央和國家有關部門在研究修改完善香港特別行政區選舉制度的過程中，統籌考慮了作出本決定和下一步修訂《香港基本法》附件一和附件二的有關問題，並已作出相應的工作安排。全國人大作出本決定後，全國人大常委會將根據本決定會同有關方面及早啟動相關修法程序，修訂《香港基本法》附件一和附件二。修訂後的《香港基本法》附件一和附件二經依法公布施行後，原附件一和附件二以及有關修正案同時廢止。《全國人民代表大會關於完善香港特別行政區選舉制度的決定（草案）》和以上說明，請審議。

附錄三

中華人民共和國香港特別行政區基本法附件一
—— 香港特別行政區行政長官的產生辦法

❀❀❀❀❀❀❀❀❀❀❀❀❀❀

1990 年 4 月 4 日第七屆全國人民代表大會第三次會議通過，
2010 年 8 月 28 日第十一屆全國人民代表大會常務委員會
第十六次會議批准修正，
2021 年 3 月 30 日第十三屆全國人民代表大會常務委員會
第二十七次會議修訂

一、行政長官由一個具有廣泛代表性、符合香港特別行政區實際情況、體現社會整體利益的選舉委員會根據本法選出，由中央人民政府任命。

二、選舉委員會委員共 1,500 人，由下列各界人士組成：

第一界別：工商、金融界	300 人
第二界別：專業界	300 人
第三界別：基層、勞工和宗教等界	300 人
第四界別：立法會議員、地區組織 　　　　　代表等界	300 人
第五界別：香港特別行政區全國 　　　　　人大代表、香港特別行政區 　　　　　全國政協委員和有關全國性團體 　　　　　香港成員的代表界	300 人

選舉委員會委員必須由香港特別行政區永久性居民擔任。

選舉委員會每屆任期五年。

三、選舉委員會各個界別的劃分及名額如下：

第一界別設十八個界別分組：工業界（第一）（17 席）、工業界（第二）（17 席）、紡織及制衣界（17 席）、商界（第一）（17 席）、商界（第二）（17 席）、商界（第三）（17 席）、金融界（17 席）、金融服務界（17 席）、保險界（17 席）、地產及建造界（17 席）、航運交通界（17 席）、進出口界（17 席）、旅遊界（17 席）、酒店界（16 席）、飲食界（16 席）、批發及零售界（17 席）、香港雇主聯合會（15 席）、中小企業界（15 席）。

第二界別設十個界別分組：科技創新界（30 席）、工程界（30 席）、建築測量都市規劃及園境界（30 席）、會計界（30 席）、法律界（30 席）、教育界（30 席）、體育演藝文化及出版界（30 席）、醫學及衛生服務界（30 席）、中醫界（30 席）、社會福利界（30 席）。

第三界別設五個界別分組：漁農界（60 席）、勞工界（60 席）、基層社團（60 席）、同鄉社團（60 席）、宗教界（60 席）。

第四界別設五個界別分組：立法會議員（90 席）、鄉議局（27 席）、港九分區委員會及地區撲滅罪行委員會、地區防火委員會委員的代表（76 席）、「新界」分區委員會及地區撲滅罪行委員會、地區防火委員會委員的代表（80 席）、內地港人團體的代表（27 席）。

第五界別設兩個界別分組：香港特別行政區全國人大代表和香港特別行政區全國政協委員（190 席）、有關全國性團體香港成員的代表（110 席）。

四、選舉委員會以下列方式產生：

（一）香港特別行政區全國人大代表、香港特別行政區全國政協委員、全國人民代表大會常務委員會香港特別行政區基本法委員會香港委員、立法會議員、大學校長或者學校董事會或者校務委員會主席，以及工程界（15 席）、建築測量都市規劃及園境界（15 席）、教育界（5 席）、醫學及衛生服務界（15 席）、社會福利界（15 席）等界別分組的法定機構、諮詢組織及相關團體負責人，是相應界別分組的選舉委員會委員。

除第五界別外，香港特別行政區全國人大代表和香港特別行政區全國政協委員也可以在其有密切聯繫的選舉委員會其他界別分組登記為委員。如果香港特別行政區全國人大代表或者香港特別行政區全國政協委員登記為選舉委員會其他界別分組的委員，則其計入相應界別分組的名額，該界別分組按照本款第三項規定產生的選舉委員會委員的名額相應減少。香港特別行政區全國人大代表和香港特別行政區全國政協委員登記為選舉委員會有關界別分組的委員後，在該屆選舉委員會任期內，根據上述規定確定的選舉委員會各界別分組按照本款第一、二、三項規定產生的委員的名額維持不變。

（二）宗教界界別分組的選舉委員會委員由提名產生；科技創新界界別分組的部分委員（15 席）在中國科學院、中國工程院香港院士中提名產生；會計界界別分組的部分委員（15 席）在國家財政部聘任的香港會計諮詢專家中提名產生；法律界界別分組的部分委員（9 席）在中國法學會香港理事中提名產生；體育演藝文化及出版界界別分組的部分委員（15 席）由中國香港體育協會暨奧林匹克委員會、中國文學藝術界聯合會香港會員總會和香港出版總會分別提名產生；中醫界界別分組的部分委員（15 席）在世界中醫藥學會聯合會香港理事中提名產生；內地港人團體的代表界別分組的委員（27 席）由各內地港人團體提名產生。

（三）除本款第一、二項規定的選舉委員會委員外，其他委員由相應界別分組的合資格團體選民選出。各界別分組的合資格團體選民由法律規定的具有代表性的機構、組織、團體或企業構成。除香港特別行政區選舉法列明者外，有關團體和企業須獲得其所在界別分組相應資格後持續運作三年以上方可成為該界別分組選民。第四界別的鄉議局、港九分區委員會及地區撲滅罪行委員會、地區防火委員會委員的代表、「新界」分區委員會及地區撲滅罪行委員會、地區防火委員會委員的代表和第五界別的有關全國性團體香港成員的代表等界別分組的選舉委員會委員，可由個人選民選出。選舉委員會委員候選人須獲得其所在界別分組 5 個選民的提名。每個選民可提名不超過其所在界別分

組選舉委員會委員名額的候選人。選舉委員會各界別分組選民根據提名的名單，以無記名投票選舉產生該界別分組的選舉委員會委員。

上款規定涉及的選舉委員會委員的具體產生辦法，包括有關界別分組的法定機構、諮詢組織、相關團體和合資格團體選民的界定、候選人提名辦法、投票辦法等，由香港特別行政區以選舉法規定。

五、選舉委員會設召集人制度，負責必要時召集選舉委員會會議，辦理有關事宜。總召集人由擔任國家領導職務的選舉委員會委員擔任，總召集人在選舉委員會每個界別各指定若干名召集人。

六、行政長官候選人須獲得不少於 188 名選舉委員會委員的提名，且上述五個界別中每個界別參與提名的委員須不少於 15 名。每名選舉委員會委員只可提出一名候選人。

七、選舉委員會根據提名的名單，經一人一票無記名投票選出行政長官候任人，行政長官候任人須獲得超過 750 票。具體選舉辦法由香港特別行政區以選舉法規定。

八、香港特別行政區候選人資格審查委員會負責審查並確認選舉委員會委員候選人和行政長官候選人的資格。香港特別行政區維護國家安全委員會根據香港特別行政區政府警務處維護國家安全部門的審查情況，就選舉委員會委員候選人和行政長官候選人是否符合擁護中華人民共和國香港特別行政區基本法、效忠中華人民共和國香港特別行政區的法定要求和條件作出判斷，並就不符合上述法定要求和條件者向香港特別行政區候選人資格審查委員會出具審查意見書。

對香港特別行政區候選人資格審查委員會根據香港特別行政區維護國家安全委員會的審查意見書作出的選舉委員會委員候選人和行政長官候選人資格確認的決定，不得提起訴訟。

九、香港特別行政區應當採取措施，依法規管操縱、破壞選舉的行為。

十、全國人民代表大會常務委員會依法行使本辦法的修改權。全國人民代表大會常務委員會作出修改前，以適當形式聽取香港社會各界意見。

十一、依據本辦法產生的選舉委員會任期開始時，依據原辦法產生的選舉委員會任期即告終止。

十二、本辦法自 2021 年 3 月 31 日起施行。原附件一及有關修正案不再施行。

附錄四

關於《中華人民共和國香港特別行政區基本法附件一香港特別行政區行政長官的產生辦法（修訂草案）》的說明
—— 2021年3月29日在第十三屆全國人民代表大會常務委員會第二十七次會議上

❋❋❋❋❋❋❋❋❋❋❋❋❋❋❋

全國人大常委會法制工作委員會主任　沈春耀

委員長、各位副委員長、秘書長、各位委員：

我受委員長會議委託，作關於《中華人民共和國香港特別行政區基本法附件一香港特別行政區行政長官的產生辦法（修訂草案）》（以下簡稱「行政長官產生辦法」）的說明。

一、修訂行政長官產生辦法是貫徹落實十三屆全國人大四次會議精神、全面完成「決定＋修法」決策部署的關鍵步驟和重要任務

2021年3月11日，十三屆全國人大四次會議通過了《全國人民代表大會關於完善香港特別行政區選舉制度的決定》（以下簡稱《決定》），自公布之日起施行。這是最高國家權力機關貫徹黨的十九屆四中全會精神，根據憲法和香港基本法的規定，堅持和完善「一國兩制」制度體系，全面準確貫徹落實「一國兩制」方針，確保「愛國者治港」，維護國家主權、安全、發展利益，保持香港長期繁榮穩定，從國家層面完善香港特別行政區選舉制度的重要舉措。《決定》的公布和施行，標誌着貫徹落實「決定＋修法」決策部署已順利完成了第一步、進入到第二步階段。

十三屆全國人大四次會議通過的《決定》，是最高國家權力機關根據新的形勢和需要就完善香港特別行政區選舉制度作出的新的憲制性制度安排，為下一步修訂行政長官產生辦法提供了憲制依據。以《決定》為依據修訂行政長官產生辦法，是完成這一重要制度安排的關鍵環節和重要組成部分。《決定》第六條規定：「授權全國人民代表大會常務委員會根據本決定修改《中華人民共和國香港特別行政區基本法》附件一《香港特別行政區行政長官的產生辦法》和附件二《香港特別行政區立法會的產生辦法和表決程序》。」在 2021 年全國「兩會」期間，許多全國人大代表、全國政協委員和有關方面都提出，全國人大常委會應根據全國人大的有關決定儘快修訂行政長官產生辦法，完善香港特別行政區選舉制度，並確保新的行政長官產生辦法在香港特別行政區有效實施。十三屆全國人大四次會議批准的《全國人民代表大會常務委員會工作報告》對大會作出有關決定後修改完善相關法律提出了明確要求。貫徹落實十三屆全國人大四次會議精神，儘快完成行政長官產生辦法的修訂，是全國人大常委會當前立法工作中一項十分重要而緊迫的任務。

在黨中央集中統一領導下，中央港澳工作領導小組組織中央和國家有關部門認真研究，按照「決定＋修法」決策部署精神，對新形勢下完善香港特別行政區選舉制度作出整體設計，在研究準備全國人大決定草案工作的同時就着手研究起草行政長官產生辦法修訂草案，統籌安排、分步推進、有序展開。關於全國人大決定草案的說明闡述了新形勢下從國家層面完善香港特別行政區選舉制度的總體要求，提出了必須遵循和把握好的五條基本原則，即：全面準確貫徹「一國兩制」、「港人治港」、高度自治的方針，堅定維護國家主權、安全、發展利益，堅持依法治港，符合香港特別行政區實際情況，提高香港特別行政區治理效能。這些要求和原則對研究起草行政長官產生辦法修訂草案都是適用的。全國人大《決定》明確了修改完善香港特別行政區選舉

制度應當遵循的基本原則和修改完善的核心要素內容，將要修訂的行政長官產生辦法，是《決定》內容的全面展開和具體落實。

2020 年 10 月下旬，中央港澳工作領導小組成立了由領導小組辦公室、國務院港澳辦、香港中聯辦、香港基本法委有關負責同志以及內地和香港有關專家學者共同組成的工作專班。近一段時間以來，工作專班集中力量研究起草行政長官產生辦法修訂草案。同時與香港特別行政區政府充分溝通協商，以適當方式聽取香港社會各界人士意見，他們對修改方案提出的主要意見已被采納。在此基礎上，起草了行政長官產生辦法修訂草案初稿。有關方面多次專題研究修訂草案，反覆修改完善，統籌協調和推動完善香港特別行政區選舉制度相關工作。

2021 年 1 月 27 日，習近平主席在聽取香港特別行政區行政長官 2020 年度述職報告時強調，香港由亂及治的重大轉折，再次昭示了一個深刻道理，那就是要確保「一國兩制」實踐行穩致遠，必須始終堅持「愛國者治港」。2 月 28 日至 3 月 1 日，中央和國家有關部門在深圳連續召開 4 場座談會，就完善「愛國者治港」有關制度廣泛聽取香港社會各界代表人士意見。2021 年全國「兩會」期間，中央和國家有關部門專門聽取了港區全國人大代表、全國政協委員對從國家層面完善香港特別行政區選舉制度和做好相關工作的意見建議。2021 年 3 月 13 日，全國人大常委會香港基本法委員會在深圳召開全體會議，專門研究討論了修訂香港基本法附件一和附件二的有關問題，並向全國人大常委會提供了有關意見。3 月 15 日至 17 日，全國人大常委會法工委、國務院港澳辦、香港中聯辦聯合在香港特別行政區開展系列座談、訪談等活動，廣泛聽取香港特別行政區政府和社會各界代表人士的意見和建議。上述聽取意見和建議的情況均已向全國人大常委會報告，有關意見和建議也已匯總向全國人大常委會提交。

3 月 22 日，委員長會議聽取了全國人大常委會法工委、香港基本法委關於提請審議香港基本法附件一和附件二兩個修訂草案和有關工作建議的彙報，認為修訂草案符合憲法規定和憲法原則，符合「一國兩制」方針和香港基本法，符合全國人大《決定》精神，是成熟可行的，

決定將《中華人民共和國香港特別行政區基本法附件一香港特別行政區行政長官的產生辦法（修訂草案）》提請全國人大常委會審議。

二、修訂行政長官產生辦法遵循的指導思想和工作原則

研究起草行政長官產生辦法修訂草案，堅持以習近平新時代中國特色社會主義思想為指導，深入貫徹落實黨的十九屆四中全會精神和十三屆全國人大四次會議精神，根據憲法、香港基本法和全國人大《決定》的規定，全面、準確、有效行使全國人民代表大會授予全國人民代表大會常務委員會的有關立法職權。為此，必須堅持和完善「一國兩制」制度體系，落實「愛國者治港」這一根本原則，確保中央對香港特別行政區的全面管治權，充分考慮完善香港特別行政區選舉制度的現實需要和香港特別行政區的具體情況，全面系統地修改完善行政長官產生辦法，為「愛國者治港」提供堅實穩固、安全可靠的法治保障，切實維護國家主權、安全、發展利益，切實維護憲法和香港基本法確立的香港特別行政區憲制秩序，有效保持香港長治久安和長期繁榮穩定。

研究起草行政長官產生辦法修訂草案過程中，注意把握和體現以下工作原則：一是切實貫徹落實全國人大《決定》精神，在《決定》內容基礎上進一步細化、實化；二是堅持中央主導，同時落實香港特別行政區主體責任；三是堅持問題導向，針對香港現行行政長官和立法會產生辦法存在的漏洞和缺陷，加以修改完善；四是維護行政主導的治理架構和運行機制，確保香港特別行政區實行的行政主導政治體制有效運行；五是增強可操作性，按照「應寫盡寫「的精神，儘量具體、明確地規定有關制度安排。

三、修訂草案的主要內容

行政長官產生辦法修訂草案共 12 條，保留原附件一的名稱不變，體例基本不變。修訂草案主要包括以下幾個方面的內容：

（一）明確規定選舉委員會的規模、組成、任期和委員身份資格。選舉委員會委員共 1,500 人，由下列各界人士組成：第一界別：工商、金融界（300 人）；第二界別：專業界（300 人）；第三界別：基層、勞工和宗教等界（300 人）；第四界別：立法會議員、地區組織代表等界（300

人）；第五界別：香港特別行政區全國人大代表、香港特別行政區全國政協委員和有關全國性團體香港成員的代表界（300 人）。選舉委員會每屆任期五年。依據本辦法產生的選舉委員會任期開始時，依據原辦法產生的選舉委員會任期即告終止。選舉委員會委員必須由香港特別行政區永久性居民擔任。

（二）明確選舉委員會五大界別內界別分組劃分和名額分配。選舉委員會五大界別內界別分組劃分和名額分配如下：第一界別設 18 個界別分組：工業界（第一）（17 席）、工業界（第二）（17 席）、紡織及制衣界（17 席）、商界（第一）（17 席）、商界（第二）（17 席）、商界（第三）（17 席）、金融界（17 席）、金融服務界（17 席）、保險界（17 席）、地產及建造界（17 席）、航運交通界（17 席）、進出口界（17 席）、旅遊界（17 席）、酒店界（16 席）、飲食界（16 席）、批發及零售界（17 席）、香港雇主聯合會（15 席）、中小企業界（15 席）。第二界別設 10 個界別分組：科技創新界（30 席）、工程界（30 席）、建築測量都市規劃及園境界（30 席）、會計界（30 席）、法律界（30 席）、教育界（30 席）、體育演藝文化及出版界（30 席）、醫學及衛生服務界（30 席）、中醫界（30 席）、社會福利界（30 席）。第三界別設 5 個界別分組：漁農界（60 席）、勞工界（60 席）、基層社團（60 席）、同鄉社團（60 席）、宗教界（60 席）。第四界別設 5 個界別分組：立法會議員（90 席）、鄉議局（27 席）、港九分區委員會及地區撲滅罪行委員會、地區防火委員會委員的代表（76 席）、「新界「分區委員會及地區撲滅罪行委員會、地區防火委員會委員的代表（80 席）、內地港人團體的代表（27 席）。第五界別設 2 個界別分組：香港特別行政區全國人大代表和香港特別行政區全國政協委員（190 席）、有關全國性團體香港成員的代表（110 席）。

（三）明確規定選舉委員會委員的產生方式。選舉委員會以下列方式產生：

1.　香港特別行政區全國人大代表、香港特別行政區全國政協委員、全國人民代表大會常務委員會香港特別行政區基本法委員會香港委員、立法會議員、大學校長或者學校董事

會或者校務委員會主席，以及工程界（15 席）、建築測量都市規劃及園境界（15 席）、教育界（5 席）、醫學及衛生服務界（15 席）、社會福利界（15 席）等界別分組的法定機構、諮詢組織及相關團體負責人，是相應界別分組的選舉委員會委員。除第五界別外，香港特別行政區全國人大代表和香港特別行政區全國政協委員也可以在其有密切聯繫的選舉委員會其他界別分組登記為委員。如果香港特別行政區全國人大代表或者香港特別行政區全國政協委員登記為選舉委員會其他界別分組的委員，則其計入相應界別分組的名額，該界別分組按照第四條第一款第三項規定產生的選舉委員會委員的名額相應減少。香港特別行政區全國人大代表和香港特別行政區全國政協委員登記為選舉委員會有關界別分組的委員後，在該屆選舉委員會任期內，根據上述規定確定的選舉委員會各界別分組按照第四條第一款第一、二、三項規定產生的委員的名額維持不變。

2. 宗教界界別分組的選舉委員會委員由提名產生；科技創新界界別分組的部分委員（15 席）在中國科學院、中國工程院香港院士中提名產生；會計界界別分組的部分委員（15 席）在國家財政部聘任的香港會計諮詢專家中提名產生；法律界界別分組的部分委員（9 席）在中國法學會香港理事中提名產生；體育演藝文化及出版界界別分組的部分委員（15 席）由中國香港體育協會暨奧林匹克委員會、中國文學藝術界聯合會香港會員總會和香港出版總會分別提名產生；中醫界界別分組的部分委員（15 席）在世界中醫藥學會聯合會香港理事中提名產生；內地港人團體的代表界別分組的委員（27 席）由各內地港人團體提名產生。

3. 除第四條第一款第一、二項規定的選舉委員會委員外，其他委員由相應界別分組的合資格團體選民選出。各界別分

組的合資格團體選民由法律規定的具有代表性的機構、組織、團體或企業構成。除香港特別行政區選舉法列明者外，有關團體和企業須獲得其所在界別分組相應資格後持續運作三年以上方可成為該界別分組選民。第四界別的鄉議局、港九分區委員會及地區撲滅罪行委員會、地區防火委員會委員的代表、「新界」分區委員會及地區撲滅罪行委員會、地區防火委員會委員的代表和第五界別的有關全國性團體香港成員的代表等界別分組的選舉委員會委員，可由個人選民選出。選舉委員會委員候選人須獲得其所在界別分組 5 個選民的提名。每個選民可提名不超過其所在界別分組選舉委員會委員名額的候選人。選舉委員會各界別分組選民根據提名的名單，以無記名投票選舉產生該界別分組的選舉委員會委員。

4. 選舉委員會委員的具體產生辦法，包括有關界別分組的法定機構、諮詢組織、相關團體和合資格團體選民的界定、候選人提名辦法、投票辦法等，由香港特別行政區以選舉法規定。

（四）明確規定行政長官的產生方式。行政長官由一個具有廣泛代表性、符合香港特別行政區實際情況、體現社會整體利益的選舉委員會根據本法選出，由中央人民政府任命。行政長官候選人須獲得不少於 188 名選舉委員會委員的提名，且上述五個界別中每個界別參與提名的委員須不少於 15 名。每名選舉委員會委員只可提出 1 名候選人。選舉委員會根據提名的名單，經一人一票無記名投票選出行政長官候任人，行政長官候任人須獲得超過 750 票。具體選舉辦法由香港特別行政區以選舉法規定。

（五）明確規定選舉委員會設召集人制度。負責必要時召集選舉委員會會議，辦理有關事宜。總召集人由擔任國家領導職務的選舉委員會委員擔任，總召集人在選舉委員會每個界別各指定若干名召集人。

（六）健全完善候選人資格審查制度機制。香港特別行政區候選人資格審查委員會負責審查並確認選舉委員會委員候選人和行政長官候選人的資格。香港特別行政區維護國家安全委員會根據香港特別行政區政府警務處維護國家安全部門的審查情況，就選舉委員會委員候選人和行政長官候選人是否符合擁護中華人民共和國香港特別行政區基本法、效忠中華人民共和國香港特別行政區的法定要求和條件作出判斷，並就不符合上述法定要求和條件者向香港特別行政區候選人資格審查委員會出具審查意見書。對香港特別行政區候選人資格審查委員會根據香港特別行政區維護國家安全委員會的審查意見書作出的選舉委員會委員候選人和行政長官候選人資格確認的決定，不得提起訴訟。

修訂草案還明確規定，全國人民代表大會常務委員會依法行使本辦法的修改權。全國人民代表大會常務委員會作出修改前，以適當形式聽取香港社會各界意見。

需要說明的是，修訂後的香港基本法附件一經依法公布施行後，原附件一以及有關修正案同時被取代。

《中華人民共和國香港特別行政區基本法附件一香港特別行政區行政長官的產生辦法（修訂草案）》和以上說明，請審議。

附錄五

中華人民共和國香港特別行政區基本法附件二
—— 香港特別行政區立法會的產生辦法和表決程序

❦❦❦❦❦❦❦❦❦❦❦❦❦❦❦

1990 年 4 月 4 日第七屆全國人民代表大會第三次會議通過
2010 年 8 月 28 日第十一屆全國人民代表大會常務委員會
第十六次會議備案修正
2021 年 3 月 30 日第十三屆全國人民代表大會常務委員會
第二十七次會議修訂

一、香港特別行政區立法會議員每屆 90 人，組成如下：

　　選舉委員會選舉的議員　　40 人

　　功能團體選舉的議員　　　30 人

　　分區直接選舉的議員　　　20 人

　　上述選舉委員會即本法附件一規定的選舉委員會。

　　二、選舉委員會選舉的議員候選人須獲得不少於 10 名、不多於 20 名選舉委員會委員的提名，且每個界別參與提名的委員不少於 2 名、不多於 4 名。任何合資格選民均可被提名為候選人。每名選舉委員會委員只可提出一名候選人。

　　選舉委員會根據提名的名單進行無記名投票，每一選票所選的人數等於應選議員名額的有效，得票多的 40 名候選人當選。

　　三、功能團體選舉設以下二十八個界別：漁農界、鄉議局、工業界（第一）、工業界（第二）、紡織及制衣界、商界（第一）、商界（第

二）、商界（第三）、金融界、金融服務界、保險界、地產及建造界、航運交通界、進出口界、旅遊界、飲食界、批發及零售界、科技創新界、工程界、建築測量都市規劃及園境界、會計界、法律界、教育界、體育演藝文化及出版界、醫療衛生界、社會福利界、勞工界、香港特別行政區全國人大代表香港特別行政區全國政協委員及有關全國性團體代表界。其中，勞工界選舉產生三名議員，其他界別各選舉產生一名議員。

鄉議局、工程界、建築測量都市規劃及園境界、會計界、法律界、教育界、醫療衛生界、社會福利界、香港特別行政區全國人大代表香港特別行政區全國政協委員及有關全國性團體代表界等界別的議員，由個人選民選出。其他界別的議員由合資格團體選民選舉產生，各界別的合資格團體選民由法律規定的具有代表性的機構、組織、團體或企業構成。除香港特別行政區選舉法列明者外，有關團體和企業須獲得其所在界別相應資格後持續運作三年以上方可成為該界別選民。

候選人須獲得所在界別不少於 10 個、不多於 20 個選民和選舉委員會每個界別不少於 2 名、不多於 4 名委員的提名。每名選舉委員會委員在功能團體選舉中只可提出一名候選人。

各界別選民根據提名的名單，以無記名投票選舉產生該界別立法會議員。

各界別有關法定團體的劃分、合資格團體選民的界定、選舉辦法由香港特別行政區以選舉法規定。

四、分區直接選舉設立十個選區，每個選區選舉產生兩名議員。

候選人須獲得所在選區不少於 100 個、不多於 200 個選民和選舉委員會每個界別不少於 2 名、不多於 4 名委員的提名。每名選舉委員會委員在分區直接選舉中只可提出一名候選人。

選民根據提名的名單以無記名投票選擇一名候選人，得票多的兩名候選人當選。

選區劃分、投票辦法由香港特別行政區以選舉法規定。

五、香港特別行政區候選人資格審查委員會負責審查並確認立法會議員候選人的資格。香港特別行政區維護國家安全委員會根據香港特別行政區政府警務處維護國家安全部門的審查情況，就立法會議員候選人是否符合擁護中華人民共和國香港特別行政區基本法、效忠中華人民共和國香港特別行政區的法定要求和條件作出判斷，並就不符合上述法定要求和條件者向香港特別行政區候選人資格審查委員會出具審查意見書。

對香港特別行政區候選人資格審查委員會根據香港特別行政區維護國家安全委員會的審查意見書作出的立法會議員候選人資格確認的決定，不得提起訴訟。

六、香港特別行政區應當採取措施，依法規管操縱、破壞選舉的行為。

七、除本法另有規定外，香港特別行政區立法會對法案和議案的表決採取下列程序：

政府提出的法案，如獲得出席會議的全體議員的過半數票，即為通過。

立法會議員個人提出的議案、法案和對政府法案的修正案均須分別經選舉委員會選舉產生的議員和功能團體選舉、分區直接選舉產生的議員兩部分出席會議議員各過半數通過。

八、全國人民代表大會常務委員會依法行使本辦法和法案、議案的表決程序的修改權。全國人民代表大會常務委員會作出修改前，以適當形式聽取香港社會各界意見。

九、本辦法和法案、議案的表決程序自 2021 年 3 月 31 日起施行。原附件二及有關修正案不再施行。

附錄六

關於《中華人民共和國香港特別行政區基本法附件二香港特別行政區立法會的產生辦法和表決程序（修訂草案）》的說明
—— 2021年3月29日在第十三屆全國人民代表大會常務委員會第二十七次會議上

❀❀❀❀❀❀❀❀❀❀❀❀❀

全國人大常委會法制工作委員會主任　　沈春耀

委員長、各位副委員長、秘書長、各位委員：

　　我受委員長會議委托，作關於《中華人民共和國香港特別行政區基本法附件二香港特別行政區立法會的產生辦法和表決程序（修訂草案）》（以下簡稱「立法會產生辦法」）的說明。

　　一、修訂立法會產生辦法是貫徹落實十三屆全國人大四次會議精神、全面完成「決定＋修法」決策部署的關鍵步驟和重要任務

　　2021 年 3 月 11 日，十三屆全國人大四次會議通過了《全國人民代表大會關於完善香港特別行政區選舉制度的決定》（以下簡稱《決定》），自公布之日起施行。這是最高國家權力機關貫徹黨的十九屆四中全會精神，根據憲法和香港基本法的規定，堅持和完善「一國兩制」制度體系，全面準確貫徹落實「一國兩制」方針，確保「愛國者治港」，維護國家主權、安全、發展利益，保持香港長期繁榮穩定，從國家層面完善香港特別行政區選舉制度的重要舉措。《決定》的公布和施行，標誌着貫徹落實「決定＋修法」決策部署已順利完成了第一步、進入到第二步階段。

十三屆全國人大四次會議通過的《決定》，是最高國家權力機關根據新的形勢和需要就完善香港特別行政區選舉制度作出的新的憲制性制度安排，為下一步修訂立法會產生辦法提供了憲制依據。以《決定》為依據修訂立法會產生辦法，是完成這一重要制度安排的關鍵環節和重要組成部分。《決定》第六條規定：「授權全國人民代表大會常務委員會根據本決定修改《中華人民共和國香港特別行政區基本法》附件一《香港特別行政區行政長官的產生辦法》和附件二《香港特別行政區立法會的產生辦法和表決程序》。」在 2021 年全國「兩會」期間，許多全國人大代表、全國政協委員和有關方面都提出，全國人大常委會應根據全國人大的有關決定儘快修訂立法會產生辦法，完善香港特別行政區選舉制度，並確保新的立法會產生辦法在香港特別行政區有效實施。十三屆全國人大四次會議批准的《全國人民代表大會常務委員會工作報告》對大會作出有關決定後修改完善相關法律提出了明確要求。貫徹落實十三屆全國人大四次會議精神，儘快完成立法會產生辦法的修訂，是全國人大常委會立法工作中一項十分重要而緊迫的任務。

在黨中央集中統一領導下，中央港澳工作領導小組組織中央和國家有關部門認真研究，按照「決定＋修法」決策部署精神，對新形勢下完善香港特別行政區選舉制度作出整體設計，在研究準備全國人大決定草案工作的同時就着手研究起草立法會產生辦法修訂草案，統籌安排、分步推進、有序展開。關於全國人大決定草案的說明闡述了新形勢下從國家層面完善香港特別行政區選舉制度的總體要求，提出了必須遵循和把握好的五條基本原則，即：全面準確貫徹「一國兩制」、「港人治港」、高度自治的方針，堅定維護國家主權、安全、發展利益，堅持依法治港，符合香港特別行政區實際情況，提高香港特別行政區治理效能。這些要求和原則對研究起草立法會產生辦法修訂草案都是適用的。全國人大《決定》明確了修改完善香港特別行政區選舉制度應當遵循的基本原則和修改完善的核心要素內容，將要修訂的立法會產生辦法，是《決定》內容的全面展開和具體落實。

　　2020 年 10 月下旬，中央港澳工作領導小組成立了由領導小組辦公室、國務院港澳辦、香港中聯辦、香港基本法委有關負責同志以及內地和香港有關專家學者共同組成的工作專班。近一段時間以來，工作專班集中力量研究起草立法會產生辦法修訂草案。同時與香港特別行政區政府充分溝通協商，以適當方式聽取香港社會各界人士意見，他們對修改方案提出的主要意見已被採納。在此基礎上，起草了立法會產生辦法修訂草案初稿。有關方面多次專題研究修訂草案，反覆修改完善，統籌協調和推動完善香港特別行政區選舉制度相關工作。

　　2021 年 1 月 27 日，習近平主席在聽取香港特別行政區行政長官 2020 年度述職報告時強調，香港由亂及治的重大轉折，再次昭示了一個深刻道理，那就是要確保「一國兩制」實踐行穩致遠，必須始終堅持「愛國者治港」。2 月 28 日至 3 月 1 日，中央和國家有關部門在深圳連續召開 4 場座談會，就完善「愛國者治港」有關制度廣泛聽取香港社會各界代表人士意見。2021 年全國「兩會」期間，中央和國家有關部門專門聽取了港區全國人大代表、全國政協委員對從國家層面完善香港特別行政區選舉制度和做好相關工作的意見建議。2021 年 3 月 13 日，全國人大常委會香港基本法委員會在深圳召開全體會議，專門研究討論了修訂香港基本法附件一和附件二的有關問題，並向全國人大常委會提供了有關意見。3 月 15 日至 17 日，全國人大常委會法工委、國務院港澳辦、香港中聯辦聯合在香港特別行政區開展系列座談、訪談等活動，廣泛聽取香港特別行政區政府和社會各界代表人士的意見和建議。上述聽取意見和建議的情況均已向全國人大常委會報告，有關意見和建議也已匯總向全國人大常委會提交。

　　3 月 22 日，委員長會議聽取了全國人大常委會法工委、香港基本法委關於提請審議香港基本法附件一和附件二兩個修訂草案和有關工作建議的彙報，認為兩個修訂草案符合憲法規定和憲法原則，符合「一國兩制」方針和香港基本法，符合全國人大《決定》精神，是成熟可行的，決定將《中華人民共和國香港特別行政區基本法附件二香港特別行

政區立法會的產生辦法和表決程序（修訂草案）》提請全國人大常委會審議。

二、修訂立法會產生辦法遵循的指導思想和工作原則

研究起草立法會產生辦法修訂草案，堅持以習近平新時代中國特色社會主義思想為指導，深入貫徹落實黨的十九屆四中全會精神和十三屆全國人大四次會議精神，根據憲法、香港基本法和全國人大《決定》的規定，全面、準確、有效行使全國人民代表大會授予全國人民代表大會常務委員會的有關立法職權。為此，必須堅持和完善「一國兩制」制度體系，落實「愛國者治港」這一根本原則，確保中央對香港特別行政區的全面管治權，充分考慮完善香港特別行政區選舉制度的現實需要和香港特別行政區的具體情況，全面系統地修改完善立法會產生辦法，為「愛國者治港」提供堅實穩固、安全可靠的法治保障，切實維護國家主權、安全、發展利益，切實維護憲法和香港基本法確立的香港特別行政區憲制秩序，有效保持香港長治久安和長期繁榮穩定。

研究起草立法會產生辦法修訂草案過程中，注意把握和體現以下工作原則：一是切實貫徹落實全國人大《決定》精神，在《決定》內容基礎上進一步細化、實化；二是堅持中央主導，同時落實香港特別行政區主體責任；三是堅持問題導向，針對香港現行行政長官和立法會產生辦法存在的漏洞和缺陷，加以修改完善；四是維護行政主導的治理架構和運行機制，確保香港特別行政區實行的行政主導政治體制有效運行；五是增強可操作性，按照「應寫盡寫」的精神，儘量具體、明確地規定有關制度安排。

三、修訂草案的主要內容

立法會產生辦法修訂草案共9條，保留原附件二的名稱不變，體例基本不變。修訂草案主要包括以下幾個方面的內容：

（一）　明確立法會的規模和構成。香港特別行政區立法會議員每屆90人，組成如下：選舉委員會選舉的議員40人，功能團體選舉的議員30人，分區直接選舉的議員20人。上述選舉委員會即本法附件一規定的選舉委員會。

（二）　明確規定選舉委員會選舉議員的產生方式。包括：選舉委員會選舉的議員候選人須獲得不少於 10 名、不多於 20 名選舉委員會委員的提名，且每個界別參與提名的委員不少於 2 名、不多於 4 名。任何合資格選民均可被提名為候選人。每名選舉委員會委員只可提出 1 名候選人。選舉委員會根據提名的名單進行無記名投票，每一選票所選的人數等於應選議員名額的有效，得票多的 40 名候選人當選。

（三）　明確規定功能團體選舉議員的產生方式。包括：功能團體選舉設以下 28 個界別：漁農界、鄉議局、工業界（第一）、工業界（第二）、紡織及制衣界、商界（第一）、商界（第二）、商界（第三）、金融界、金融服務界、保險界、地產及建造界、航運交通界、進出口界、旅遊界、飲食界、批發及零售界、科技創新界、工程界、建築測量都市規劃及園境界、會計界、法律界、教育界、體育演藝文化及出版界、醫療衛生界、社會福利界、勞工界、香港特別行政區全國人大代表香港特別行政區全國政協委員及有關全國性團體代表界。其中，勞工界選舉產生 3 名議員，其他界別各選舉產生 1 名議員。鄉議局、工程界、建築測量都市規劃及園境界、會計界、法律界、教育界、醫療衛生界、社會福利界、香港特別行政區全國人大代表香港特別行政區全國政協委員及有關全國性團體代表界等界別的議員，由個人選民選出。其他界別的議員由合資格團體選民選舉產生，各界別的合資格團體選民由法律規定的具有代表性的機構、組織、團體或企業構成。除香港特別行政區選舉法列明者外，有關團體和企業須獲得其所在界別相應資格後持續運作三年以上方可成為該界別選民。候選人須獲得所在界別不少於 10 個、不多於 20 個選民和選舉委員會每個界別不少於 2 名、不多於 4 名委員的提名。每名選舉委員會委員在功能團體選舉中只可提出 1 名候選人。各界別選民根據

提名的名單，以無記名投票選舉產生該界別立法會議員。各界別有關法定團體的劃分、合資格團體選民的界定、選舉辦法由香港特別行政區以選舉法規定。

(四) 明確規定分區直接選舉議員的產生方式。包括：分區直接選舉設立 10 個選區，每個選區選舉產生 2 名議員。候選人須獲得所在選區不少於 100 個、不多於 200 個選民和選舉委員會每個界別不少於 2 名、不多於 4 名委員的提名。每名選舉委員會委員在分區直接選舉中只可提出 1 名候選人。選民根據提名的名單以無記名投票選擇 1 名候選人，得票多的 2 名候選人當選。選區劃分、投票辦法由香港特別行政區以選舉法規定。

(五) 健全完善立法會議員候選人資格審查制度機制。香港特別行政區候選人資格審查委員會負責審查並確認立法會議員候選人的資格。香港特別行政區維護國家安全委員會根據香港特別行政區政府警務處維護國家安全部門的審查情況，就立法會議員候選人是否符合擁護中華人民共和國香港特別行政區基本法、效忠中華人民共和國香港特別行政區的法定要求和條件作出判斷，並就不符合上述法定要求和條件者向香港特別行政區候選人資格審查委員會出具審查意見書。對香港特別行政區候選人資格審查委員會根據香港特別行政區維護國家安全委員會的審查意見書作出的立法會議員候選人資格確認的決定，不得提起訴訟。

(六) 明確立法會對法案和議案的表決程序。除本法另有規定外，香港特別行政區立法會對法案和議案的表決採取下列程序：政府提出的法案，如獲得出席會議的全體議員的過半數票，即為通過。立法會議員個人提出的議案、法案和對政府法案的修正案，均須分別經選舉委員會選舉產生的議員和功能團體選舉、分區直接選舉產生的議員兩部分出席會議議員各過半數通過。

　　修訂草案還明確規定，全國人民代表大會常務委員會依法行使本辦法和法案、議案的表決程序的修改權。全國人民代表大會常務委員會作出修改前，以適當形式聽取香港社會各界意見。

　　需要説明的是，修訂後的香港基本法附件二經依法公布施行後，原附件二以及有關修正案同時被取代。

　　《中華人民共和國香港特別行政區基本法附件二香港特別行政區立法會的產生辦法和表決程序（修訂草案）》和以上説明，請審議。